Wettbewerbsfaktoren mittelständischer Unternehmen in Europa

Europäische Hochschulschriften
Publications Universitaires Européennes
European University Studies

Reihe V
Volks- und Betriebswirtschaft

Série V Series V
Sciences économiques, gestion d'entreprise
Economics and Management

Bd./Vol. 1112

PETER LANG
Frankfurt am Main · Bern · New York · Paris

Dieter-Jürgen Moraw

Wettbewerbsfaktoren mittelständischer Unternehmen in Europa

PETER LANG
Frankfurt am Main · Bern · New York · Paris

CIP-Titelaufnahme der Deutschen Bibliothek

Moraw, Dieter-Jürgen:

Wettbewerbsfaktoren mittelständischer Unternehmen in Europa / Dieter-Jürgen Moraw. - Frankfurt am Main ; Bern ; New York ; Paris : Lang, 1990
(Europäische Hochschulschriften : Reihe 5, Volks- und Betriebswirtschaft ; Bd. 1112)
Zugl.: Bamberg, Univ., Diss., 1990
ISBN 3-631-42901-0

NE: Europäische Hochschulschriften / 05

D 473
ISSN 0531-7339
ISBN 3-631-42901-0

Printed in Germany 1 2 3 5 6 7

INHALTSÜBERSICHT *Seite*

<u>Zweiter Teil: Das Problem der Erarbeitung von Wettbewerbsvorteilen in der neueren betriebswirtschaftlichen Literatur</u>

Erster Teil

Einführung

1.1 Motivation und Aufbau der Arbeit

Der Zeitpunkt für eine wirtschaftswissenschaftliche Forschungsarbeit, in deren Titel die Bezeichnung "Europa" enthalten ist, scheint günstig zu sein. Seit die Europäische Gemeinschaft ihr mittelfristiges Arbeitspensum in Form eines Weißbuchs zusammengefaßt hat (1985), und seit mit "Europa 1993" ein griffiges Schlagwort für die bevorstehenden Veränderungen in Umlauf ist, hat sich die öffentliche Diskussion und die Berichterstattung der Medien verstärkt des Themas angenommen.

Die nach ihrem Vorsitzenden Paolo Cecchini benannte Komission hat einen Bericht erarbeitet, nach dem die Verwirklichung eines einheitlichen Binnenmarkts gewaltige Impulse für Wachstum und Beschäftigung mit sich bringen soll (Cecchini 1988). So prognostiziert das Bundeswirtschaftsministerium unter Berufung auf eben diesen Bericht einen "Wachstumsschub von etwa 7% (...), was einem Mehrprodukt von mehr als 500 Mrd. DM entspricht" (Wartenberg 1988, S. 3).

Das Ziel, das sich die EG-Mitgliedsstaaten gesetzt haben, ist der freie Verkehr von Gütern, Dienstleistungen, Arbeit und Kapital innerhalb eines einheitlichen Wirtschaftsraums von mehr als 300 Millionen Einwohnern (Schreuer 1989, S. 118). "Wenn sie das wirklich schaffen, dann gibt es innerhalb des Europas der Zwölf weniger interne Schranken als in den USA. Denn da existieren zwischen Städten und Staaten noch gewaltige Unterschiede in der Gesetzgebung." (Drucker 1988, S. 70)

Schon diese Aussichten geben den europäischen Wirtschaftseinheiten hinreichend Grund, sich symbolisch in die Startlöcher zu begeben. Hinzu kommt, daß auch die Staaten jenseits des "Eisernen Vorhangs" augenblicklich auf unmißverständliche Weise darauf aufmerksam machen, daß Europa - auch als Wirtschaftsraum - nicht notwendigerweise bei Helmstedt, bei Triest bzw. im Burgenland zu Ende sein muß. Ist also Europa das Leitbild der Zukunft?

"'Wir wissen alle', erklärt der Geschäftsführer einer mittelgroßen Firma, die Spezialitäten im Chemiebereich anbietet, 'daß wir uns heute schon verhalten müssen, als lebten wir im Jahr 1993.'" (Drucker 1988, S. 70) Wie groß die Änderungen, die Silvester 1992 in Kraft treten sollen, tatsächlich sein werden, kann zur Zeit erst spekulativ ausgesagt werden.

Fest steht, daß etliche Gebiete, zum Beispiel die Steuerharmonisierung (s. hierzu etwa Speier 1988, S. 27) oder die Verabschiedung der sogenannten Sozialcharta, Gegenstände heftiger Kontroversen zwischen den einzelnen Mitgliedsländern sind. Ob hier rechtzeitig befriedigende Lösungen gefunden werden, bleibt abzuwarten. Andererseits gibt es aber auch Hindernisse, die überhaupt nicht mehr abgebaut werden müssen, weil sie ohnehin schon lange nicht mehr bestehen. Wenn etwa der grenzüberschreitende Kapitalverkehr erleichtert werden soll, dann betrifft dies mit Sicherheit nicht diejenigen Staaten, in denen die Finanzplätze London, Frankfurt und Luxemburg liegen - hier hat der freie Kapitalmarkt bereits Tradition.

In Unternehmerkreisen wird sogar ernsthaft in Frage gestellt, ob sich überhaupt etwas ändert. "Wie ich die Politiker kenne, werden all die Handelsbeschränkungen, die wir heute haben, auch noch in fünf Jahren vorhanden sein", zitiert Drucker (1988, S. 71) einen mittelständischen Großhändler aus Italien.

Vor diesem Hintergrund wird deutlich, daß Europa kein Phänomen ist, das jetzt oder zu einem späteren Zeitpunkt abrupt aus dem Chaos entsteht, sondern eine längst existierende Realität. Nur als Pointe sei darauf hingewiesen, daß die Grenzen des "Europa der Sechs" sich erstaunlich genau mit denen des über tausend Jahre älteren Karolingerreichs decken. Handelswege, die von der Nord- und Ostsee bis nach Italien oder Griechenland führen, sind bereits für die Bronzezeit nachweisbar. Und spätestens seit der Christianisierung kann auch von einer zusammenhängenden europäischen Kultur gesprochen werden. So betrachtet ist die Bearbeitung eines "europäischen" Themas eigentlich längst überfällig.

Auch die Beschäftigung mit Wettbewerbsfaktoren liegt durchaus im aktuellen Trend. Ein Blick auf die im zweiten Teil der vorliegenden Arbeit verwendete Literatur macht deutlich, daß gerade in den letzten drei Jahren zahlreiche Listen von Faktoren zusammengestellt wurden, welche für das Überleben und den Erfolg im Wettbewerb entscheidend sein sollen. Der Anspruch *dieser* Unteruchung reicht jedoch über die Anfertigung einer weiteren derartigen Liste hinaus: Aufgezeigt wird vielmehr, inwiefern das unternehmerische Verhalten die Fähigkeit, auf verschiedenen Gebieten Vorteile im Wettbewerb zu erarbeiten, prägt.*) Der Sache nach ist diese Fragestellung zweifelsfrei über eine temporäre Modeströmung hinaus von Bedeutung.

Um dem gewählten Untersuchungsgegenstand gerecht zu werden, geht die vorliegende Arbeit zweistufig vor. Die Auswertung der Literatur hat das Ziel, Aussagen bzw. Hypothesen über Wettbewerbsfaktoren und ihre Determinanten zusammenzustellen, und zwar bewußt unabhängig von Größenklasse und geographischer Zuordnung. (Die meisten Veröffentlichungen beanspruchen ohnehin Allgemeingültigkeit.) Erst in einem zweiten Schritt wird dann empirisch untersucht, welche Annahmen sich im konkreten Zusammenhang der europäischen mittelständischen Unternehmungen als gültig erweisen.

Daraus ergibt sich im wesentlichen der Aufbau der Arbeit:

<u>Erster Teil</u>

Hier werden die für das Verständnis der Untersuchung wichtigsten Begriffe - Wettbewerbsfaktoren, Mittelstand, Europa - jeweils einer kurzen Diskussion unterzogen, womit auch das Thema noch präziser abgegrenzt wird.

---

*) Daß nicht nur unternehmensinterne Einflußgrößen, sondern auch die Unternehmensumwelt Struktur und Ausprägung von Wettbewerbsfaktoren beeinflussen können, weist Endres (1989) in einer parallel durchgeführten Untersuchung nach.

Außerdem beinhaltet der erste Teil einen Überblick über die Situation des Mittelständlers in Europa - gewissermaßen komplementär zum folgenden Teil, in dem gerade von diesem Aspekt abstrahiert wird.

Zweiter Teil

Der eigentliche Literaturteil beginnt mit einer Beschreibung der bisherigen Ansätze zu einer umfassenden Konzeption der Wettbewerbsvorteile (Abschnitt 2.1), wobei neben den mittlerweile geradezu "klassischen" Modellen von Michael E. Porter, Cuno Pümpin sowie den Autoren der PIMS-Studie auch einiger neuerer Veröffentlichungen gedacht wird. In Abschnitt 2.2 wird dann getrennt nach den wichtigsten Bereichen, in denen Wettbewerbsvorteile erzielt werden können, im einzelnen beschrieben, welche konkreten Aussagen durch die betriebswirtschaftliche Literatur Stützung finden können.

Dritter Teil

Der dritte Teil enthält zunächst eine Darstellung des verwendeten Datenmaterials und der Auswertungsmethode einschließlich einer Diskussion der Eignung der eingesetzten Software für die Aufgabenstellung (3.1 und 3.2). Die folgenden beiden Abschnitte spiegeln die Vorgehensweise bei der Auswertung der empirischen Daten wider: Die Bestimmung und Strukturierung der zu erklärenden (3.3) und der Erklärungs- (3.4.1) Größen; die Ermittlung isolierter (d.h. nicht auf den Kontext bezogener) Zusammenhänge (3.4.2); und schließlich die Zusammenfassung dieser drei Komponenten zu einem Gesamtmodell, dessen Interpretation zu einer Theorie von allgemeinen Handlungspräferenzen und besonderen Fähigkeiten führt (3.4.3).

Zwei Sonderauswertungen der nicht in das Gesamtmodell einbezogenen Einflußgrößen aus der Personal- und der Finanzierungspolitik sowie ein Ausblick runden den dritten Teil, und damit die Arbeit, ab.

1.2 Begriffliche Abgrenzungen

1.2.1 Wettbewerbsfaktoren

Jede Wirtschaftseinheit, und damit insbesondere jedes Unternehmen, steht vor der Notwendigkeit, sich im Wettbewerb zu behaupten. Das Problem, welche Parameter sinnvollerweise zu beeinflussen sind, um einen Vorteil gegenüber der Konkurrenz zu erarbeiten, und die Frage, wie auf diese Größen durch das unternehmerische Handeln eingewirkt werden kann, bilden das Thema der vorliegenden Arbeit.

Als Wettbewerbsfaktoren kommen deshalb alle diejenigen Eigenschaften eines Unternehmens, seiner Führung, seines Personals sowie seines Leistungsprogramms in Frage, die im Wettbewerb mit der Konkurrenz zu einem Vorteil führen können. Solche Wettbewerbsvorteile müssen nach Simon (1988, S. 465) drei Bedingungen genügen:

"1. Sie (...) [müssen] ein für den Kunden wichtiges Leistungsmerkmal betreffen.
2. Der Vorteil muß vom Kunden tatsächlich wahrgenommen werden.
3. Der Vorteil darf von der Konkurrenz nicht schnell einholbar sein, d.h. er muß eine gewisse Dauerhaftigkeit besitzen."

Die von Simon verwendeten Kriterien beruhen jedoch unausgesprochen auf zwei Einschränkungen.

Die erste ist für die vorliegende Untersuchung ohne Bedeutung. Sie liegt darin, daß Simon offenbar nur den Wettbewerb auf den Absatzmärkten diskutiert, nicht hingegen den auf den Faktormärkten. Wenn etwa mehrere Arbeitgeber um die fähigsten Mitarbeiter konkurrieren, dann zählt selbstverständlich nicht die subjektive Wahrnehmungsfähigkeiten des Kunden, sondern die des potentiellen Mitarbeiters (hinsichtlich Betriebsklima, Sozialleistungen usw.).

Es kann auch nicht ohne weiteres unterstellt werden, daß ein

Vorteil auf einem Faktormarkt notwendigerweise zu einem Vorteil auf einem Absatzmarkt führt (oder aber sonst bedeutungslos ist). Wer beispielsweise über günstige Beschaffungsmöglichkeiten verfügt, kann zwar den Kostenvorteil an seine Kunden weitergeben, er kann aber auch bei unveränderten Preisen (und unverändertem Umsatzvolumen) seine Gewinnspanne vergrößern.

Wenn in dieser Arbeit von Wettbewerbsfaktoren oder -vorteilen die Rede ist, dann ist - genau wie bei Simon - der kundenseitige Wettbewerb gemeint. Faktoren wie "Einkauf" oder "Finanzierung" werden nur insofern berücksichtigt, als sie Auswirkungen auf diesen haben.

Die zweite Einschränkung, die mit Simons Darstellung verbunden ist, wird für die vorliegende Untersuchung dagegen nicht übernommen: es finden nämlich nicht nur diejenigen Größen Beachtung, die unmittelbar vom Kunden wahrgenommen werden, sondern auch solche, die dessen Wahrnehmung indirekt beeinflussen. Der Marktanteil - einer der in der Literatur am heftigsten diskutierten Faktoren - gehört keineswegs zu den vom Käufer wahrnehmbaren Größen. Der Käufer sieht aber das dichtere Servicenetz, die breiter angelegte Werbung, das günstigere Preis-Leistungs-Verhältnis usw. - insofern ist auch der Marktanteil ein potentieller Wettbewerbsfaktor.

Grundsätzlich lassen sich, wenn beide Einschränkungen fallen gelassen werden, vier Typen von Wettbewerbsfaktoren unterscheiden, von denen zwei Gegenstand der vorliegenden Untersuchung sind; Abbildung 1/1 gibt Beispiele hierfür an.

Ein <u>Wettbewerbsfaktor</u> im Sinne der vorliegenden Untersuchung ist also ein Merkmal des Unternehmens, seiner Führung, seines Personals oder seines Leistungsprogramms, das hinreichend dauerhaft einen Vorteil im Wettbewerb um den Kunden verschaffen kann, indem eine von diesem als vorteilhaft wahrgenommene Leistung entweder ermöglicht (indirekt) oder erbracht (direkt) wird.

Wettbewerbs-faktoren	Absatzmarkt*)	Faktormarkt (hier: Arbeitskräfte)
direkt wahrnehmbar	z. B. dichtes Servicenetz	z.B. entspanntes Betriebsklima
indirekt die Wahrnehmung beeinflussend	z. B. hoher Marktanteil	z.B. gutes Verhältnis zu den Gewerkschaften
*) Gegenstand der vorliegenden Untersuchung		

Abbildung 1/1: Grundsätzliche Typisierung von Wettbewerbsfaktoren.

Von einem Wettbewerbsvorteil soll immer dann gesprochen werden, wenn ein Wettbewerbsfaktor tatsächlich eine im Vergleich zur Konkurrenz günstigere Ausprägung hat.

1.2.2 Mittelständische Unternehmen

1.2.2.1 Die ökonomische und außerökonomische Bedeutung des Mittelstandes

Daß der Mittelstand ein wesentliches Element des Wirtschaftslebens ist, wird praktisch nirgends bestritten. Tatsächlich spricht allein die numerische Anzahl der kleinen und mittleren Betriebe und der in ihnen Beschäftigten für ihre Bedeutung. Im Jahre 1984 gehörten beispielsweise in der Bundesrepublik Deutschland 99,83% aller umsatzpflichtigen Unternehmen in die Kategorie mit weniger als 500 Beschäftigten und weniger als 100 Millionen DM Jahresumsatz, und etwa 66% aller abhängig Beschäftigten waren in ihnen tätig (Kayser 1986, S. 20). Dazu kommt, daß sie mehr als 80% aller Ausbildungsplätze stellen (Wartenberg 1988, S. 3).

In Begriffen der Leistungskraft formuliert sieht die Situation nicht ganz so beeindruckend aus, auf jeden Fall aber eindeutig genug. Der Mittelstand in Deutschland tätigt 51,1% aller steuerbaren Umsätze, erwirtschaftet knapp die Hälfte des Bruttoinlandsprodukts und etwa 44% aller Bruttoinvestitionen (Kayser 1986, S. 20); 70% der Unternehmenssteuern und 62,2% der Sozialabgaben kommen aus Klein- und Mittelbetrieben (Hamer 1987, S. 10).

Dieses Phänomen ist keineswegs auf Europa (oder gar auf Deutschland) beschränkt. Auch in Japan, das sich im Ausland begreiflicherweise eher in Form von international arbeitenden Großkonzernen darstellt, haben mehr als 99% aller Unternehmen weniger als 300 Mitarbeiter*) und 53% aller japanischen Angestellten überhaupt finden hier Beschäftigung (Kiyonari 1984, S. 148). Und in der USA stellen allein die Firmen mit bis zu 100 Beschäftigten 40% aller Arbeitsplätze, in einzelnen Branchen sogar bis zu 73% (Broom/Longenecker/Moore 1983, S. 32)!

---

*) Für Dienstleitungsfirmen liegt die Grenze der Betrachtung bei 50 Mitarbeitern (Kiyonari 1984, S. 148).

Ein Unterschied kann allenfalls darin gesehen werden, daß sich "vom soziologischen und psychologischen Standpunkt aus gesehen" die europäischen Mittelständler einer nachhaltigeren Wirkung erfreuen (Drucker 1988, S. 71).

Eine regionale Differenzierung zeigt, daß die Bedeutung des Mittelstandes keinesfalls auf einzelne geographische Schwerpunkte reduziert ist. Zwar läßt sich an der Unternehmensgrößenstatistik (z.B. Dahremöller 1986, S. 58) ablesen, daß von Bundesland zu Bundesland gewisse Unterschiede bestehen. Die Wichtigkeit kleiner und mittelgroßer Betriebe wird aber sowohl für Länder mit relativ niedrigen durchschnittlichen Betriebsgrößen, beispielsweise Bayern (Greipl & al. 1982), als auch mit relativ hohen Durchschnittswerten, wie etwa Bremen (Czenskowsky/Rehkugler 1982), hervorgehoben.

Verschiedene Ursachen lassen sich für die offenbar einheitlich große wirtschaftliche Bedeutung kleiner und mittelgroßer Unternehmungen angeben.

1. Sie sind zu einem erheblichen Teil Träger der wirtschaftlichen Dynamik: "... it is the vitality of small business that is energizing the economy as a whole." (Kiyonary 1984, S. 149) Namentlich ihre Arbeitsplatzschaffungsfunktion ist beispielsweise für die USA nachgewiesen (Broom/Longenecker/Moore 1983, S. 33).

2. Sie entfalten ihre Kreativität dort, wo Großorganisationen durch ihre spezifischen Strukturen behindert werden; zahlreiche Innovationen haben ihren Ausgangspunkt in Entwicklungen von kleinen Firmen (Broom/Longenecker/Moore 1983, S. 34 f.).

3. Sie stimulieren den Wettbewerb, allein dadurch, daß sie üblicherweise nicht über die Wirtschaftsmacht verfügen, mit der eine Einschränkung des Wettbewerbs verbunden sein kann. "Nur in den mittelständischen Wirtschaftsbereichen kennen wir noch echte Konkurrenz- und Marktwirtschaft." (Hamer 1987, S. 9)

4. Sie unterstützen die Tätigkeit der Großindustrie, und erhöhen damit deren Effizienz. Broom/Longenecker/Moore (1983, S. 37) denken hierbei vorwiegend an Zuliefer- und Distributionsaktivitäten. Atypische Käuferstrukturen in einzelnen Regionen werden als ein Beispiel dafür genannt, daß ein großindustrieller Hersteller seinen Vertrieb selbst nicht mehr effizient organisieren kann.

Sogar für die politische Stabilität wird der Mittelstand in Anspruch genommen. Hamer (1984, S. 14) nimmt als Ausgangspunkt seiner Argumentation an, daß "nach unserer Staatstheorie die Mentalitätsmerkmale der Unternehmertypen, des soziologischen Mittelstandes als allgemeine Mentalitätsmerkmale aller Bürger unserer Demokratie unterstellt" werden. Fehlt ein solcher Mittelstand, so wächst das Gewicht der "Mitläufertypen" (S. 13), und die Stabilität der Demokratie ist gefährdet. Selbständiges Denken und Entscheidungsfreude sind somit die Klammer, die die wirtschaftliche und die politische Funktion zusammenhalten.

Daß in der politischen Führung selbst derartige Gedanken verbreitet sind, zeigen Ausführungen von Lambsdorff (1984, S. 6).

Noch größer könnte die Bedeutung kleiner und mittlerer Unternehmen freilich sein, wenn es ihnen gelänge, ihre größenspezifischen Probleme in Griff zu bekommen. Solche Probleme können (nach Lambsdorff 1984, S. 9-11) sein:
- Finanzierung, insbesondere Eigenkapitalbeschaffung;
- Ressourcenengpässe in Forschung und Entwicklung; sowie
- Informationsdefizite aufgrund des fast völligen Fehlens von Stabsabteilungen.

Die vorliegende Arbeit leistet mit ihren Ergebnissen einen Beitrag zur Überwindung der angesprochenen Schwierigkeiten. Dabei darf jedoch nicht vergessen werden: "Small may be beautiful, but it takes more than beauty to ensure success." (Bromley 1985, S. 321)

1.2.2.2 Quantitative definitorische Merkmale

"In der Wirtschafts- und Finanzpolitik gibt es kaum einen Begriff, der so schillernd, unbestimmt und umstritten ist wie der des Mittelstandes." (Naujoks 1975, S. 12) Zahlreiche einander widersprechende Definitionsversuche erzeugen eine Begriffsverwirrung, von der Theorie und Praxis gleichermaßen betroffen sind (Brüne 1987, S. 9). Für dieses Phänomen lassen sich mehrere Ursachen ermitteln:

1. Das im deutschen Sprachraum gebräuchliche Wort "Mittelstand" bezeichnete ursprünglich eine bestimmte Personengruppe, deren gesellschaftliche Stellung zwischen Adel und Geistlichkeit einerseits sowie Tagelöhnern, Dienstboten usw. andererseits anzusetzen war (Hamer 1984, S. 9). Mit Auflösung der ständischen Gesellschaftsordnung verfiel jedoch auch die einheitliche Verwendung dieses Begriffs. Teilweise wurde er auf eine andere, funktional definierte <u>Personengruppe</u> übertragen, die unter anderem zusätzlich den sogenannten "neuen Mittelstand" (Naujoks 1975, S. 12) enthielt; in diesem Sinne verwendet ihn etwa Hamer (1984). Teilweise wird aber auch ein bestimmter <u>Unternehmenstyp</u> als mittelständisch bezeichnet, womit von Ausnahmen abgesehen (Hirsch 1986, insb., S. 18) kleine und mittlere Betriebe gemeint sind (z.B. Elfgen 1988). Unter "Mittelstand" werden also zwei sehr verschiedene Dinge verstanden.

2. Aber auch wenn der zweiten Sichtweise gefolgt wird, bleibt das Problem der Festlegung, welche Unternehmungen als klein bzw. mittelgroß einzustufen sind. Zahlreiche quantitative und qualitative Kriterien stehen zur Verfügung, deren Anwendung oftmals von Branche zu Branche differieren kann (Elfgen 1988, S. 21).

3. Die Vorstellungen, die den Größenklasseneinteilungen zugrunde liegen, bleiben nicht im Zeitablauf konstant. So bezeichnet man heute (im Vergleich zu früher) in der Regel größere Betriebe als mittelständisch (Elfgen 1988, S. 21).

4. Schließlich ist auch der Untersuchungszweck nicht ohne Bedeutung für die Wahl einer geeigneten Definition. Damit ist in der Begriffsvielfalt nicht nur ein bedauerlicher Umstand zu sehen, der die Vergleichbarkeit unterschiedlicher Arbeiten beeinträchtigt, sondern auch die Folge einer durchaus legitimen wissenschaftlichen Vorgehensweise: Broom/Longenecker/Moore (1983, S. 26) empfehlen sogar ausdrücklich: "... the best criterion in any given case depends upon the user's purpose."

Versucht man eine quantitative Abgrenzung der kleinen und mittelgroßen Unternehmen, so hat man die Wahl zwischen sehr unterschiedlichen Kennzahlen. Nach Kayser (1986, S. 6) sind die bekanntesten unter ihnen:

> "Output, Beschäftigtenzahl, Maschinenzahl, Lohn- und Gehaltssumme, Nettoproduktionswert, Anzahl der Betriebe, Umsatz, Gewinn, Anlagevermögen, Bilanzsumme, Anzahl der Arbeitsplätze, Marktanteile."

Einige davon sind offensichtlich nur für Spezialuntersuchungen brauchbar, zum Beispiel die Maschinenzahl oder die Anzahl der Betriebe. Ebenso muß der Gewinn als Abgrenzungsmaß normalerweise verworfen werden, da insbesondere ein Gewinn von null (oder gar ein Verlust) nicht viel über die Größe einer Unternehmung aussagt. Es bleiben also drei Gruppen von Maßzahlen, die etwas genauer zu diskutieren sind.

Der Output eines Produktionsbetriebs ist sowohl mengen- als auch wertmäßig beschreibbar. Da jedoch die mengenmäßige Darstellung naturgemäß immer dann ihre Aussagefähigkeit verliert, wenn mehrere Branchen betrachtet werden, wird häufig der Umsatz, gelegentlich auch die Wertschöpfung, verwendet. Wenn auf die amtliche Statistik als Datenbasis zurückgegriffen werden muß, hat der Umsatz den zusätzlichen Vorteil der Aktualität, da die Umsatzsteuerstatistik zweijährlich veröffentlicht wird (Kayser 1986, S. 10).

Die Bewertung bringt jedoch auch einen entscheidenden Nachteil mit sich: Daten aus unterschiedlichen Zeiträumen bedürfen der Preisbereinigung, aus unterschiedlichen Ländern der Währungsumrechnung. Gerade bei einer international angelegten Untersuchung wie dieser ist das Problem der Vergleichbarkeit von Wertangaben in unterschiedlicher Währung definitiv gegeben.

Ähnliche Schwierigkeiten ergeben sich auch bei Zahlen, die den kapitalmäßigen Input beschreiben. Hier kommt erschwerend noch hinzu, daß sich Angaben für Gesamtkapital (Bilanzsumme), Eigenkapital usw. nur selten hinreichend zuverlässig erheben lassen, weshalb sie auch relativ selten Verwendung finden (Kayser 1986, S. 7).

Die Beschäftigtenzahl als Indikator für den arbeitsmäßigen Input (mit der Variante: Zahl der Arbeitsplätze) ist dagegen gemeinsam mit dem Umsatz die am meisten angewandte Maßzahl, wenn der Mittelstand quantitativ abgegrenzt werden soll (Elfgen 1988, S. 21). Sie vermeidet zwar das Problem der Währungsumrechnung, und ist auch verhältnismäßig leicht zu erheben, darf jedoch auch nicht unkritisch verwendet werden. So weisen Broom/Longenecker/Moore (1983, S. 31) darauf hin, daß mithelfende Familienangehörige - in Kleinbetrieben sicher oft anzutreffen - nicht auf der Gehaltsliste erscheinen*). Und mit "zunehmender Automatisierung und damit verbundener Kapitalintensität" sinkt auch die Aussagefähigkeit der Beschäftigtenzahl (Kayser 1986, S.10).

Beide Einwände werden allerdings als weniger gravierend eingestuft, als die gegen andere Meßgrößen vorgebrachten. Dashalb soll die Frage, wo denn konkret der Schwellenwert, bis zu dem ein Unternehmen als klein oder mittelgroß klassifiziert werden kann, anzusetzen ist, am Beispiel der Beschäftigtenzahl aufgezeigt werden.+)

---

*) Es sei denn aus steuerlichen Gründen. - Anm. d. Verf.

+) Die im folgenden dargestellten Klassifikationen enthalten größtenteils auch noch ähnliche Schwellenwerte für den Umsatz, auf die hier aber nicht eingegangen werden soll.

Oft werden für Industrie, Handwerk, Groß- und Einzelhandel usw. unterschiedliche Schemata aufgestellt. So verfährt beispielsweise das Institut für Mittelstandsforschung; für den Fall der Industrie liegen die Grenzen bei 50 (klein) bzw. 500 (mittel) Beschäftigten (Elfgen 1988, S. 21 f.). Die "Richtlinien der Bundesregierung zur angemessenen Beteiligung kleiner und mittlerer Unternehmen im Handwerk, Handel und Industrie bei der Vergabe öffentlicher Aufträge nach der Verdingungsordnung für Leistungen (VOL)" begünstigen in Industrie und Handwerk Firmen mit bis zu 65 Mitarbeitern (Kayser 1986, S. 11).

Noch gründlicher differenziert die amerikanische Small Business Administration. Für 750 verschiedene "industries" existieren unterschiedliche Grenzwerte, bis zu denen die Leistungen dieser Behörde in Anspruch genommen werden dürfen. Die maximale Beschäftigtenzahl beträgt beispielsweise für "radio and television repair shops" 15, für "newspaper publishing and printing" 250, und für "metal can manufacturing" sogar 2500.

Uneingeschränkt für alle Branchen gelten Art. 11 und 27 der 4. EG-Richtlinie, nach denen Erleichterungen bei der Rechnungslegung innerhalb der Europäischen Gemeinschaft unter anderem von der Beschäftigtenzahl abhängig gemacht werden (Franz 1989, S. 26 - s.a. § 267 HGB). Die beiden Schwellenwerte liegen bei 50 und bei 250.

(Übrigens wird hier auch besonders deutlich, daß die Verwendung von Wertgrößen im internationalen Vergleich immer fragwürdig bleiben muß: Trotz exakter Vorgaben in der 4. EG-Richtlinie (in ECU) unterscheiden sich die Schwellenwerte für Umsatz und Bilanzsumme in den nationalen Rechtsordnungen um mehr als 1 : 7 unter Zugrundelegung der Devisenkurse vom 29. 12. 1988 (Franz 1989, S. 24).)

Vergleicht man die angegebenen Klassifikationen, so wird deutlich, daß Betriebe mit mehr als 500 Mitarbeitern in keinem Fall mehr als mittelgroß oder gar als klein angesehen werden (außer in der USA für bestimmte Branchen). Deshalb sollen in der vorliegenden Arbeit nur Unternehmungen mit bis zu 500 Beschäftigten berücksicht werden. Eine weitere Eingrenzung ergibt sich freilich aus der Anwendung qualitativer Kriterien.

1.2.2.3 Qualitative definitorische Merkmale

Zu den Kennzeichen des mittelständischen Unternehmens gehört nicht nur die anhand von Beschäftigtenzahl oder Umsatz gemessene Größenklasse. Auch die innerbetriebliche Struktur, das Verhältnis zwischen Unternehmer und Unternehmen und ähnliche Merkmale müssen bei einer Definition berücksichtigt werden. Es ist Hirsch (1986, S. 21) zuzustimmen, wenn er qualitative Abgrenzungskriterien zwar als nicht operationabel charakterisiert, gleichwohl auf ihre Nützlichkeit auch in einem empirischen Forschungsprojekt hinweist. In diesem Sinne soll hier der "typische" Klein- bzw. Mittelbetrieb anhand qualitativer Merkmale noch weiter abgegrenzt werden.

Die Einheit von Leitung und Kapitalbesitz, die in Großunternehmen mit der Einführung eines professionellen Managements fast regelmäßig aufgehoben worden ist, ist in mittelständischen Unternehmen der Normalfall. Der Unternehmer ist Eigentümer, Risikoträger, Entscheidungsinstanz und formales Leitungsorgan in einer Person; die Existenz des Betriebs und die wirtschaftliche Existenz des Inhabers sind eng mit einander verknüpft (Kayser 1986, S. 5).

Daraus resultiert ein spezifischer Stil der Geschäftspolitik, die Naujoks (1975, S.20) als Personenbezogenheit der Unternehmensführung etikettiert. Zu diesem Stil gehört der geringe Formalisierungsgrad praktisch aller Betriebsabläufe (Elfgen 1988, S.24) und das persönlich geprägte Verhältnis zwischen dem Unternehmer und seinen Mitarbeitern (Kayser 1986, S. 5). Hirsch (1986, S. 22) zitiert in diesem Zusammenhang den Ausspruch: "A small business is any business in which the owner/manager is able to recall the first names of his or her employees."

Auch die geringe Arbeitsteilung in der Unternehmensleitung läßt sich aus der Besonderheit des kleinen oder mittelgroßen Betriebs heraus erklären: Der enge Zusammmenhang von Unternehmen und Unternehmer begründet dessen Zuständigkeit für Ein- und Verkauf, Fertigung, Personal- und Finanzwesen (Hirsch 1986, S. 23), kurzum für alle mehr oder weniger wichtigen Angelegenheiten. Selbst operative Tätigkeiten gehören häufig zu den Aufgaben, die sich der Inhaber eines kleinen oder sogar mittelgroßen Betriebs auferlegt. Voraussetzung für diese Funktionsintegration ist die Überschaubarkeit des Betriebs als wirtschaftliche und soziale Einheit, die deshalb auch gelegentlich als definitorisches Merkmal angeführt wird (Elfgen 1988, S. 23).

Wesentlich für die Zuordnung einer Firma zum Mittelstand ist ferner ihre rechtliche und wirtschaftliche Selbständigkeit. Nur in diesem Fall kann nämlich der Unternehmer tatsächlich die soeben beschriebene Wirkung voll entfalten. Es gibt freilich hierbei sehr fließende Übergänge, da die wirtschaftliche Unabhängigkeit durch sachliche Gegebenheiten stark eingeschränkt sein kann. Namentlich bei Zulieferbetrieben kann das der Fall sein, wenn etwa die starke Position des Belieferten Auswirkungen bis in den Betriebsablauf des Lieferanten hat. In Anlehnung an Naujoks (1975, S. 17) wird hier jedoch argumentiert, daß aus dem Vorliegen einer Zuliefertätigkeit an sich noch nicht auf ein Abhängigkeitsverhältnis geschlossen werden kann, und daß deshalb die entsprechenden Unternehmungen nicht a priori aus der Untersuchung ausgeschlossen werden dürfen.

Versucht man, die einzelnen Charakteristika zu einem konsistenten Bild zusammenzufassen, so fällt die starke Position der Unternehmerpersönlichkeit auf. Der Unternehmer, der "großes Interesse an seinem Berufsgebiet mitbringt" und weniger aus reinen Erwerbsgründen, als wegen der Befriedigung, die ihm die Ausübung der gewählten Tätigkeit gibt, seine Firma führt (Naujoks 1975, S. 20), entspricht in hohem Maße diesem Bild.

Das Unternehmen bekommt damit eine individuelle Prägung durch seinen Inhaber, was im Extremfall auch bedeuten kann, daß Schwierigkeiten in der Betriebsführung unmittelbar zu Schwierigkeiten des ganzen Unternehmens werden (Elfgen 1988, S. 24). (Daneben dürften das angesprochene persönliche Verhältnis zu den Mitarbeitern und deren per definitionem relativ geringe Zahl dazu führen, daß auch die Zusammensetzung der Belegschaft größere Auswirkungen hat, als in einem vergleichsweise anonymen und formalen Großunternehmen.)

Von einem *mittelständischen* Unternehmen kann deshalb für den Zweck der vorliegenden Untersuchung immer dann gesprochen werden, wenn:

- maximal 500 Mitarbeiter beschäftigt sind,
- der Unternehmer gleichzeitig auch Eigentümer der von ihm geleiteten Firma ist (oder auf andere Weise, z.B. durch Eigentümerschaft seiner Familie, an sie gebunden ist) und
- keine atypischen Einflüsse die Stellung des Unternehmers im Betrieb beeinträchtigen (wie etwa übermäßiges Machtpotential eines Kundens).

Es soll an dieser Stelle bereits darauf hingewiesen werden, daß sich in den Ergebnissen der empirischen Untersuchung (Teil 3) der vorliegenden Arbeit die dominante Stellung des Faktors "Mensch" wiederfindet. Insofern handelt es sich nicht nur um ein Kriterium, das die Abgrenzung des Mittelstands von Großbetrieben erleichtert, sondern durchaus um ein die Struktur kleiner und mittlerer Unternehmen bestimmendes Merkmal.

1.2.3 Europa

1.2.3.1 Festlegung des räumlichen Untersuchungsgebiets

Europa als geographische Festlegung des Untersuchungsgegenstands bedarf in zweifacher Hinsicht der Erläuterung. Rein formal ist zunächst zu definieren, welches Gebiet, d.h. welche Auswahl von Ländern, in die Untersuchung einbezogen wird. Darüber hinaus muß aber auch begründet werden, weshalb tatsächlich mittelständische Unternehmen in Europa (und nicht lediglich in mehreren einzelnen Staaten) Gegenstand der Betrachtungen sein können. Dies gilt um so mehr, als auf Ländervergleiche oder Einzeldarstellungen weitgehend verzichtet wird. Mit diesen beiden Aspekten wird gleichzeitig dem doppelten Charakter des Europabegriffs als "zugleich geographische und normative Größe" (Weidenfeld 1985, S. 17) Rechnung getragen.

Die etymologische Herkunft des Namens "Europa" ist bislang nicht eindeutig geklärt. Ein gängiger Erklärungsversuch bezieht sich auf das phönizische Wort "ereb" (Abend, Dunkel), womit Europa mit dem "Abendland" gleichgesetzt wäre (Hilgemann/Kettermann/Hergt 1978, S. 7). Auch griechische und nicht näher bestimmte "vorgriechische" Wurzeln werden jedoch diskutiert (Kugele/Gerhard/Kley 1979, S. 8).

Sieht man einmal ab von der antiken Begriffsverwendung, die von der heutigen doch recht verschieden ist (Kugele/Gerhard/Kley 1979, S. 9), so erscheint Europa als Kennzeichnung eines bestimmten Gebiets erstmalig in den Dokumenten des Karolingerreichs, und zwar als dieses die Grenzen von "Gallien" bzw. "Franzien" zu sprengen drohte (Kugele/Gerhard/Kley 1979, S. 18). Während des gesamten Mittelalters blieb diese Bezeichnung jedoch unbestimmt und außerdem auf die Bildungssprache beschränkt; mit dem Humanismus und der gleichzeitigen Erweiterung des Weltbilds begann sich dies zu ändern, aber erst im 20. Jahrhundert erreichte der Europabegriff auch weitere Kreise der Bevölkerung (Weidenfeld 1980, S. 34 u. 36).

Probleme für die geographische Definition Europas ergeben sich praktisch ausschließlich bei der Ostgrenze: Während die Nord-, West- und Südgrenze durch das Nordpolarmeer, den Atlantik, das Mittelmeer und das Schwarze Meer recht präzise beschreibbar sind, ist eine eindeutige Grenzziehung gegenüber Asien nicht möglich. Nachdem die europäische Ostgrenze lange Zeit wesentlich weiter westlich gesehen wurde, fallen heute am Ural die moderne geographische Trennlinie und die sowjetrussische Verwaltungsgrenze fast völlig zusammen (Hilgemann/Kettermann/Hergt 1978, S. 7).

Eine ganz andere Ostgrenze ist freilich seit dem Ende des zweiten Weltkriegs in Gebrauch gekommen: "Wenn man den Politikern, Wissenschaftlern und Journalisten folgt, dann gliedert sich unser Kontinent in zwei Teile, 'Europa' und 'Osteuropa'." (Bender 1985, S. 235) Auch in der vorliegenden Untersuchung werden unter anderem Länder, die dem "Rat für gegenseitige Wirtschaftshilfe" angehören, nicht berücksichtigt. Dies geschieht jedoch mit Rücksicht auf den sachlichen Untersuchungsgegenstand, denn auch wenn es mittelständische Unternehmungen der zuvor beschriebenen Art in allen Ländern Europas (mit Ausnahme von Rumänien und Albanien) wenigstens in Einzelfällen gibt, so ist doch das ökonomische Umfeld in den beiden verschiedenen Wirtschaftssystemen so unterschiedlich, daß eine diesbezügliche Abgrenzung unausweichlich ist.

Als Gegenstand der Untersuchung in geographischer Hinsicht kommen also vor allem die Mitgliedsländer der Europäischen Gemeinschaft (EG) und der Europäischen Freihandelsassoziation (EFTA) in Frage. Die empirische Untersuchung erstreckt sich entsprechend über eine Auswahl von fünf Ländern des erstgenannten und dreien des anderen Wirtschaftsverbunds.

Über den rein geographischen Aspekt hinaus läßt sich Europa als eine Weltregion beschreiben, die sowohl durch zahlreiche gemeinsame Traditionen und daraus erwachsene Werte, als auch durch vielfältige innere Verflechtungen zusammengehalten wird.

Zu den Traditionen, die europäische Gemeinsamkeiten begründen, gehören:

- die christliche Religion, die nicht nur für Politik und Kultur immer wieder neue Impulse brachte, sondern beispielsweise durch die Ausweitung der benediktinischen Regel "ora et labora" über die Mönchsgemeinschaft hinaus (hierzu: König 1988, S. 12) auch die Grundlagen des Wirtschaftslebens beeinflusste;

- die Rezeption der griechisch-römischen Antike, die bereits im Mittelalter gepflegt wurde, verstärkt aber mit Renaissance und Humanismus einsetzte, und seitdem zu den wichtigsten Grundlagen der europäischen Kultur gehört;

- die Aufklärung, mit der das Ideal des rationalen Denkers für Europa eigentümlich wurde, und in deren Folge die Stellung des Bürgertums gegenüber den traditionellen Führungseliten gestärkt wurde;

- und die im 19. Jahrhundert entstandenen, in außereuropäischen Kulturkreisen weitgehend unbekannten Ideen von Freiheit und Demokratie, allerdings auch das Konzept des Nationalstaats, dessen Scheitern in zwei Weltkriegen jedoch wiederum eine gemeinsame europäische Erfahrung darstellt.

Angesichts dieser verbindenden Traditionen ist es sicher nicht abwegig, auch von gemeinsamen europäischen Werten zu sprechen. König (1988, S. 11) nennt in diesem Zusammenhang: "den europäischen Unternehmungsgeist, die Liebe zur Familie, die Achtung vor dem Leben, die Wertschätzung der Arbeit, das Ringen um Toleranz, das Bemühen um Zusammenarbeit und Frieden."

Die inneren Verflechtungen, die Europa über die Grenzen der einzelnen Staaten hinweg zusammenhalten, sind (Weidenfeld 1980, S. 28 f.):
- auf politischer Ebene völkerrechtliche Verträge und internationale Organisationen,

- auf gesellschaftlicher Ebene die vielfältigen Kommunikationsmöglichkeiten, die das Mediensystem und die persönliche Mobilität mit sich bringen, sowie
- auf wirtschaftlicher Ebene die grenzüberschreitenden Aktivitäten in Handel, Dienstleistungsaustausch und Kapitalverkehr.

Aufgrund des gemeinsamen Wertesystems, das auf einer gemeinsamen Tradition aufbaut, und des gemeinsamen Systems von politischen, sozialen und ökonomischen Beziehungen kann für Europa unterstellt werden, daß auch gemeinsame Aussagen über einzelne Themen, im vorliegenden Fall also über mittelständische Unternehmungen, prinzipiell möglich sind.

1.2.3.2 Die Europäische Gemeinschaft (EG)

Als Gründungsdatum der Europäischen Gemeinschaft gilt üblicherweise der Tag der Unterzeichnung der Römischen Verträge (25. März 1957), mit denen die seit 1951 existierende Europäische Gemeinschaft für Kohle und Stahl (EGKS) durch eine Europäische Atomgemeinschaft (EAG oder EURATOM) und eine Europäische Wirtschaftsgemeinschaft (EWG) ergänzt wurde. Seit die Organe dieser drei "Europäischen Gemeinschaften" zusammengelegt wurden (Fusionsvertrag vom 8. April 1965 (FusV)) spricht man auch von einer Europäischen Gemeinschaft (EG). (Läufer 1988, S. 7)

Die wichtigsten dieser Organe sind (Ebers 1989, S. 358-363):
1. der Rat, der sich aus den Vertretern der Regierungen der Mitgliedsstaaten zusammensetzt;
2. die Kommission als Instanz für das "Gesamtinteresse der Gemeinschaften";
3. das Europäische Parlament, dem zwar noch nicht die nationalen Legislativen üblicherweise zustehenden Möglichkeiten zugebilligt worden sind, das aber bereits über umfangreiche Beratungs-, Kontroll- und Haushaltsbefugnisse verfügt;
4. der Europäische Gerichtshof als Rechtsprechungsorgan.

Kennzahl \ Land	Belgien	Luxemburg	Dänemark	Irland	Niederlande	Portugal	Griechenland
Fläche (in Mill. km²)	31	3	43	70	42	92	132
Einwohner (in 1000)	9868	372	5130	3542	14671	10300	10000
Bevölkerungsdichte (pro km²)	324	143	119	50	351	111	76
Arbeitslose (in 1000)	501	3	216	247	686	319	110
Arbeitslose (in %) *	11.6	3.1	5.9	19.4	10.0	7.1	7.4
Bruttoinlandsprodukt (Mrd. US$)	138.5	6.2	101.4	29.1	214.6	36.1	47.0
- dto. pro Kopf (Tsd. US$)	14.0	16.7	19.8	8.2	14.6	3.5	4.7
Einfuhr in % des BIP	67.1	91.5	32.3	53.4	50.2	36.0	30.9
Ausfuhr in % des BIP	71.1	98.1	32.1	56.8	54.2	34.8	22.5
Industrieproduktion (1980 = 100)	106	126	122	143	107	128	105
Stundenlohn der Industrie (1980 = 100)	139	.	162	204	124	329	379
Reale Ausrüstungsinvestitionen +	5.0	1.5	5.2	5.4	6.1	12.0	8.0

* EG-Berechnung (vergleichbare Zählweise)
\+ Veränderung gegenüber dem Vorjahr (in %)
Alle Angaben für 1986

Abbildung 1/2: Die Mitgliedsländer der EG im Vergleich
(a) Länder unter 20 Millionen Einwohnern

Quelle: Müller 1989, S. 373 f.

Kennzahl \ Land	Deutschland	Frankreich	G.-Britannien	Italien	Spanien	EG-insg.
Fläche (in Mill. km²)	249	549	244	301	505	2262
Einwohner (in Mill.)	61.1	55.6	56.9	57.3	38.8	323.7
Bevölkerungsdichte (pro km²)	246	101	233	190	77	143
Arbeitslose (in 1000)	2233	2622	2953	3297	2924	16110
Arbeitslose (in %) *	6.6	10.7	10.9	10.6	21.2	10.8
Bruttoinlandsprodukt (Mrd. US$)	1118.8	879.9	662.6	751.5	288.0	4273.7
- dto. pro Kopf (Tsd. US$)	18.3	15.8	11.6	13.1	7.4	13.2
Einfuhr in % des BIP	24.5	21.7	27.1	18.5	17.7	26.1
Ausfuhr in % des BIP	29.7	22.6	26.4	20.4	19.0	27.9
Industrieproduktion (1980 = 100)	107	102	113	103	112	107
Stundenlohn der Industrie (1980 = 100)	132	180	189	237	244	185
Reale Ausrüstungsinvestitionen +	5.2	6.8	6.9	5.5	11.9	6.7

* EG-Berechnung (vergleichbare Zählweise)
\+ Veränderung gegenüber dem Vorjahr (in %)
Alle Angaben für 1986

Abbildung 1/2: Die Mitgliedsländer der EG im Vergleich
(b) Länder über 20 Millionen Einwohnern

Quelle: Müller 1989, S. 372 f.

Dazu kommen zahlreiche Neben- und Unterorgane, Ausschüsse usw., von denen die bekanntesten der Rechnungshof sowie der Wirtschafts- und Sozialausschuß sind (Ebers 1989, S. 363 f.).

Stand bei der Gründung der EGKS noch der Gedanke im Vordergrund, rüstungsnotwendige Ressourcen der nationalen Verantwortung zu entziehen, und damit die Kriegsgefahr einzuschränken (Hasse 1989, S. 326), so diente die EWG bereits vorwiegend der wirtschaftlichen Integration der Mitgliedsstaaten (Art. 2 EWG-Vertrag). Auch die politische Integration hat im Laufe der Zeit durch die ursprünglich wirtschaftlichen Gemeinschaften erhebliche Anstöße bekommen:

- Eine Weisungsgebundenheit gegenüber den Regierungen der Entsenderstaaten wird beispielsweise für die Mitglieder der Kommission in Art. 157 II FusV ausdrücklich ausgeschlossen.

- In den meisten Organen der Europäischen Gemeinschaft sind Mehrheitsentscheidungen anstelle von Einstimmigkeit für den Regelfall vorgesehen (z.B. Art. 148 I EWG-Vertrag für den Rat und Art. 163 Satz 1 FusV für die Kommission).

- Das Klagerecht jeden Bürgers beim Europäischen Gerichtshof (Hasse 1989, S. 327) und die Direktwahl des Europäischen Parlaments (Ebers 1989, S. 362) sind Elemente der unmittelbaren Einbeziehung des europäischen Bürgers.

- Mit der Einheitlichen Europäischen Akte vom 28. Februar 1986 (EEA) ist auch die außenpolitische Zusammenarbeit vertraglich geregelt (Art. 30 EEA).

Die Unterzeichnerstaaten der Römischen Verträge waren Belgien, die Bundesrepublik Deutschland, Frankreich, Italien, Luxemburg und die Niederlande. Mit Beginn des Jahres 1973 kamen Dänemark, Großbritannien und Irland hinzu, 1981 Griechenland, und 1986 Portugal und Spanien (Läufer 1988, S. 7). Damit umfaßt die EG jetzt zwölf Staaten, die sich jedoch in ihren ökonomischen und außerökonomischen Kennzahlen nicht unbeträchtlich unterscheiden. (Einige dieser Werte sind in Abbildung 1/2 aufgelistet.)

Mit der Einfügung von Bestimmungen zum "Wirtschaftliche[n] und soziale[n] Zusammenhalt" als Titel V in den EWG-Vertrag soll dieser Situation Rechnung getragen werden (Läufer 1988, S. 9). Damit ist der Charakter der EG als weit mehr als bloß handelspolitischer Zusammenschluß noch deutlicher hervorgehoben, der sie unter anderem von der EFTA unterscheidet.

1.2.3.3 Die Europäische Freihandelsassoziation (EFTA)

Grundlage der Europäischen Freihandelsassoziation (EFTA) ist die sogenannte Stockholmer Konvention, die am 4. Januar 1960 unterzeichnet wurde. Vorangegangen war der Versuch Großbritanniens, Schwedens und der Schweiz, eine umfassende Freihandelszone in Westeuropa zu errichten (Kinnas 1979, S. 52). Nachdem dieser Versuch gescheitert war, unterzeichneten diejenigen Staaten, die an einem Freihandelsabkommen, aber nicht an einem gemeinsamen Markt im Sinne der EWG interessiert waren, das erwähnte "Übereinkommen zur Errichtung der Europäischen Freihandelsassoziation". (o.Verf. 1979, S. 11).

Gründungsmitglieder der EFTA waren Dänemark, Großbritannien, Norwegen, Österreich, Portugal, Schweden und die Schweiz; Erweitert wurde sie 1961 durch ein Assoziierungsabkommen mit Finnland und 1970 durch den Beitritt Islands (o. Verf. 1979, S. 11). Mit der Aufnahme Großbritanniens, Dänemarks und später auch Portugals in die Europäische Gemeinschaft sank der Mitgliederstand der EFTA jedoch wieder auf sechs (einschließlich des assoziierten Finnlands). Dennoch wird die EFTA von den verbliebenen Mitgliedern auf der Grundlage der Stockholmer Konvention weitergeführt (o.Verf. 1979, S. 14). - Abbildung 1/3 vergleicht die gegenwärtigen Vertragspartner anhand einiger wichtiger Kennzahlen.

Im Gegensatz zur EG verfolgt die EFTA keinerlei politische Ziele. Das zeigt sich beispielsweise in der Form des

Kennzahl \ Land	Finnland	Island	Norwegen	Schweden	Österreich	Schweiz	EFTA-insg.
Fläche (in Mill. km²)	337	103	324	450	83	41	1338
Einwohner (in 1000)	4946	246	4187	8396	7573	6538	31886
Bevölkerungsdichte (pro km²)	15	2	13	19	90	158	24
Arbeitslose (in 1000)	130 *	.	32	78	165	22	ca. 434
Arbeitslose (in %)	5.2	.	1.5	1.9	5.6	0.8	ca. 3.0
BSP zu Marktpreisen (Mrd. US$)	71.1	4.1	71.4	131.1	90.5	138.2	506.4
- dto. pro Kopf (Tsd. US$)	14.4	16.7	17.1	15.7	12.0	21.3	15.8
Einfuhr in Landeswährung (Mrd.)	7.2	5.1	12.7 +	21.5	34.3	6.3	.
Ausfuhr in Landeswährung (Mrd.)	7.3	4.4	12.0 +	23.5	28.6	5.6	.
Industrieproduktion (1980 = 100)	122 ^	.	135	114 ^	112	.	.
Bruttostundenverdienste (in Landeswährung)	39.2	.	81.0	67.0	88.3	20.5	.
Aktienindex (1985 bis 1988)	289	.	113	218	101	119	.

* Stichprobenerhebung / + ohne Schiffe / ^ ohne Energiewirtschaft
Aktienindex: Jahresdurchschnitt 1988, wobei 1985 = 100 ist.
Alle Angaben (außer Aktieni.) für 1987, Norwegen ggf. ohne arkt. Gebiete

Abbildung 1/3: Die Mitgliedsländer der EFTA im Vergleich
Datenquelle: Statistisches Bundesamt 1989, S. 6, 15, 21, 23, 33, 34, 53 und 54

Assoziierungsabkommens mit Finnland, bei dem nicht etwa die EFTA, sondern alle Mitgliedsstaaten einzeln, Vertragspartner sind (Kinnas 1979, S. 56). Auch die wirtschaftlichen Ziele der EFTA sind enger gefaßt als die der EG: Statt eines gemeinsamen Markts mit Außenzoll und weitgehender innerer Angleichung wird lediglich der Freihandel mit Industrieerzeugnissen angstrebt (Lukas 1985, S. 40).

Dieses Ziel ist mittlerweile weitgehend verwirklicht, innerhalb des Geltungsbereichs des Abkommens bereits seit 1966 (Lukas 1985, S. 44). Durch bilaterale Verträge der einzelnen EFTA-Staaten mit der EG, die 1973 bzw. 1974 (Finnland) in Kraft traten (o. Verf. 1979), ist auch das ehrgeizigere Ziel einer einheitlichen Freihandelszone in Westeuropa praktisch realisiert.

Da der EFTA keine Souveränitätsrechte der Einzelstaaten übertragen werden, sieht die Stockholmer Konvention auch nur ein einziges Organ, den EFTA-Rat, vor. Dieser besteht aus je einem Vertreter jedes Mitgliedsstaats und entscheidet (von Ausnahmen abgesehen) grundsätzlich einstimmig (Art. 32 II und V Stockholmer Konvention).

Der Assoziierungsvertrag mit Finnland schließt dieses in die meisten Bestimmungen der EFTA mit ein, nicht jedoch in die den Rat betreffenden (Art. 2 I-III). Statt dessen wurde ein "Gemeinsamer Rat" geschaffen (Art. 2 IV), der die Vertreter aller EFTA-Mitglieder einschließlich Finnlands umfaßt. Der Unterschied zwischen "Rat" und "Gemeinsamem Rat" verlor jedoch rasch an Bedeutung: "The Joint Council and the Council of EFTA have in practice ceased to exist as distinct institutions, they have become a 'legal plasma'." (Kinnas 1979, S. 56)

Mit Erreichung ihrer ursprünglichen Ziele und gleichzeitig dem Zusammenschrumpfen zur "Rest-EFTA" hat die Europäische Freihandelsassoziation einen großen Teil ihrer Bedeutung eingebüßt. Mit der Aufnahme von Verhandlungen mit der EG zur intensiveren Abstimmung der jeweiligen Politik in naher Zukunft (Hort 1989, S. 17) ergeben sich jedoch neue Aufgaben.

1.3 Zur Situation des Mittelstandes in Europa

Um eine Vorstellung davon zu vermitteln, in welchem Rahmen sich die Tätigkeit des europäischen mittelständischen Unternehmens vollzieht, soll an einigen Beispielen aufgezeigt werden, welche Gemeinsamkeiten und Unterschiede die Situation in den Ländern Europas kennzeichnen. Zunächst wird dabei auf die Faktoren eingegangen, die in den Produktionsprozeß eingehen; neben Arbeit (1.3.1) und Kapital (1.3.2) sind hier auch die Infrastruktur (1.3.3) und der politische Rahmen (1.3.4) von Bedeutung. Die Absatzseite wird am Beispiel der Nahrungsmittelbranche dargestellt (1.3.5), einer der drei Branchen, aus denen auch die Daten für die empirische Untersuchung (Teil 3) stammen.

1.3.1 Arbeitsmarkt und Arbeitsbedingungen

Setzt man die Zahl der Erwerbspersonen eines Landes in Relation zur Bevölkerung, so erhält man die Erwerbsquote, und damit einen ersten Anhaltspunkt für die Möglichkeit der Arbeitskräftebeschaffung. In ganz Europa ist diese Größe in den letzten Jahren meßbar angestiegen, da verstärkt geburtenstarke Jahrgänge Erwerbspersonen stellen (Schreuer 1989, S. 87). Zur Zeit liegt sie in den meisten Staaten bei grob gerechnet 50%; von den in Abbildung 1/4 aufgeführten Staaten fallen lediglich Italien, die Niederlande und Spanien aus dem Rahmen.

Der wohl bedeutsamste Grund für diese Abweichung ist ebenfalls aus Abbildung 1/4 zu erkennen: die Zahl der erwerbstätigen Frauen liegt gerade in diesen drei Ländern erheblich niedriger als in den übrigen, wo der Frauenanteil zwischen 37.1 und 48.2, also innerhalb einer Spanne von gut zehn Prozentpunkten, liegt. Gerade für Betriebe mit einem Angebot an Teilzeitstellen dürfte dieser Unterschied eine Rolle spielen, da gegenwärtig solche Arbeitsplätze verstärkt von weiblichen Bewerbern nachgefragt werden. Im Fall von Italien und Spanien kann der niedrige Frauenanteil außerdem als Indiz für Mentalitätsunterschiede gewertet werden, was für die Niederlande allerdings weniger plausibel ist.

	Erwerbs-personen in Tsd.	Erwerbs-quote in %	Erwerbs-tätige in Tsd.	Anteil d. Frauen in %
EG-Staaten:				
Belgien	4 122	41.8	3 608	38.8
Dänemark	2 855	55.8	2 666	45.5
Deutschland	27 495	45.0	25 267	39.1
Frankreich	23 454	42.3	20 965	41.8
G.-Britannien	27 450	48.4	24 239	42.6
Italien	23 225	40.6	20 614	33.8
Niederlande	5 740	39.4	5 135	34.5
Spanien	13 787	35.7	10 814	29.7
EFTA-Staaten:				
Finnland	2 559	52.0	2 421	48.2
Österreich	3 385	44.7	3 279	39.7
Schweiz	3 244	49.4	3 219	37.1

Abbildung 1/4: Erwerbsstruktur in Europa (1986)
Quelle: EG 1988, S. 116

Ein anderer Indikator für die Ergiebigkeit des Arbeitsmarkts ist die Arbeitslosenquote, die in den Abbildung 1/2 und 1/3 mit aufgeführt ist. In der EG beträgt sie 10.8%, ein Wert der nach oben wesentlich nur von Spanien und Irland überschritten wird. Noch günstiger stellt sich die Lage in der EFTA dar, wo Österreich mit 5,6% bereits die Spitzenposition einnimmt. Damit bewegen sich fast alle Volkswirtschaften Europas in dem für westliche Industrienationen typischen Bereich.*)

*) Zum Vergleich: Japan 3%, USA 6%, Australien 8%, Kanada 9% (Statistisches Bundesamt 1989, S. 21).

Im Gegensatz zu einer volkswirtschaftlichen Bewertung, die für Arbeitslosenquoten von 1% und 12% möglicherweise unterschiedlich ausfallen wird, kann bei betriebswirtschaftlicher Betrachtung einheitlich geschlossen werden, daß mit brachliegenden Arbeitskräfte-Reserven in größerem Umfang nicht zu rechnen ist. Europa erweist sich damit als eine Weltregion, die über ein ansehnliches Potential an Erwerbspersonen verfügt, welches jedoch bereits in hohem Ausmaß genutzt wird.

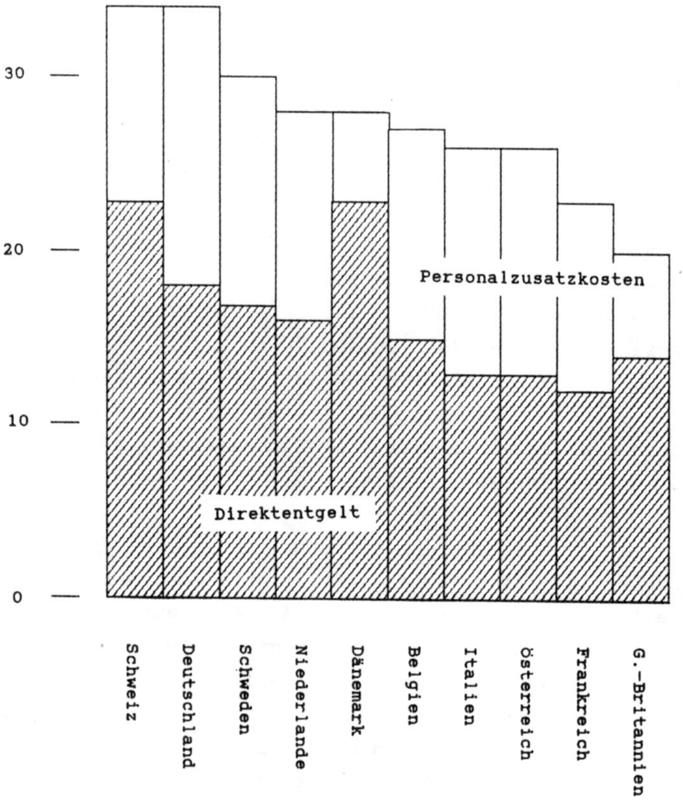

Abbildung 1/5: Arbeitskosten in der verarbeitenden Industrie (je Arbeitsstunde)

Quelle: IW 1989a, S. 3

Die Kosten, die mit der Beschäftigung von Arbeitnehmern in verschiedenen Staaten verbunden sind, vergleicht Abbildung 1/5; berücksichtigt werden dabei nicht nur das unmittelbare Arbeitsentgelt, sondern auch die vielfältigen Personalzusatzkosten. Für die meisten Länder errechnet sich damit eine Kostenbelastung zwischen umgerechnet 23,14 und 30,17 DM. An den beiden Enden liegen Deutschland und die Schweiz mit etwa 34,- DM spürbar darüber, Großbritannien mit 20,21 DM darunter. (Geradezu dramatische Unterschiede ergeben sich allerdings im Vergleich zu den sogenannten "Billiglohnländern" in Europa; so muß für eine portugiesische Arbeitsstunde bloß 5,80 DM einschließlich Zusatzkosten aufgewendet werden!)

Die Unterschiede, die namentlich hinsichtlich der deutschen Wettbewerbsfähigkeit auch Gegenstand der öffentlichen Diskussion sind, sollten jedoch mit Vorsicht interpretiert werden. So müssen die Differenzen keinesfalls vorrangig das Ergebnis unterschiedlicher Lohnniveaus sein: Ein größerer Prozentsatz von Arbeitnehmern in den höheren Lohngruppen bewirkt statistisch den gleichen Effekt. Auch die Aufteilung der Gesamtkosten auf Direktentgelt und Zusatzkosten ist nicht ganz problemlos: würde etwa in Deutschland die Altersvorsorge in die Verantwortung des Einzelnen gestellt, so müßte der Arbeitgeberanteil zur Rentenversicherung (und ggf. zur Pensionskasse) entsprechend auf die Lohnkosten umgebucht werden.

Das Verhältnis von Pro-Kopf-Bruttosozialprodukt*) und Arbeitskosten ist jedenfalls mit drei Ausnahmen (Dänemark, Frankreich, Schweiz) praktisch identisch, so daß die Hypothese, diese seien nur der Ausdruck unterschiedlicher Leistungsfähigkeit, nicht zu widerlegen ist.

---

*) Die Werte aus Abbildung 1/2 und Abbildung 1/3 sind leider wegen unterschiedlicher Berechnungsgrundlagen nicht miteinander vergleichbar. Die für Abbildung 1/3 genannte Quelle (Statistisches Bundesamt 1989, S. 15) enthält jedoch auch Angaben für die EG-Staaten.

Neben den Arbeitskosten ist auch die Arbeitszeit ein wesentliches Merkmal des Faktors Arbeit. Die Jahressollarbeitszeit, die sich aus der Wochenarbeitszeit, dem tariflichen Jahresurlaub und der Zahl der Feiertage errechnet, liegt in den in Abbildung 1/5 aufgeführten Staaten zwischen 1697 und 1771 Stunden, wenn man die Schweiz außer acht läßt, bei der die Zahl der Feiertage starken kantonalen Schwankungen unterliegt. (IW 1989b, S. 7). Die Bandbreite ist also ausgesprochen gering, wenn man bedenkt, daß Ausfälle wegen Krankheit, Arbeitskämpfen oder Nichterscheinen zur Arbeit unter Umständen erheblichere Abweichungen - auch unternehmensindividuell - mit sich bringen können.

In vielen Fällen muß auch die Möglichkeit, die Arbeitszeit flexibel zu gestalten, beachtet werden, insbesondere dort, wo kapitalintensive Produktionsanlagen ausgenutzt werden müssen. Hier ergeben sich, wie ein Vergleich durch Schreuer (1989, S. 105-107) zeigt, tatsächlich erhebliche Unterschiede von Land zu Land:

- In Frankreich sind auf gemeinsame Initiative der Gewerkschaften und der Arbeitgeber die gesetzlichen Bestimmungen weiter gefaßt worden, so daß die Wochenarbeitszeit bis auf 44 Stunden ausgedehnt werden kann, wenn im Jahresdurchschnitt für Ausgleich gesorgt ist. Auch Belgien verfügt seit 1987 über einen großzügigen gesetzlichen Rahmen.
- In Deutschland existieren wegen der ablehnenden Haltung der Gewerkschaften hingegen erst auf Betriebsebene einige Arbeitszeitmodelle; lediglich der Tarifvertrag der Metallindustrie enthält entsprechende Bestimmungen, die freilich recht eng gefaßt sind. Die Situation in Österreich ist mit der in Deutschland etwa vergleichbar.
- Unterschiede zeigen sich auch in der gesetzlichen Regelung der Sonntagsarbeit, welche in den Niederlanden, Frankreich und der Schweiz auch aus "wirtschaftlichen" Gründen genehmigt werden kann, und in Belgien sowie Großbritannien überhaupt nicht gesetzlich verboten ist.

Es ist denkbar, daß bei ansonsten ähnlichen Arbeitsbedingungen dieser Aspekt zum entscheidenden Merkmal der Situation der Unternehmungen in verschiedenen Ländern Europas wird.

1.3.2 Kapitalmarkt und Wechselkurentwicklung

Da die Konditionen für die Kapitalbeschaffung in starkem Ausmaß von unternehmensspezifischen Faktoren, wie Bonität und Verhandlungsgeschick, abhängen, können zum Thema Kapitalmarkt nur grundsätzliche Daten dargestellt werden. Als Indikator für das Niveau der bei Fremdfinanzierung zu entrichtenden Zinsen wird dabei die Rendite festverzinslicher Wertpapiere verwendet (Abbildung 1/6).

	Rendite festverzinslicher Wertpapiere	Inflationsrate
EG-Staaten:		
Belgien	8.1 %	1.2 %
Dänemark	10.3 %	4.6 %
Deutschland	6.3 %	1.2 %
Frankreich	8.6 %	2.7 %
G.-Britannien	9.5 %	4.9 %
Italien	10.0 %	5.2 %
Niederlande	6.4 %	0.8 %
Spanien	12.5 % (Nov.)	4.8 %
EFTA-Staaten:		
Finnland	7.2 %	4.9 %
Österreich	6.5 %	1.9 %
Schweiz	4.2 %	1.9 %

Abbildung 1/6: Renditen festverzinslicher Wertpapiere und Inflationsraten im Dezember 1988

Quelle: Dresdner Bank 1989, S. 5

Es wird deutlich, daß sich die Finanzierungskosten in den aufgeführten Ländern tendenziell erheblich unterscheiden. Zu der Zone relativ niedriger Zinsen, die vor allem aus Deutschland und seinen Nachbarländern besteht, kontrastieren Staaten wie Spanien, Dänemark, Italien und Großbritannien, in denen der Zinssatz um zehn Prozent liegt.

Die Unterschiede erklären sich zu einem großen Teil aus den unterschiedlichen Inflationsraten. In den meisten Ländern liegt die verwendete Indikatorgröße etwa fünf Prozentpunkte über der Rate der Geldentwertung. Weitere Abweichungen lassen darauf schließen, daß auch langfristige Inflationserwartungen in die Zinsniveaus einfließen. Als Beispiele kann auf Spanien (nach oben) und auf die Schweiz (nach unten) hingewiesen werden. Auch enge Verflechtungen einzelner Volkswirtschaften spielen gelegentlich eine Rolle (Deutschland - Niederlande - Österreich).

Immerhin haben sich in den meisten europäischen Staaten, die traditionell unter hohen Inflationsraten zu leiden haben, die Verhältnisse in den letzten Jahren zum Positiven entwickelt. (Eine Ausnahme stellt das hier nicht aufgeführte Griechenland dar.) So kann als Gemeinsamkeit der behandelten Länder festgestellt werden, daß die Höhe der Geldentwertung, und damit des Zinsniveaus, wenigstens einem funktionierenden Kapitalmarkt nicht im Wege steht, was im Weltmaßstab gesehen nicht selbstverständlich ist.

Die Verbesserung der Ausstattung mit Eigenkapital kann für mittelständische Unternehmungen zum Problem werden, wenn der Eigentümer selbst nicht mehr in der Lage ist, zusätzliche Mittel als Einlagen einzubringen. In den achtziger Jahren sind jedoch in zahlreichen europäischen Ländern spezielle Börsensegmente geschaffen worden, die auch für kleinere Unternehmungen attraktiv sind, sofern sie in der Rechtsform einer Aktiengesellschaft betrieben werden oder Genußscheinkapital aufnehmen.

So hat die Londoner Börse 1980 einen "Unlisted-Security-Market" eingerichtet, dessen Teilnehmer geringere Anforderungen als die am "Official-Market" gehandelten Firmen erfüllen müssen, vor allem hinsichtlich Publizität und Börsenkapitalisierungsvolumen (Gerke 1985, S. 106). In Deutschland erfolgte die Einführung des "Geregelten Marktes" mit dem Börsenzulassungsgesetz vom 16. 12. 1986. Die Zulassungsvoraussetzungen sind ebenfalls weniger restriktiv, als die für den Amtlichen Handel. Auch Belgien ("Tweede Markt"), Dänemark ("Aktiemarked II"), Frankreich ("Second Marché"), Italien ("Mercato Ristretto") und die Niederlande kennen ähnliche Einrichtungen (Schmidt 1987, S. 294).

Die steigende Zahl der Unternehmen, die diese Möglichkeiten nutzen (Schmidt 1987, S. 291 ff.), ist ein Hinweis auf die Berechtigung der "zweiten" Marktsegmente. Dazu kommt in den meisten Ländern noch ein drittes, noch weniger reglementiertes, wie etwa in Deutschland der Freiverkehr oder in Frankreich der Hors-Côte-Markt. Damit ist die Eigenkapitalbeschaffung über die Börse auch für verhältnismäßig kleine Unternehmen prinzipiell möglich, und zwar gleichermaßen in fast allen Ländern Europas.

Weniger für die Finanzierung, als für die Abwicklung des internationalen Zahlungsverkehrs wichtig ist die Entwicklung des Außenwerts der einzelnen Währungen. Dabei sind die Mitgliedsländer der Europäischen Gemeinschaft durch das Europäische Währungssystem (EWS) miteinander verbunden, an dem sich zwar nicht alle Regierungen bzw. Zentralbanken beteiligen, in das aber dennoch alle zwölf Währungen einbezogen werden.

Kernstück des EWS ist die "Europäische Währungseinheit" (ECU = European Currency Unit), die sich aus festen Beträgen der jeweiligen nationalen Geldeinheiten zusammensetzt. Sie dient als Zahlungs- und Reservemittel für die angeschlossenen Zentralbanken sowie als Grundlage für den unten beschriebenen Wechselkursmechanismus (EG 1987, S. 13-16). Aber auch die Nutzung von privater Seite erfreut sich immer größerer Beliebtheit, sofern nicht - wie in Deutschland - gesetzliche Vorschriften dem im Wege stehen.

Da zu den Zielen des EWS insbesondere die Glättung der innereuropäischen Kursschwankungen gehört (EG 1987, S. 13), wurde ein Wechselkursmechanismus eingerichtet, mit dem dies bewerkstelligt werden soll. Auf der Grundlage der Leitkurse, das heißt der festgesetzten Umrechnungskurse der nationalen Währungen und des ECU, werden Vorgaben für die Kursverhältnisse zwischen je zwei Mitgliedsländern berechnet und in einem "Paritätengitter" zusammengestellt. Interventionen der beteiligten Zentralbanken sind immer dann notwendig, wenn die tatsächlichen Kurse von den vorgegebenen Umrechnungsverhältnissen um mehr als +/- 2,25% abzuweichen drohen. (Für die italienische Lira beträgt die Bandbreite +/- 6%). Gegebenenfalls ist eine Neufestsetzung der ECU-Paritäten durchzuführen, die jedoch der Zustimmung aller Beteiligten bedarf. (Ausführlich beschrieben ist das Verfahren in: EG 1987, S. 13-16).

Der Erfolg dieses Systems wird allgemein bestätigt (z.B. Thögersen 1989, S. I f.): Kam es in den ersten Jahren seit der Einführung 1979 noch zu etlichen Wechselkursanpassungen, so hat die mittlerweile erfolgte Angleichung der wirtschaftspolitischen Rahmendaten (nicht zuletzt gerade aufgrund des EWS) derartige Maßnahmen fast überflüssig gemacht. Allerdings besteht die Gefahr, daß bei der Kursfestsetzung nicht nur sachlich begründbare, sondern auch prestigepolitische und wahltaktische Gründe Einfluß gewinnen, wie dies in der Vergangenheit auch bereits mehrfach geschehen ist (Grimm 1987, S. 65). Im Augenblick scheint jedenfalls die Kontinuität der Umtauschverhältnisse der beteiligten Währungen gesichert zu sein.

Für die Mitgliedsländer der EFTA besteht ein System, das stabile Währungsverhältnisse garantieren könnte, nicht. Der österreichische Schilling und der Schweizer Franken zeichnen sich jedoch aufgrund der informellen Bindung an die Deutsche Mark bzw. aufgrund der Solidität der schweizerischen Wirtschaftspolitik ebenfalls durch eine stetige Entwicklung aus. Die skandinavischen Währungen standen hingegen vorwiegend in der ersten Hälfte der achziger Jahre stark unter Druck. Zwar ist dieser Trend seit etwa 1986 rückläufig, aber lediglich die Finnmark hat den zuvor erlittenen Kursverlust wieder vollständig aufgeholt. (Deutsche Bundesbank 1989, S. 82*)

1.3.3 Infrastruktur

Die Infrastruktur, auf die mittelständische Unternehmen in Europa zurückgreifen können, soll anhand des Verkehrsnetzes, der Energieversorgung sowie ansatzweise des Bildungssystems skizziert werden.

Quer durch Europa zieht sich ein Gürtel von Industrieagglomerationen, der im schottischen Tiefland beginnt, England (mit Wales), Nordfrankreich, Belgien sowie große Teile der Niederlande, der Bundesrepublik Deutschland und der Schweiz umfaßt, und sich bis in die hochindustrialisierten Gebiete der DDR, Polens und der Tschechoslowakei erstreckt; im Norden schließen sich mit Dänemark und Südschweden, im Süden mit Österreich, Norditalien sowie den verbliebenen Teilen Frankreichs und der Schweiz, Zonen an, in denen die Industrialisierung wenigstens gebietsweise einen hohen Stand erreicht hat (Hilgemann/Kettermann/Hergt 1978, S. 24 f.).

Diese Regionen zeichnen sich unter anderem durch eine große Bevölkerungsdichte und damit durch eine hohe Verfügbarkeit infrastruktureller Einrichtungen aus. Zu den wichtigsten Verstädterungszonen gehören (Hilgemann/Kettermann/Hergt 1978, S. 56 f.):

- in Großbritannien das Forth-Clyde-Gebiet und Mittelengland,
- in Deutschland die Rheinachse mit dem Rhein-Ruhr-, dem Rhein-Main- und dem Rhein-Neckar-Gebiet,
- in Italien die Po-Ebene,
- Belgien und die Niederlande.

Besonders gut lassen sich die Unterschiede in der Infrastruktur am Beispiel der Verkehrsverbindungen zeigen. Abbildung 1/7 enthält Angaben über die Binnenschiffahrtswege, das Eisenbahn- und das Straßennetz, wobei alle Zahlen auf die Landesfläche (in Quadratkilometern) bezogen sind.

	Bevölke-rungs-dichte*	Netzdichte+ Binnen-schiff.	Eisen-bahn	Straße
Belgien	324	4.97	12.45	426.96
Dänemark	119	.	5.80	162.72
Deutschland	245	1.79	11.14	198.28
Frankreich	101	1.16	6.36	147.45
G.-Britannien	233	0.67	6.84	151.95
Italien	190	0.74	5.38	99.48
Niederlande	357	11.74	6.80	235.91
Österreich	90	.	6.85	130.11
Portugal	112	0.13	3.91	56.80
Schweiz	158	.	12.34	171.76
Spanien	77	.	2.67	33.10

* Einwohner / km^2 (1986)

\+ km / 100 km^2 Fläche (1985, Straße 1984)

Abbildung 1/7: Dichte des Verkehrsnetzes in Europa
Quelle: Höfer 1989, Anhang S. 2-5

Diejenigen Staaten, die ganz oder zum größten Teil innerhalb der angesprochenen Verstädterungszone liegen, weisen ausnahmslos eine Bevölkerungsdichte von deutlich mehr als 200 Einwohnern pro Quadratkilometer auf; das Verkehrsnetz ist durchweg besser entwickelt, als in den übrigen Ländern. Belgien und die Niederlande verfügen über die beiden dichtesten Straßen- und Binnenschiffahrtsnetze in Europa, Belgien außerdem über die meisten Eisenbahnkilometer pro Flächeneinheit. An dritter Stelle bei allen drei Verkehrsnetzen folgt die Bundesrepublik Deutschland. Großbritanniens Verkehrsinfrastruktur liegt insgesamt allerdings eher im Mittelfeld; hier mag zur Erklärung beitragen, daß aufgrund der Landesnatur die Küstenschiffahrt eine bedeutende Rolle spielen dürfte. Außerdem erspart die Randlage des Vereinigten

Königreichs diesem den grenzüberschreitenden Durchgangsverkehr.

Anhand des Kriteriums der Bevölkerungsdichte lassen sich die lediglich gebietsweise hochindustrialisierten Staaten von den restlichen nur unscharf unterscheiden: Weite Landstriche Zentral- und Südwestfrankreichs sowie der Alpenraum sind relativ dünn besiedelt, so daß die Bevölkerungsdichte von Frankreich und Österreich unterhalb der von Portugal liegt, wo das Küstengebiet nördlich des Tajo verhältnismäßig dicht bewohnt ist. Die Verkehrsverhältnisse unterscheiden sich jedoch erheblich.

Die Straßennetze von Frankreich, Österreich, Dänemark und Italien liegen zwischen knapp 100 und 163, die Schienennetze jeweils etwas über fünf Kilometer pro hundert Quadratkilometer Landesfläche. Im Fall von Frankreich kommen noch in mäßigem Umfang Binnenwasserstraßen hinzu, und für Italien kann mit Abstrichen das für Großbritannien Gesagte übernommen werden. Die Schweiz, die mit ihrem nördlichen, nichtalpinen Teil noch zur Verstädterungszone beiträgt, verfügt hingegen über etwas bessere Verkehrsverbindungen; ihr Schienennetz liegt Europaweit sogar an zweiter Stelle!

Die Situation in Spanien und Portugal ist deutlich schlechter als in allen anderen betrachteten Ländern. Portugal verfügt (bei annähernd gleicher Bevölkerungsdichte) nicht einmal über die Hälfte der Verkehrsverbindungen von Dänemark, und Spanien bildet mit klarem Abstand den Schluß. Hier wird deutlich, daß es nicht nur die Zahl der Einwohner pro Flächeneinheit ist, die als Ursache für die Infrastruktur in Betracht kommt, sondern auch der Entwicklungsstand des einzelnen Landes.

Noch deutlicher erkennen läßt sich der Unterschied am Stand des Bildungssystems. Während in fast ganz Europa nur eine verschwindende Minderheit (3.0% in Italien) des Lesens und Schreibens nicht mächtig ist, besitzen Spanien mit 7.1% und Portugal mit sogar 16.0% beträchtliche Analphabetenquoten (Statistisches Bundesamt 1989, S. 12). Diese Zahlen können als Indiz dafür interpretiert werden, daß die Rahmenbedingungen innerhalb und außerhalb der europäischen "Metropolis" noch sehr verschieden sind. Ob die Integrationswirkung der Europäischen Gemeinschaft hier ausgleichend wirkt, kann nicht präzise vorhergesagt werden.

Ein Element der Infrastruktur, das von sehr zahlreichen Faktoren abhängt, ist die Energieversorgung. Die Entwicklung der Primärenergiebilanzen zeigte in der Zeit von 1974-1982 in den europäischen Staaten einige charakteristische Muster (Zahlen nach Hoffman 1985, S. 161-163).

- In Deutschland führten leichte Steigerungen der Produktion, vor allem aber der zurückgehende Verbrauch, zu einer Verringerung der Exportabhängigkeit von 53% auf 49%. Diese Entwicklung ist typisch für eine Reihe anderer Länder, freilich von sehr unterschiedlichen Ausgangsniveaus aus (Belgien, Dänemark, Finnland, Niederlande, Österreich).

- In Frankreich, Schweden und der Schweiz ist die Verbesserung der Primärenergiebilanz hingegen eher auf die Ausweitung der eigenen Produktion zurückzuführen. Eine Mittelstellung nimmt Italien ein, wo Erzeugung und Verbrauch im Zeitverlauf weitgehend konstant blieben.

- Die Erschließung der Ölfelder in der Nordsee haben vor allem für Großbritannien und Norwegen bewirkt, daß die Importabhängigkeit nicht nur auf null sank, sondern sogar noch per Saldo Energie exportiert werden konnte.

- Spanien und Portugal haben zwar ihre Produktion ausgeweitet, der Verbrauch stieg jedoch noch wesentlich schneller.

Auch aus der Energiebilanz läßt sich offenbar der Aufholbedarf der schwächer industrialisierten Länder erkennen. Sondereinflüsse, wie im Fall der Nordseeanrainer, spielen aber eine erhebliche Rolle. Insgesamt hat sich die Importabhängigkeit Westeuropas jedenfalls innerhalb von acht Jahren von 61% auf 41% verringert.

1.3.4 Wirtschaftspolitischer Rahmen

Indem er die unternehmerische Tätigkeit fördernd oder behindernd in das Wirtschaftsleben eingreift, kann der Staat die Bedingungen für die einzelnen Unternehmen nachhaltig beeinflussen. Für Mittelständler, die nur in den seltensten Fällen über Lobbies, Interessenvereinigungen oder ähnliche Institutionen ihre Vorstellungen in das politische System einbringen können, ist der Normsetzungsprozeß noch in stärkerem Maße als äußere Bedingung hinzunehmen, als für Großunternehmungen.

"Es handelt sich zwar bei den westeuropäischen Staaten durchweg um stabile marktwirtschaftlich (...) orientierte Demokratien, doch sind in der Ausgestaltung und Kontinuität der Wirtschaftspolitik teilweise deutliche Unterschiede zu beachten." (Schreuer 1989, S. 4) Dabei lassen sich für die meisten Länder durchaus grundlegende Merkmale und Entwicklungen herausarbeiten, die auch über mehrere Regierungswechsel hinweg ihre Gültigkeit behalten.

Diese länderspezifischen Rahmenbedingungen sollen überblicksartig dargestellt werden. Dabei können freilich nur die prinzipiellen Richtungen aufgezeigt werden, und auch auf spezielle Fragestellungen, wie etwa die des Steuerrechts, wird im folgenden nicht eingegangen.

In ganz Europa waren die fünfziger und sechziger Jahre eine Zeit weitgehend stetigen Wirtschaftswachstums. Die somit gegebene günstige Situation wurde fast überall zur Verwirklichung wirtschafts- und gesellschaftspolitischer Ziele ausgenutzt, zu denen etwa Vollbeschäftigung und Ausbau des Sozialstaats gehörten. Der starke Rückgang der Wachstumsraten, der unter anderem auf die beiden "Ölschocks" von 1973 und 1979 zurückgeführt wird, stellte die Regierungen Westeuropas in den siebziger Jahren jedoch vor bisher ungewohnte Aufgaben (Chaloupek/Teufelsbauer 1987, S. 9). Da das wirtschaftspolitische Instrumentarium nicht auf diesen Fall zugeschnitten war, versuchte jedes Land, die Probleme in seiner eigenen Tradition zu lösen; mit der wiedergewonnenen

Stabilität der letzten fünf bis zehn Jahre vereinheitlichten sich die nationalen Wirtschaftspolitiken jedoch in einem gänzlich neuen Ausmaß.

Für die Bundesrepublik Deutschland ist die wirtschaftspolitische Entwicklung von dem Gedanken der "Sozialen Marktwirtschaft" geprägt. Die Kombination aus einerseits strikt marktwirtschaftlichem Denken und dem Ausgleich sozialer Härten andererseits, die vor allem durch Ludwig Erhard durchgesetzt wurde, bildet die Grundlage des als "Wirtschaftswunder" bekannten unerwarteten ökonomischen Aufstiegs Deutschlands (Haller 1988, S. 2-5).

Ursprünglich war dieses Prinzip freilich keineswegs unumstritten, nicht einmal in der damaligen Regierungskoalition aus CDU/CSU und FDP; die auch von den Wählern wahrgenommenen Erfolge der sozialen Marktwirtschaft veranlaßten jedoch auch die SPD, sich im Rahmen des Godesberger Programms dem Konzept anzuschließen (Biedenkopf 1986, S. 8).

Eine gesetzliche Fixierung der wirtschaftspolitischen Zielsetzung brachte das "Gesetz zur Förderung der Stabilität und des Wachstums der Wirtschaft", das im Jahre 1967 durch die große Koalition aus CDU/CSU und SPD verabschiedet wurde. In dieser Rechtsnorm werden auch erstmals nachfrageorientierte Instrumente angesprochen, ohne daß freilich zu dieser Zeit von der Notwendigkeit zu ihrer Anwendung die Rede sein kann: Noch zu Beginn der Regierung Brandt (ab 1969) mußte eher der Überhitzung der Konjunktur entgegengewirkt werden (Grüner 1986, S. 51-56).

Als Folge dieser Überhitzung, verstärkt durch den unerwarteten Anstieg der Energiepreise, erlebte Deutschland einen bisher unbekannten konjunkturellen Einbruch, zu dessen Bekämpfung auch Mittel der nachfrageorientierten Wirtschaftspolitik eingesetzt wurden (Scherf 1986, S. 40). Schon bald dominierten aber die angebotsorientierten Mittel, besonders unter den Regierungen Schmidt (SPD/FDP) und Kohl (CDU/CSU/FDP) (Emminger 1986, S. 37-41; Grüner 1986, S. 59).

Die Wirtschaftspolitik in der Bundesrepublik Deutschland hat also allzu scharfe Brüche bisher vermieden. Soweit Regierungswechsel mit Änderungen der politischen Zielsetzung verbunden waren, standen eher Fragen der sozialen Sicherung und der Ausweitung der Staatsleistungen im Vordergrund (Haller 1988, S. 6; Scherf 1986, S. 25). Die augenblickliche günstige Konjunktursituation dürfte auch für die überschaubare Zukunft keine Änderung erwarten lassen.

Sehr geringe Konstanz zeigt hingegen die Entwicklung in Großbritannien. Die sechs Wechsel zwischen konservativen und Labour-Regierungen von 1945 bis 1979 führten regelmäßig zu einer Umkehr in der Wirtschaftspolitik. Dabei war das Programm der Labour-Party meistens stark keynesianisch geprägt, während die Maßnahmen der konservativen Regierungen im allgemeinen aus verschiedenen Konzeptionen zusammengestellt waren (Wieczorek 1980, passim).

Die britische Wirtschaft erzielte unterdessen weitaus geringere Wachstumsraten, als sie in anderen europäischen Staaten zu beobachten waren. Die beiden "Ölkrisen" 1973 und 1979 trafen Großbritannien besonders hart und führten jeweils zu einem Wahlsieg der bisherigen Opposition (Ray 1974, S. 117; Weinert 1983, S. 160).

Mit der Regierungsübernahme durch das Kabinett Thatcher 1979 kam erstmals eine vorwiegend monetaristisch geprägte Politik zur Anwendung; erhebliche Kürzungen der Staatsausgaben, Verzicht auf Einmischung bei den Tarifabschlüssen und die Schaffung von Leistungsanreizen (z. B. durch Verlagerung des Steueraufkommens hin zu indirekten Steuerarten) waren Mittel dieser Konzeption (Ray 1979, S. 77 f.; s. a. Wegner 1986, S. 3-14).

Für den einzelnen Unternehmer ist der Weg des "Thatcherismus" sicher nicht unvorteilhaft, da seine eigene Handlungsfreiheit in verhältnismäßig geringem Maß beschnitten wird. Fehlende Erfolge gerade in den Bereichen, die sich verstärkter politischer Beachtung erfreuen (Arbeitslosigkeit; Leistungsbilanz), machen es allerdings ungewiß, ob die Politik der achziger Jahre in den neunzigern noch fortgesetzt werden kann.

Auch die Entwicklung in Frankreich verlief nicht ohne Diskontinuitäten. Im Gegensatz zum Vereinigten Königreich spielten aber hier neue Regierungsverantwortungen nur in Einzelfällen eine entscheidende Rolle; staatliche Lenkungsmaßnahmen gehörten vielmehr sowohl zum gaullistischen, als auch zum sozialistischen Instrumentarium (Chaloupek/Teufelsbauer 1987, S. 70-76).

Seit 1982 ist freilich auch in Frankreich ein allmählicher Übergang zu einer angebotsorientierten Wirtschaftspolitik zu beobachten, vor allem unter den Premierministern Chirac (RPR) und Rocard (PS) (Cloes/Schogs 1989, S. 102). In einzelnen konkreten Bereichen, etwa der Energiepolitik, wird jedoch unverändert an der bisherigen Vorgehensweise festgehalten. Selbst wenn die französische Wirtschaft davon auch profitiert, z.B. in Form niedriger Stromkosten, so bleibt die Unsicherheit, ob Maßnahmen wie Entlassungsbeschränkungen, Preiskontrollen oder Verstaatlichungen nicht irgendwann einmal eine Neuauflage erfahren werden, sobald die konjunkturelle Situation sich wieder verschlechtert.

Ein Beispiel für eine besonders kontinuierliche und berechenbare Wirtschaftspolitik ist die Schweiz. Dort ist es gelungen, die Rahmenbedingungen für das wirtschaftliche Handeln über einen langen Zeitraum hinweg konstant zu halten. So zeigten die Krisen von internationalem Zuschnitt in der Schweiz weitaus geringere Auswirkungen, als in den meisten anderen Staaten; lediglich die Inflationsrate stieg zeitweise auf den für eidgenössische Verhältnisse extrem hohen Wert von 9.8% (Prader 1981, S. 326).

Eine Arbeitslosenquote von praktisch null (s. Abbildung 1/3) und eine solide Finanzierungslage der öffentlichen Haushalte gehören ebenfalls zu den Erfolgen der schweizerischen Stabilitätspolitik, für die sich in naher Zunkunft mit der Schaffung des EG-Binnenmarkts eine Herausforderung neuer Art stellt.

Auch die Situation in Österreich ist traditionell von einer gewissen Konstanz gekennzeichnet. Hier verfolgte man vor allem das Konzept des "Austrokeynesianismus", das ähnlich der Sozialen Marktwirtschaft in Deutschland Elemente verschiedener ideologischer Herkunft mit einander verband; es führte bis in die siebziger Jahre - gemeinsam mit dem entspannten Sozialklima - zu beachtlichen Erfolgen für Wachstum und Beschäftigung (Tichy 1988, S. 289-292).

Selbst die umfangreichen Verstaatlichungen Mitte der siebziger Jahre (Enzelsberger 1986, S. 49 f.) beeinflußten die positive Entwicklung zunächst kaum; erst mit der Erkenntnis, daß ein erheblicher Teil der nationalisierten Industrie mittlerweile sanierungsbedürftig geworden war, zeigten sich ernsthafte Probleme (Tichy 1988, S. 239 f.). Mit Reprivatisierungen und der Vergrößerung des Entscheidungsspielraums der in Staatsbesitz verbliebenen Firmen, ergänzt durch ein wieder stärker angebotsorientiertes Instrumentarium, scheint man diese Schwierigkeiten aber zu meistern. (Kuntze 1988, S. 29).

In den Niederlanden lag der Schwerpunkt der Politik bis zur ersten Ölkrise auf der Dämpfung der Inflation, vorwiegend durch restriktive Geld- und Fiskalpolitik. Die in dieser Zeit stark erhöhten Sozialleistungen und der gewachsene Finanzierungsbedarf des Staates erwiesen sich in den folgenden konjunkturell weniger günstigen Jahren als untragbare Belastung der Wirtschaft (Chaloupek/Teufelsbauer 1987, S. 209). Deshalb gingen die niederländischen Regierungen (unterschiedlicher parteilpolitischer Zusammensetzung) verstärkt dazu über, durch gesetzliche Maßnahmen die Kostenbelastung der Unternehmen zu reduzieren (Chaloupek/Teufelsbauer 1987, S. 222). Dies führte zwar zu hohen Haushaltsdefiziten, ansonsten aber zu günstigen volkswirtschaftlichen Rahmendaten.

Eine ähnliche Entwicklung fand auch in Belgien statt (Chaloupek/Teufelsbauer 1987, S. 306 f.). Zwei Besonderheiten unterscheiden jedoch die Lage der Belgier von der ihrer nördlichen Nachbarn: Die noch wesentlich höhere Staatsverschuldung, die zum Teil auf die fehlende Privatisierung zuvor verstaatlichter Unternehmungen zurückgeführt werden kann (Kuntze 1989, S. 31 f.), und der Streit zwischen den beiden etwa gleich starken Bevölkerungsgruppen der Flamen und der Wallonen, der allerdings durch die kürzlich vollzogene Regionalisierung möglicherweise etwas gemildert werden wird.

Die Prinzipien der angebotsorientierten Wirtschaftspolitik haben sich in den letzten zehn Jahren in den meisten Ländern Europas durchgesetzt. Aus der Sicht der Unternehmen, oder zumindest der mittelständischen Unternehmen der in Kapitel 1.2.2 beschriebenen Art, ist diese Tendenz zu begrüßen, da sich damit ihr Entscheidungsspielraum vergrößert. Ob ein Umschlagen der augenblicklich international günstigen Konjunktur zu einer Trendwende auch hinsichtlich des bevorzugten wirtschaftspolitischen Instrumentariums führt, kann nicht vorhergesagt werden. Das intensivere Zusammenrücken der europäischen Volkswirtschaften dürfte die Wirksamkeit nachfrageorientierter Maßnahmen einzelner Regierungen jedenfalls einschränken.

1.3.5 Marktentwicklung am Beispiel der Nahrungsmittelindustrie

In den vorangegangenen vier Kapiteln wurden im wesentlichen die Faktoren beschrieben, die in den ökonomischen Umwandlungsprozeß eingehen; neben den beiden klassischen Produktionsfaktoren Arbeit und Kapital haben hier besonders die Infrastruktur und das politische Umfeld Berücksichtigung gefunden.

Auf der anderen Seite wird die Situation des einzelnen Unternehmens nicht weniger beeinflußt von den Möglichkeiten, seine Produkte auch absetzen zu können. Dieser Aspekt ist aber naheliegenderweise nicht unabhängig von der Branche, der der Betrieb angehört: Investitions- und Konsumgüter, langlebige und Verbrauchsgüter, saisonunabhängige und Saisonwaren unterscheiden sich hinsichtlich ihrer Absatzmärkte.

Die Marktgegebenheiten werden deshalb anhand eines Beispiels dargestellt, wobei mit der Nahrungsmittelindustrie eine Branche ausgewählt wurde, der auch etwa ein Drittel der in Teil drei untersuchten Firmen angehören.

Die Höhe des Budgets, das den Endverbrauchern für den Erwerb von Nahrungsmitteln zur Verfügung steht, ist ein erstes Kriterium zur Beurteilung des Absatzmarkts der hier exemplarisch behandelten Industrie. Aufgrund theoretischer Überlegungen wird üblicherweise unterstellt, daß mit steigendem "Wohlstand" einer Volkswirtschaft die relative Bedeutung von lebensnotwendigen Gütern (Nahrungsmittel, Kleidung, ...) abnimmt, da überproportional mehr für weniger lebensnotwendige Güter und Dienstleistungen (Verkehr, Elektrogeräte, Unterhaltung, ...) ausgegeben wird.

	Verbraucherausgaben für Nahrungs- und Genußmittel *	
	1970	1986
EG-Staaten:		
Belgien	31.4	23.9
Dänemark	30.2	23.5
Deutschland	29.4	22.9
Frankreich	27.1	20.4
G.-Britannien	26.0	18.9
Italien	38.7	24.5
Niederlande	25.8	19.1
Spanien	34.8	27.2
EFTA-Staaten:		
Österreich	34.5	22.0
Schweiz	28.8	24.0
* in Prozent der gesamten Verbraucherausgaben		

Abbildung 1/8: Ausgaben für Nahrungsmittel in Europa
Quelle: IW 1989c, S. 39

Diese Annahme wird durch die in Abbildung 1/8 zusammengefaßten Zahlen gestützt, und zwar sowohl in räumlicher, als auch in zeitlicher Betrachtung. In fast allen berücksichtigten Ländern ging der Anteil der Verbraucherausgaben für Nahrungs- und Genußmittel an den gesamten Verbraucherausgaben von 1970 bis 1986 um mehr als fünf Prozentpunkte zurück, in Ländern mit einem hohen Ausgangsniveau sogar oft noch wesentlich stärker. Offenbar sind die Märkte für diese Güter langsamer gewachsen, als andere Märkte, auf denen die Endverbraucher als Nachfrager auftreten.

Auch der Ländervergleich stützt die angesprochene Theorie: Spanien, das von den aufgeführten Staaten das mit Abstand niedrigste Bruttosozialprodukt pro Kopf erwirtschaftet, weist auch den höchsten Prozentsatz der Nahrungsmittel-Ausgaben auf. (Hingegen hat Italien, das 1970 noch sogar vor Spanien lag, mittlerweile fast den Anschluß an die mitteleuropäischen Volkswirtschaften erreicht.) Die übrigen Länder liegen recht dicht zusammen, weisen also recht ähnliche Verbrauchsstrukturen auf.

Dieses Ergebnis legt zwei Schlußfolgerungen nahe. Zunächst muß festgestellt werden, daß das Marktpotential in der Lebensmittelbranche insgesamt geringer ist, als im Durchschnitt aller Branchen; bereits existierende Anbieter werden gegebenenfalls versuchen, ihr individuelles Wachstum auf Kosten der Konkurrenz durchzusetzen, das heißt, der Wettbewerb wird schärfer. Nimmt man jedoch zu den rein numerischen Ergebnissen die Theorie hinzu, so fällt die Schlußfolgerung differenzierter aus: Die Stagnation des Marktwachstums dürfte vor allem diejenigen Nahrungsmittel betreffen, die unmittelbar zum Leben benötigt werden (Teigwaren, Getränke, ...). Wachstumsverdächtig sind hingegen alle Artikel, deren Konsum mit einem gehobenen Lebensstil oder Image verbunden ist, wie etwa Marken-Süßwaren oder als besonders gesund geltende Lebensmittel.

Zwei Trends, die für den europäischen Lebensmittelmarkt Gültigkeit beanspruchen können, sind also die Abflachung des

Marktwachstums und eine Verschiebung der Verbraucherpräferenzen.

Ein dritter Trend, auf den hinzuweisen ist, ist die Angleichung der Konsumgewohnheiten in den verschiedenen Staaten Europas, die Berekoven (1977) anhand mehrerer Beispiele dargestellt hat. Von diesen Beispielen soll eines, der Konsum von Wein und Bier, an dieser Stelle zusammengefaßt werden.

Der Pro-Kopf-Verbrauch beider Produkte war (und ist) stark von länderspezifischen Unterschieden geprägt. So lag er für Bier in den sechziger Jahren in Italien fast konstant bei gut zehn Litern pro Jahr, für Deutschland und Belgien (mit Luxemburg) dagegen regelmäßig über hundert Litern pro Jahr. Ähnliche Größenordnungen erreichten auch die Unterschiede für den Wein. Dabei fällt die deutliche Komplementarität beider Getränke auf: Hohe Werte für Bier gehen einher mit niedrigen für Wein (Deutschland, Belgien, Großbritannien) und umgekehrt (Italien, Frankreich, Spanien). (Lediglich die Niederlande, die beim Bier eine Mittelstellung einnahm, gehörte auch beim Wein nicht zu den größten Verbrauchern).

Vor diesem Hintergrund ist die Entwicklung im Zeitverlauf zu sehen: Der Weinkonsum nahm gerade in den drei Ländern, in denen er besonders hoch gewesen war, ab, während in allen drei Ländern der Verbrauch an Bier stetig zunahm. Die umgekehrte Tendenz wiesen zwei der drei auf Bier spezialisierten Länder auf (in Deutschland stieg zwar der Verbrauch an Wein, der an Bier nahm aber gleichwohl nicht ab).

Ähnliche Ergebnisse brachte auch beispielsweise der Vergleich von Roggen- und Weizenmehl. Es wird also deutlich, daß veränderte Konsumgewohnheiten die Marktstrukturen europaweit einander immer ähnlicher werden lassen, auch wenn zur Zeit noch erhebliche Besonderheiten die Situation in den einzelnen Ländern kennzeichnen.

Als sehr uneinheitlich erweist sich in Europa die Struktur der Distributionsmöglichkeiten, für die hier stellvertretend die Lebensmitteleinzelhandelsgeschäfte stehen sollen. In den dicht besiedelten Ländern Mittel- und Westeuropas (Belgien, Deutschland, Großbritannien, Niederlande, Schweiz) kommt ein Lebensmittelgeschäft auf 488 (Belgien) bis 1205 (Niederlande) Einwohner; ein erheblicher Teil davon ist als Selbstbedienungsgeschäft (SB-Geschäft) organisiert (Abbildung 1/9). Da diese Organisationsform vor allem für größere Geschäfte typisch ist, kann hierin eine Erklärung für die relativ kleine Zahl von Geschäften insgesamt gesehen werden. Für Frankreich erkennt man die Besonderheit, daß trotz der recht guten Ausstattung mit SB-Geschäften zusätzlich noch eine außergewöhnlich hohe Zahl von sonstigen Einzelshandelsbetrieben dem Kunden zur Verfügung steht. Vielleicht spiegelt diese Struktur die regional ungleichgewichtige Bevölkerungsverteilung in Frankreich wider.

	Lebensmitteltelgesch.	SB-Geschäfte	Anteil der SB-Geschäfte in %
	je 1000 Einwohner		
EG-Staaten:			
Belgien	2.05	0.43	20.77
Dänemark	1.60	0.24	14.72
Deutschland	1.26	1.09	86.60
Frankreich	4.61	0.51	11.15
G.-Britannien	0.94	0.49	51.94
Italien	7.22	0.37	5.08
Niederlande	0.83	0.55	66.25
Spanien	7.74	0.27	3.84
EFTA-Staaten:			
Österreich	.	.	.
Schweiz	1.51	0.88	58.71

Abbildung 1/9: Lebensmitteleinzelhandelsgeschäfte in Europa
Quelle: GfK (1981)

In Italien und Spanien ist schließlich der kleinere Laden mit Bedienungspersonal noch der vorherrschende Vertriebsweg.

Auffällig ist in Abbildung 1/9 weniger die Sonderstellung der beiden südlichen Länder; hier kann wohl unterstellt werden, daß eine Entwicklung, die namentlich in Deutschland zu einer fast völligen Umstrukturierung des Lebensmitteleinzelhandels geführt hat, erst am Anfang ist. Erklärungsbedürftig ist vielmehr, daß Länder, die ansonsten recht ähnliche Kennzahlen aufweisen, insbesondere Belgien und die Niederlande, sich hier beträchtlich unterscheiden, vor allem hinsichtlich der SB-Quote. Für diese erstaunliche Tatsache können Verschiedenheiten in Kaufgewohnheiten, Traditionsbewußtsein und vielleicht auch gesetzlichen Regelungen denkbare Ursachen sein. Auf jeden Fall muß der (mittelständische) Nahrungsmittelfabrikant mit ihr rechnen.

1.3.6 Gemeinsamkeiten und Unterschiede

Die Frage, wie groß die Ähnlichkeit der Situation mittelständischer Unternehmen in den betrachteten Ländern ist, soll Anlaß für eine kurze Zusammenfassung der Ergebnisse der vorangegangenen fünf Kapitel sein. Dabei sollen die Länder Spanien und Portugal, für die (wie gezeigt) zum Teil andere Ausgangsbedingungen herrschen, ausgeklammert werden, ebenso Italien, dessen wenig entwickelter südlicher Landesteil die im nationalen Maßstab aufgestellte Statistik entsprechend beeinflußt.

1. Faktor Arbeit: Bei der Suche nach geeigneten Arbeitskräften finden die europäischen Mittelständler sehr ähnliche Bedingungen vor. Auch die Arbeitsbedingungen (Lohnniveau, Arbeitszeit) unterscheiden sich längst nicht so dramatisch, wie dies in der öffentlichen Diskussion gelegentlich scheinen mag. Eine Ausnahme macht dabei die Flexibilisierung der Arbeitszeit; hier ist aber eine Entwicklung erst in Gang gekommen, deren weiterer Verlauf nur schwer prognostizierbar ist.

2. Faktor Kapital: Nennenswerte Unterschiede ergeben sich vor allem in der Höhe der für Fremdkapital bereitzustellenden Zinsen, die wesentlich von der landesweiten Inflationsrate bestimmt wird. Diese ist in den letzten Jahren jedoch fast europaweit zurückgegangen. Eine Angleichung der Geldpolitik der einzelnen Regierungen, die Voraussetzung für eine weitere Annäherung wäre, wird unter anderem durch das Europäische Währungssystem gefördert.

3. Infrastruktur: Die betrachteten Länder verfügen einheitlich über ein dichtes Verkehrsnetz und - verglichen beispielsweise mit Südeuropa - ein hohes Bildungsniveau. Die Entwicklung der Energiebilanz verläuft nach relativ gleichartigen Mustern, abgesehen einmal von Großbritannien, wo die eigene Ölförderung in der Nordsee Ursache einer Sonderentwicklung ist.

4. Politische Rahmenbedingungen: Nachdem die Versuche, die Krisen der siebziger Jahre zu bekämpfen, von Staat zu Staat zunächst mit unterschiedlichen Mitteln angegangen wurden, hat sich in letzter Zeit international ein Trend zu angebotsorientierten Instrumenten herausgebildet. Die politische Integration der EG-Mitgliedsländer könnte zumindest für diese auch in Zukunft die Entwicklung vereinheitlichen.

5. Absatzmärkte: Für das gewählte Beispiel der Nahrungsmittelindustrie konnten gemeinsame Tendenzen aufgezeigt werden (Marktentwicklung und -verschiebung), aber auch auf im gegebenen Rahmen nicht eindeutig erklärbare Unterschiede (Distribution) mußte hingewiesen werden.

Die Situation mittelständischer Unternehmungen in Europa ist also in ihren Grundzügen durchaus über Ländergrenzen hinweg vergleichbar; Unterschiede ergeben sich vor allem in Einzelaspekten. Für die überschaubare Zukunft ist eher ein weiteres Zusammenrücken der europäischen Volkswirtschaften, als eine Vertiefung dieser Unterschiede anzunehmen.

Zweiter Teil

Das Problem der Erarbeitung von Wettbewerbsvorteilen in der neueren betriebswirtschaftlichen Literatur

2.1 Übergreifende Konzeptionen

2.1.1 Das PIMS-Programm

2.1.1.1 Organisation des Projekts und Datenherkunft

Der wohl am intensivsten betriebene Versuch, wettbewerbsentscheidende Faktoren auf empirischer Basis zu ermitteln, ist unter der Bezeichnung PIMS (Profit Impact of Market Strategy) bekannt geworden. Der Umfang des Datenmaterials, die historische Priorität und der hohe Bekanntheitsgrad der Veröffentlichungen haben darüber hinaus dazu geführt, daß auch in zahlreichen anderen Untersuchungen auf PIMS-Ergebnisse zurückgegriffen oder wenigstens hingewiesen wird.

Die Ursprünge der Untersuchung gehen bis in Jahr 1960 zurück. Eine interne Studie im Hause General Electric ("PROM") sollte anhand von Daten aus den einzelnen Geschäftsbereichen des Unternehmens die "laws of market place" (Schoeffler/Buzzell/Heany 1974, S. 139) herausarbeiten. Der Wunsch nach Vergleichszahlen (und allgemein nach einer breiteren Datenbasis) führte dann jedoch dazu, daß 1972 das Projekt unter der Bezeichnung PIMS auch anderen Unternehmen zugänglich gemacht wurde. Zu diesem Zweck wurde es dem Marketing Science Institute an der Harvard Business School, übertragen, von dem es drei Jahre später jedoch als unabhängige Non-Profit-Stiftung abgekoppelt wurde (Neubauer 1989, Sp. 1363f.).

Die ursprüngliche Teilnehmerzahl von 36 Unternehmungen mit zusammen ca. 350 Geschäftsfeldern (Schoeffler/Buzzell/Heany 1974, S. 138) wuchs rasch an. Bereits bei der zweiten Erhebungswelle hatte sich die Zahl der Teilnehmer fast verdoppelt (a.a.O. S. 139), und mittlerweile sind über 250 Firmen, darunter ca. 70 aus Europa, mit zusammen etwa 2500 Geschäftseinheiten beteiligt (Neubauer 1989, Sp. 1363f.).

Mit der Ausweitung und Penetrierung des Programms verallgemeinerte sich auch sein Anspruch: "The basic idea behind PIMS is to provide corporate top management, divisional management, marketing executives, and corporate planners with insights and information on expected profit performance of different kinds of businesses under different competitive conditions." (Schoeffler/Buzzell/Heany 1974, S. 137). So haben die Mitgliedsunternehmen die Möglichkeit, die vorhandene Datenbank und die daraus abgeleiteten Modelle selbständig zu untersuchen bzw. anzuwenden, aber auch, einen mit der Trägerorganisation assoziierten Beratungsstab in Anspruch zu nehmen (Neubauer 1989, Sp. 1368).

Untersuchungseinheit der PIMS-Datenerhebung ist das "business" im Sinne von Geschäftsfeld. Es ist definiert als: "a division, product line, or other profit center within its parent company, selling a distinct set of products or services to an identifiable group or groups of customers, in competition with a well-defined set of competitiors" (Buzzell/Gale/Sultan 1975, S. 105). Diese Einteilung nach markttechnischen, statt etwa nach juristischen oder finanzwirtschaftlichen Gesichtspunkten wird von Eybl (1984, S. 147) als spezifische Neuheit des Programms gewürdigt; gleichzeitig weist er jedoch auf die Gefahr hin, eine Art Zirkelschluß zu produzieren, indem man mit der Einteilung der "businesses" bestimmte Annahmen über mögliche Strategien vorwegnimmt.

Aus einer Veröffentlichung von Schwalbach (1988, S. 540) läßt sich entnehmen, daß die untersuchten Geschäftseinheiten unter anderem folgenden Branchen entstammen: Haltbare Verbrauchsgüter [319], nicht haltbare Verbrauchsgüter [439], Investitionsgüter [421], Roh- oder Halbfertigmaterial [339], Komponenten für Fertigprodukte [582], Zulieferindustrie und andere Verbrauchsgüter [354], Dienstleistungen [75], sowie Handel [89]. (In eckigen Klammern ist jeweils die Mindestzahl der zugeordneten Einheiten angegeben.)

Für jedes dieser einzelnen Geschäftsfelder ist ein Fragebogen auszufüllen, der auf fünf Formblättern ca. 175 Fragen enthält, darunter etwa ein Drittel, die Angaben für die letzten fünf Jahre verlangen (Eybl 1984, S. 151 und 164). Der Aufwand zur Beantwortung wird von Lange (1981, S. 123) auf 2 Mann-Tage geschätzt; zweifellos variiert dieser Wert jedoch stark mit der Qualität und Verfügbarkeit des jeweiligen internen Rechnungswesens.

Inhaltlich betrifft der Fragenkatalog Angaben zu den folgenden Bereichen:

- Umfelder der Geschäftseinheit: Marktwachstum, Inflationsraten bei Preisen und Kosten, Konzentration auf Anbieter- und Kundenseite, ...

- Wettbewerbsposition: Marktanteil, Produktqualität im Vergleich zur Konkurrenz, ...

- Effizienz-Kennzahlen: Investitionsintensität, Umsätze pro Beschäftigten, Kapazitätsauslastung, ...

- Ergriffene strategische Maßnahmen: Angestrebte Marktanteilsveränderungen, ergriffene Maßnahmen zur Veränderung der vertikalen Integration, ...

- Erwirtschaftete Resultate: Return on Investment, Cash Flow, Wachstum, ...

(Zusammenstellung: Neubauer 1989, Sp. 1364)

Für die Antworten sind verschiedene Skalentypen (nominal, ordinal, kardinal) vorgesehen (Lange 1981, S. 123); neben objektiven Daten werden auch subjektive Einschätzungen der Respondenten verlangt (Buzzel/Gale/Sultan 1975, S. 105).

2.1.1.2 Untersuchungsziel und Methode

Der Schwerpunkt der PIMS-Arbeit liegt auf der Erklärung des Return on Investment (ROI). Buzzell/Gale/Sultan (1975, S. 105) begründen dies mit der angenommenen häufigen Verwendung dieser Kenngröße in der unternehmensinternen strategischen Planung. Sie weisen allerdings auch ausdrücklich darauf hin, daß der ROI in verschiedenen Branchen nicht unbedingt exakt die gleiche Bedeutung haben muß, und daß nicht erfaßte Wettbewerbsdeterminanten (beispielsweise technische Fähigkeiten) die Aussagefähigkeit beeinträchtigen können.

Dabei stehen in im Vordergrund drei Fragestellungen (Schoeffler/Buzzell/Heany 1974, S. 137): Die Frage nach der unter gegebenen Umständen zu erwartenden Höhe des ROI; die Frage nach den Ursachen für die Unterschiede der verschiedenen Branchen untereinander; und die Frage nach der Beeinflußbarkeit des ROI durch die Strategie der Unternehmung.

Definiert ist der ROI als "ratio of net, pretax operating income to average investment", wobei der Zähler als Gewinn vor Steuern und Zinsen, der Nenner als Eigenkapital plus langfristiges Fremdkapital präzisiert werden (Schoeffler/Buzzell/Heany 1974, S. 140). Alle diese Größen werden in Form von Vierjahresdurchschnitten verwendet (Chrubasik/Zimmermann 1987, S. 438). Außerdings wird neuerdings neben dem ROI auch noch der Quotient aus Cash-Flow und Investitionsvolumen als endogene Variable verwendet (Eybl 1984, S. 170).

Leider sind die Veröffentlichungen der PIMS-Autoren mit Angaben zur Methodik äußerst zurückhaltend, was vielfach kritisiert wird. (Dazu z.B.: Chrubasik/Zimmermann 1987, S. 439; Eybl 1984, S. 150; Lange 1981, S. 135) Bekanntgegeben wurde, daß mit Hilfe der Regressionsanalyse eine "profit level equation includ[ing] more than 60 terms composed of various combinations of 37 basic factors" erstellt wird (Schoeffler/Buzzell/Heany 1974, S. 140). Aus deren Ergebnissen werden dann Aussagen über den Zusammenhang einer oder zweier Variabler mit der Zielgröße abgeleitet.

Für die beteiligten Unternehmen wird außerdem ein "Par-Report" erstellt, der sowohl den anhand der Erklärungsvariablen zu erwartenden ROI ("Par-ROI"), als auch den Durchschnittswert aller im Datenbestand vorhandenen Geschäftsbereiche enthält. Die Differenz zwischen dem tatsächlich erwirtschafteten Ergebnis und dem gesamtwirtschaftlichen Durchschnitt wird auf diese Weise aufgespalten in einen Teil, der sich anhand wohlbekannter Faktoren erklären läßt, und einen Teil, der als Ergebnis der "operating effectiveness" interpretiert wird (Eybl 1984, S. 167). Analog wird für den Cash-Flow vorgegangen (a.a.O.). Gegenstand unternehmerischer Anstrengungen kann nach dieser Sichtweise sowohl die Beeinflussung der in das Par-Modell einfließenden Faktoren sein, als auch die Verbesserung der eigenen Leistung auf operativem Gebiet. - Die Zusammenhänge verdeutlicht für den ROI Abbildung 2/1.

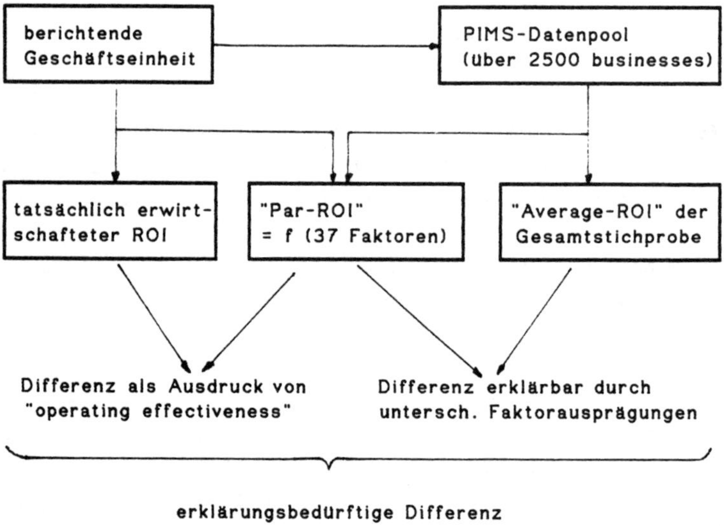

Abbildung 2/1: Struktur der PIMS-Analyse (Par-Report)
Quelle: Vereinfacht nach Eybl 1984, S. 167

Neben dem Par-Report existieren noch weitere Hilfsmittel, die die beteiligten Unternehmen bei ihrer Strategiefindung unterstützen sollen. Erwähnenswert sind der Strategy Analysis Report und der Optimum Strategy Report, die sich auf die zukünftige Entwicklung beziehen, sowie das Business Start-Up Modell, das die Aussichten einer Neugründung beurteilt (Chrubasik/Zimmermann 1987, S.439).

2.1.1.3 Überblick über die Untersuchungsergebnisse

Bei dem Versuch, Determinanten für die Höhe des ROI der untersuchten Geschäftseinheiten zu finden, ermittelten die Mitarbeiter des PIMS-Projekts 37 Faktoren, die etwa 80% der Varianz der Variablen ROI zu erklären beanspruchen (Lange 1982, S.32). Diese 37 Parameter wurden durch Faktorenanalyse zu sieben Faktorkategorien verdichtet; in Veröffentlichungen, die auf PIMS bezug nehmen, wird allerdings in der Regel mit Einzelfaktoren argumentiert, obwohl dies aufgrund der wechselseitigen Abhängigkeiten sicher nicht unproblematisch ist (Eybl 1984, S. 168f.). Abbildung 2/2 zeigt eine Zusammenstellung der gefundenen Einflußgrößen, eingeteilt nach Zugehörigkeit zu den sieben Aggregationsgrößen.

Ähnlich stellen sich auch die Ergebnisse für den Cash-Flow dar. Hier werden 70% der Varianz mit 19 unabhängigen Variablen erklärt, die sich zu sechs Faktorbündeln zusammenfassen lassen (Eybl 1984, S. 148 und 170).

Am deutlichsten herausgestellt von allen Faktoren wird der <u>Marktanteil</u>. Die Verantwortlichen trauen sich Aussagen zu, wie z.B. "On the average, a difference of 10 percentage points in market share is accompanied by a difference of about 5 points in pretax ROI." (Buzzell/Gale/Sultan 1975, S. 97) Unterstützt werden solche Aussagen durch grafische Darstellungen, die für verschiedene Klassen von Marktanteilen die jeweils durchschnittlichen returns on investment ausweisen.

Auch der <u>Produktqualität</u> wird eine große Bedeutung zuerkannt. Sie wird bei PIMS gemessen als Differenz der (nach subjektiver Einschätzung) den Konkurrenzprodukten überlegenen minus der den Konkurrenzprodukten unterlegenen Produkte des betreffenden business (Schoeffler/Buzzell/Heany 1974, S. 140). Angesichts der Bedeutung des Marktanteils kann die der Produktqualität allerdings nicht überraschen, da zumindest anhand der von Schoeffler/Buzzell/Heany veröffentlichten Zahlen (1974, S. 141) beide Variablen statistisch signifikant von einander abhängig sind.

1. **Attractiveness of Business Environment**

   industry growth, long-run
   market growth, short-run
   industry exports (% of total shipments)
   sales direct to end users (%)

2. **Strenght of your competitive position**

   your market position
   share of 4 largest firms
   instability of your market share
   buyer fragmentation index

3. **Differentiation of competitive position**

   price relative to competition
   relative pay scale
   product quality
   new product sales (% of total sales)
   manufacturing costs/sales

4. **Effectiveness of use of investment**

   investment intensity
   fixed capital intensity
   receivables/sales
   vertical integration
   capacity utilization
   raw materials and in procurement inventory/purchase
   sales/employees

5. **Discretionary budget allocation**

   market less sales force expenses / sales
   R&D expenses/sales

6. **Company factors**

   corporate payout (%)
   degree of corporate diversification
   corporate size
   growth rate of corporate sales

7. **Change/action factors**

   change in your market share
   change in product quality
   change in price index
   competitive market activity
   change in capital intensity
   change in vertical integration (%)
   point change advertisement and promotion/sales
   change in sales force expenses/sales
   point change return on sales

Abbildung 2/2: Erklärungsfaktoren der ROI-Analyse
Quelle: zusammengestellt nach Eybl 1984, S. 149

Weitere Einflußfaktoren, auf deren besondere Bedeutung hingewiesen wird, sind die Investitionsintensität (Investitionsvolumen pro Umsatz) mit dem stärksten negativen Einfluß aller beobachteten Größen; "company factors", also Kennzahlen des Unternehmens, dem das betreffende Geschäftsfeld zugehört; die vertikale Integration, freilich nur in ausgereiften oder stabilen Märkten; und schließlich die Produktivität (Neubauer 1989, Sp. 1365f.; Schoeffler/Buzzell/Heany 1974, S. 142ff.)

Ein anderes Ergebnis, das aus den PIMS-Auswertungen resultiert, ist: "... daß der Einfluß eines speziellen Faktors auf die Rentabilität im Zusammenwirken mit anderen strategischen Faktoren oder Marktbedingungen sowohl eine Verstärkung, als auch ein gegenseitiges Kompensieren bewirken kann" (Chrubasik/Zimmermann 1987, S. 441).

Diesbezügliche Aussagen werden von PIMS üblicherweise mit neunfeldrigen Kontingenztabellen illustriert, wobei zu jeder Kombination zweier unabhängiger Variablen wieder der Durchschnitts-ROI angegeben wird. Die Einteilungen der Merkmalsausprägungen einer Variabler in drei Merkmalsklassen wird dabei derart vorgenommen, daß zu jedem der neun Felder etwa die gleiche Zahl von Unternehmensbereichen gehört. Zu den Zusammenhängen, die auf die Weise gefunden werden, gehört - als ein typisches Beispiel - die These, daß höhere Marketingaufwendungen nur bei hoher Produktqualität erfolgsfördernd sind (Schoeffler/Buzzell/Heany 1974, S. 142).

2.1.1.4 Kritik und Beurteilung

Bezogen auf das PIMS-Programm sind zahlreiche Bedenken und Einwendungen geäußert worden. Die Kritik an der restriktiven Veröffentlichungspraxis, die eine Nachprüfbarkeit der Ergebnisse praktisch ausschließt, wurde bereits im Zusammenhang mit der Beschreibung der Methodik erwähnt. Aber auch die Ergebnisse selbst bzw. die Art, wie sie zustandegekommen sind, sind Gegenstand nicht minder deutlicher Kritik geworden.

So ist die theoretische Grundlage des PIMS-Ansatzes sehr lückenhaft, und die Möglichkeit, daß "... die empirischen Ergebnisse im nachhinein durch unzureichende theoretische Erklärungsversuche rationalisiert werden ..." (Lange 1981, S. 133) ist nicht auszuschließen.

Insbesondere die Auswahl des ROI als Zielgröße (ursprünglich sogar als alleinige!) erscheint nicht hinreichend begründet. Im einzelnen wird auf die fehlende Berücksichtigung immaterieller Erfolgspotentiale und auf die Verfälschungsmöglichkeit aufgrund von Bewertungsspielräumen hingewiesen (Chrubasik/Zimmermann 1987, S. 443), sowie auf die implizite Zielunterstellung, die mit der ROI-Orientierung gegeben ist (Lange 1982, S. 34). Dazu ist freilich anzumerken, daß eine alternative Zielgröße zwangsläufig mit den gleichen Mängeln behaftet wäre.

Die Auswahl der möglichen Erklärungsvariablen wird regelmäßig als unzureichend beurteilt. Als mögliche nicht beachtete Einflußgrößen nennt Lange (1982, S. 34): "Häufigkeit von Produktvariationen, technologische Dynamik, Entwicklungszeit für neue Produkte, Verfügbarkeit von Ressourcen usw.". Die selben Faktoren sprechen Chrubasik/Zimmermann (1987, S. 441) an, außerdem noch "mögliche Auswirkungen von Organisationsstrukturen (...) und gesellschaftspolitische, kulturelle oder situationsspezifische Aspekte ...". Neubauer (1989, Sp. 1369) weist auf die Vernachlässigung des Produktions- und des Außenhandelsbereichs hin. Auch hier dürften die Ansprüche der Kommentatoren etwas zu hoch gesteckt sein; eine periodische Umfrage, wie PIMS sie darstellt, kann ihren Fragebogen nicht beliebig ausweiten. Und ein Modell, das alle denkbaren Einflußfaktoren berücksichtigt, ist ohnehin unmöglich.

Ernster zu nehmen ist die Kritik an der Verwendung der linearen Regressionsanalyse (Lange 1982, S. 34; Chrubasik/Zimmermann S. 443). Die mit diesem Ansatz implizit unterstellte Linearität der Ursache-Wirkungs-Beziehungen läßt sich nämlich keinesfalls ohne weiteres voraussetzen.

Das von theoretischer Seite behauptete Phänomen des "stuck in the middle" ist beispielsweise nicht abbildbar. Ebensowenig trägt die Methode dem Umstand Rechnung, daß der ROI nicht nur Wirkung eines zur Erklärung herangezogenen Faktors sein kann, sondern auch umgekehrt Ursache für dessen höhere oder niedrigere Ausprägung; ebenso können beide gemeinsam Ergebnis einer weiteren, nicht erfaßten Größe sein. Tatsächlich wird diese Möglichkeit auch von PIMS-Mitarbeitern als Erklärung für den Zusammenhang Marktanteil/ROI herangezogen: "The simplest of all explanations for the market-share/ profitability relationship is that both share and ROI reflect a common underlying factor: the quality of management." (Buzzell/Gale/Sultan 1975, S. 98)

Bemerkenswert ist schließlich der zum Teil sehr enge definitorische Zusammenhang von Erklärungs- und erklärter Größe. Beispielsweise (s.a. Chrubasik/Zimmermann 1987, S. 442) ist der ROI definiert als:

$$\frac{\text{Umsatzerlös ./. Aufwand}}{\text{durchschnittl. Investitionssumme}}$$

und die Investitionsintensität als:

$$\frac{\text{durchschnittl. Investitionssumme}}{\text{Umsatzerlös}}$$

Der Zusammenhang ist offensichtlich.

Zusammenfassend wird das Projekt PIMS als "erste[r] explorative[r] Schritt für die Strukturierung eines komplexen Problemfelds" beurteilt (Lange 1982, S. 36; etwa gleichlautend Chrubasik/Zimmermann 1987, S. 444). Damit ist seine Bedeutung jedoch sicher nicht vollständig erfaßt. Unter geeigneten Voraussetzungen (Nationalität, Größe und Branchenzugehörigkeit des Unternehmens, Rentabilität als Zielsetzung) und unter Beachtung des Untersuchungsschwerpunkts kann PIMS ein nützliches Hilfsmittel der Unternehmensplanung sein. (Ähnlich urteilen auch Chrubasik/Zimmermann (1987, S. 445).) Ob unter anderen Bedingungen bzw. unter Wegfall der methodischen Restriktionen auch andere Ergebnisse zu beobachten sind, müssen weitergehende Untersuchungen zeigen.

2.1.2 Das Theoriesystem von Porter

Im Mittelpunkt der Überlegungen von Michael E. Porter steht der Wettbewerb. Zu den Fragestellungen, mit denen sich Porter in seinen Veröffentlichungen befaßt, gehört wesentlich das Problem der Beschreibung, Erklärung und Prognose der Wettbewerbskräfte in einzelnen Branchen, sowie die Ableitung von Strategieempfehlungen aus der Wettbewerbssituation. Dabei versteht er sein Theoriesystem als "... einen umfassenden Rahmen für analytische Methoden, die dem Unternehmen helfen sollen, seine Branche als Ganzes zu analysieren und ihre künftige Entwicklung vorherzusagen, seine Konkurrenten und seine eigene Position zu verstehen, und schließlich die Analyse in eine Wettbewerbsstrategie für den betreffenden Markt umzusetzen." (Porter 1984, S. 14)

Neben der reinen Methodenbeschreibung stehen jedoch auch Ansätze, die sich unmittelbar als Strategiemuster verstehen lassen. Solche Strategiemuster können entweder auf der Ebene der einzelnen Geschäftseinheit anwendbar sein ("competitive strategy"), oder aber auf der Ebene eines hinreichend diversifizierten Unternehmens, das mehrere solcher Geschäftseinheiten zu koordinieren hat ("corporate strategy"). In der folgenden Darstellung werden die Grundlagen der "competitive strategy" behandelt. Das Problem der Koordination unterschiedlicher Branchenaktivitäten ist hingegen im gegebenen Zusammenhang von geringer Bedeutung und soll deshalb nicht betrachtet werden; Näheres hierzu findet sich in Porter 1986 (S. 405-556), sowie in Porter 1987 (passim).

2.1.2.1 Einflußgrößen des Wettbewerbs

Bei der Beurteilung der Situation einer bestimmten Branche sind fünf Größen zu beachten, die für das Wettbewerbsgeschehen entscheidend sein können: Neben der eigentlichen Konkurrenz, das heißt der Rivalität derjenigen Unternehmen, die auf dem betreffenden Markt Güter oder Dienstleitungen anbieten, sind dies (Porter 1980, S. 126):

- Potentielle Konkurrenten, die bisher nicht im Wettbewerb mit den bestehenden Anbietern standen, jedoch einen Anreiz sehen könnten, in den existierenden Markt einzudringen, wenn keine wirksamen Zutrittsbarrieren den Anreiz überkopmpensieren;

- Substitutionsprodukte, die geeignet sind, einen Teil der auf dem betrachteten Markt vorhandenen Nachfrage zu absorbieren;

- Lieferanten von Ausrüstungen, Rohstoffen, Vorprodukten und ähnlichem, deren Verhandlungsstärke entscheidenden Einfluß auf die Eigenschaften (oder zumindestens die Kostenstruktur) der damit erzeugten Produkte haben kann;

- und die Kunden, die als die eigentlichen Zielgruppen des Wettbewerbs letztlich bestimmen, welcher Anbieter welche strategische Position realisieren kann.

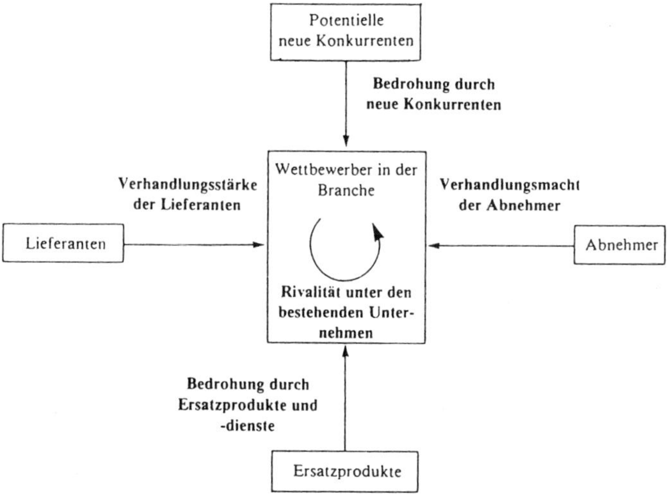

Die Triebkräfte des Branchenwettbewerbs

Abbildung 2/3: Wettbewerbselemente nach Porter

Quelle: Porter 1984, S. 26

Zur Analyse der Konkurrenz im eigentlichen Sinne hat Porter ein Analyseschema aufgestellt, das für jeden existierenden Wettbewerber (einzeln) durchgeführt werden soll, aber auch auf potentielle Konkurrenten anwendbar ist (Porter 1984, S. 81).

Zunächst sind die Ziele des Konkurrenten zu ermitteln. Anhaltspunkte dafür sind unter anderem die Organisations-, Kontroll- und Anreizstruktur des zu untersuchenden Unternehmens, die Zusammensetzung des Managements und des Aufsichtsrats, die Begrenzung der Alternativen durch vertragliche Verpflichtungen und staatliche Vorschriften (z.B. Auflagen der Kartellbehörden), sowie die Firmentradition (Porter 1984, S. 83-85). Die Annahmen des Konkurrenten über sich selbst und über die Branche lassen sich aus ähnlichen Quellen erschließen, und zwar auch dann, wenn eine explizite Formulierung dieser Annahmen nicht unterstellt werden kann (Hinterhuber 1989, Sp. 868). Beide Bereiche sollen die Frage nach der Motivation des Wettbewerbers erhellen (Porter 1984, S. 80).

Demgegenüber stehen zwei Fragestellungen, die sich auf das tatsächliche und das prinzipiell mögliche Verhalten beziehen. Die gegenwärtige Strategie des Konkurrenten - Marktsegmentierung und -selektion, Ressourceneinsatz, Ausmaß der vertikalen Integration usw. - ist Ausgangspunkt, die spezifischen Stärken und Schwächen sind Begrenzung des zu erwartenden Konkurrentenverhaltens (Hinterhuber 1989, Sp. 869f.).

Die Zusammenfassung der Analyse bezeichnet Porter als Reaktionsprofil des Konkurrenten (1984, S. 80). Es beinhaltet Schlußfolgerungen zur Zufriedenheit der untersuchten Unternehmung mit ihrer gegenwärtigen Situation, zu ihrer vermutlichen Strategieveränderung, zu ihrer Verwundbarkeit und Provozierbarkeit, und schließlich zur Reaktion auf veränderte Umweltzustände (Porter 1984, S. 102f.).

Obwohl die Konkurrentenanalyse auch für potentielle Wettbewerbsteilnehmer anwendbar ist, sind für diese doch einige Besonderheiten zu beachten. So können Zutrittsbarrieren, die sich aus der Natur des betriebenen Geschäfts oder aus der historisch entwickelten Marktstruktur ergeben, Neueinsteiger fernhalten. Als mögliche Zutrittsbarrieren nennt Porter (1980, S. 128f.): Economies of scale, Produktdifferenzierung (z.B. durch Markenidentifikation), Kapitalbedarf, Kostennachteile (z.B. aufgrund von fehlendem know-how), Zutritt zu Vertriebskanälen, und die von der Regierung verfolgte Lizensierungs- und Rohstoffpolitik.

Eine ähnliche Wirkung wie von den Zutrittsbarrieren geht auch von der Möglichkeit der bereits tätigen Wettbewerber aus, ihre Position zu verteidigen, sei es durch den Einsatz zusätzlicher Ressourcen, oder durch Ausnutzung eines noch vorhandenen Preissenkungsspielraums (Porter 1980, S. 129). Für die Unternehmensstrategie bedeutet das, daß bei grundlegenden Entscheidungen immer auch die Auswirkungen auf die Marktzutrittsbedingungen Berücksichtigung finden müssen (Porter 1980, S. 129).

Auf andere Weise als potentielle Neueinsteiger in das angestammte Geschäft bedrohen die Hersteller von Substitutionsprodukten die etablierten Anbieter: "Ersatzprodukte begrenzen das Gewinnpotential einer Branche, indem sie eine Obergrenze für die Preise setzen, die die Unternehmen verlangen können, ohne ihre Gewinne zu gefährden." (Porter 1984, S. 49) Bei hinreichend gutem Preis-Leistungs-Verhältnis der Surrogate kann freilich die Gewinnerzielung in jedem Fall gefährdet sein. Porter (1984, S. 50) empfiehlt in diesem Zusammenhang die Integration der neuen Produktformen in die eigene Angebotsstruktur; außerdem weist er darauf hin, daß oft nicht das individuelle Handeln einzelner Unternehmen, sondern das kollektive Handeln der ganzen Branche (beispielsweise durch ähnlich ausgerichtete Werbung) für die weitere Entwicklung des Markts entscheidend ist.

Die Verhandlungsmacht der Lieferanten hängt von verschiedenen Faktoren ab. Dazu gehören die Konzentration in deren eigener Branche, die "Einzigartigkeit" der angebotenen Vorleistungen, die sich beim Lieferantenwechsel als zusätzlicher Kostenfaktor bemerkbar macht, die Möglichkeit der

Vorwärtsintegration und die Bedeutung der Abnehmer für die Lieferanten (Porter 1980, S. 129f.).

Die Position der Kunden hingegen bestimmt sich aus deren Kostenstruktur, den Einkaufsvolumina, dem Qualitätsbedarf, den Informationsmöglichkeiten und den Möglichkeiten der Rückwärtsintegration (Porter 1984, S. 51f.). (Allerdings geht Porter bei seinen Überlegungen offenbar ausschließlich von institutionellen Abnehmern aus. Bei einem Vertrieb direkt an Endverbraucher müssen die genannten Kriterien durch andere ersetzt werden, wie etwa gesellschaftliche Wertschätzung, Entbehrlichkeit, Grad der Markentreue usw. Vergleiche dazu etwa den Verhandlungsspielraum auch von Privatkunden auf dem Markt für Heimcomputer.)

Um nicht zwischen den Ansprüchen der Lieferanten auf der einen und der Kunden auf der anderen Seite gewissermaßen zerrieben zu werden, bietet es sich nach Porter an, bei der Auswahl der Lieferanten- und Kundengruppen selektiv vorzugehen: "Wenn sich ein Unternehmen nicht in einer kostengünstigen Position befindet oder ein einzigartiges Produkt führt, verbietet sich der Verkauf an jedermann. Denn je höher der Umsatz, desto verwundbarer das Unternehmen." (Porter 1980, S. 130) Offen bleibt freilich, wie eine derart restriktive Einkaufs- und Absatzpolitik technisch zu verwirklichen ist. Auch relativiert Porter (1980, S. 132) selbst: "Den Luxus, 'gute' Kunden auszusuchen, können sich selbstverständlich nicht alle Branchen leisten."

Aus der Sicht des beschriebenen Branchenmodells ergeben sich drei prinzipielle Ansatzpunkte für eine Unternehmensstrategie (Porter 1980, S. 134): Entweder kann ein Unternehmen die Struktur der Branche als gegeben voraussetzen, und sich entsprechend günstig positionieren; oder es kann versuchen, diese Struktur aktiv zu beeinflussen, beispielsweise durch Abgrenzung des eigenen Produkts von möglichen Surrogaten; oder aber es kann versuchen, Entwicklungstendenzen frühzeitig zu erkennen und für die eigene Strategieformulierung auszunutzen.

Mittlerweile ist Porters Branchenmodell von verschiedenen Autoren modifiziert oder ergänzt worden. So stellt Hinterhuber (1984, S. 52) neben die fünf Porter'schen Einflußgrößen noch "Eingriffe des Staats", sowie "Verhandlungsstärke und Verhalten der Arbeitnehmer und ihrer Organisationen" und erwähnt darüber hinaus noch die Faktoren technischer Fortschritt, Verhalten der Institutionen, politische Kräfte, gesellschaftliche Kräfte, wirtschaftliche Kräfte und andere Kräfte. Es ergibt sich freilich das Problem, die einzelnen Begriffe operational von einander abzugrenzen, und durch die nicht unerhebliche Ausweitung dürfte sich die Handhabbarkeit gegenüber dem ursprünglichen Modell nicht gerade verbessert haben.

Meier (1987, S. 153) verwendet in seinem "SMS-Schema" Elemente von Porters Modell. Hier ist besonders erwähnenswert, daß er ursprünglich in Erwägung gezogen hatte, den Faktor "Lieferanten" zu "Machthaber über Ressourcen" auszuweiten, also insbesondere die Finanzierungsseite mit hinzuzunehmen; aus Praktikabilitätsgründen unterblieb diese Maßnahme dann allerdings (S. 152).

2.1.2.2 Das Konzept der Wertkette

Während die bisherigen Betrachtungen ausschließlich auf der Ebene der Beziehungen mehrerer Unternehmen untereinander stattfanden, stellt das Konzept der Wertkette ein Modell des Unternehmens selbst dar. Ziel des Modells ist es, "... ein Unternehmen in strategisch relevante Tätigkeiten [zu gliedern], um dadurch Kostenverhalten sowie vorhandene und potentielle Differenzierungsquellen zu verstehen" (Porter 1986, S. 59).

Die Tätigkeiten des Unternehmens zerfallen in zwei Gruppen: Primäre Aktivitäten sind solche, die Bestandteil der physischen Weiterentwicklung des Produkts sind, von der Beschaffung der Vorprodukte über die Weiterverarbeitung bis hin zu Auslieferungs- und Kundendienstaktivitäten; unterstützende Aktivitäten hingegen sollen die Funktion der primären dadurch gewährleisten, daß sie für diese die benötigten Inputs bereitstellen (Porter 1986, S. 65).

Zusammenhänge zwischen den einzelnen Aktivitäten entstehen dadurch, daß die Vorgehensweise in einzelnen Bereichen die Kostenstruktur und die Effektivität anderer Bereiche beeinflußt. Beispielsweise wirken sich die Wahl der Rohstoffe und des Produktionsverfahrens auf die Anforderungen an den Kundendienst aus (Porter/Millar 1985, S. 150). Insofern ergibt sich eine Wert<u>kette</u> aus den verschiedenen Einzeltätigkeiten.

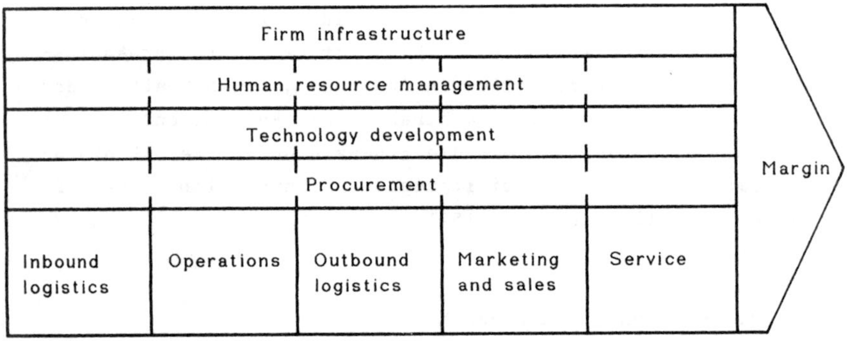

<u>Abbildung 2/4:</u> Schema der Wertkette nach Porter
<u>Quelle:</u> Porter/Millar 1985, S. 151 (leicht abgeänderte Darstellung)

Am offensichtlichsten sind wohl die Zusammenhänge zwischen den unterstützenden und den primären Aktivitäten. In Abbildung 2/4 finden sich die unterstützenden Aktivitäten in den oberen vier Zeilen, wobei durch die Art der Anordnung angedeutet werden soll, daß die Unternehmensinfrastruktur allen Bereichen in undifferenzierter Weise zugute kommt, während sich die Bestandteile der übrigen drei unterstützenden Aktivitäten den primären jeweils zuordnen lassen.

Zur Unternehmensinfrastruktur (firm infrastructure) rechnet Porter (1986, S. 70) unter anderem "die Gesamtgeschäftsführung, Planung, Finanzen, Rechnungswesen, Rechtsfragen, Kontakte zu Behörden und staatlichen Stellen und Qualitätskontrollen"; sie kann von der Unternehmensspitze, bei größeren Unternehmen aber teilweise auch von den einzelnen Geschäftsbereichen bereitgestellt werden. Personalwirtschaft (human resource management) umfaßt alle Tätigkeiten, die mit der Beschaffung und Betreuung von Mitarbeitern des Unternehmens zusammenhängen (Porter 1986, S. 70). Da in jedem Unternehmensbereich zwangsläufig irgendeine Art von Technologie eingesetzt wird - und sei es in Form von methodischen Vorgehensweisen, die als bewährt gelten - unterstützt auch die Technologieentwicklung (technology development) sämtliche Funktionen. In dieser Hinsicht ist der Begriff Technologieentwicklung umfassender zu verstehen, als etwa "Forschung und Entwicklung" (Porter 1986, S. 69). Schließlich bedürfen alle betrieblichen Tätigkeiten auch einer Versorgung mit gekauften Inputs (procurement), womit nicht nur die herkömmliche Beschaffung gemeint ist, sondern jegliche Bereitstellungsaktivität - von der Rohmaterialversorgung bis zum "Einkauf" von strategischer Beratungsleistung (Porter 1986, S. 68).

(In der deutschen Ausgabe von Porter 1986 wird statt "Versorgung" der Begriff "Beschaffung" verwendet; diese Übersetzung ist m.E. jedoch mißverständlich, da damit die Abgrenzung zu inbound logistics verschwimmt.)

Die primären Aktivitäten, die in Abbildung 2/4 in der untersten Zeile angeordnet sind, spiegeln den Weg des Produkts vom Eingang in die Unternehmenssphäre (in Form von Rohstoffen und Vorprodukten) bis zu deren Verlassen (und in Form des Kundendiensts noch darüber hinaus) wieder. Der Weg beginnt mit der Eingangslogistik (inbound logistics), den "Tätigkeiten in Zusammenhang mit Empfang, Lagerung und Distribution von Betriebsmitteln für das Produkt" (Porter 1986, S. 66), geht weiter über die Bearbeitung (operations) einschließlich Prüfung, Verpackung usw. bis zur Ausgangslogistik (outbound logistics) und zu Marketing und Vertrieb (marketing and sales), und findet außerhalb der eigentlichen Unternehmenssphäre seine Fortsetzung im Kundendienst (service) (Porter 1986, S. 66f.).

Der Gesamtwert der Wertkette setzt sich aus der Summe der primären und der unterstützenden Aktivitäten und der Gewinnspanne (margin) zusammen.

Zwischen dem Konzept der Wertkette und der Darstellung der Unternehmensumwelt ergibt sich ein Zusammenhang dadurch, daß jede unternehmensindividuelle Wertkette in ein "Wertsystem" eingebettet ist, das vorgelagerte Wertketten (der Lieferanten), nachgelagerte Wertketten (der Absatzmittler und der Kunden) und die Wertkette des betrachteten Unternehmens selbst umfaßt (Porter/Millar 1985, S. 150). Auch ist das Prinzip, daß Aktivitäten an einer Stelle der Wertkette die Kosten- und Leistungsstruktur einer anderen Wertaktivität beeinflussen, nicht auf die innerbetriebliche Sicht beschränkt; das Verfahren der "just-in-time-Anlieferung" ist ein Beispiel dafür, daß das Zulieferverhalten des einen Unternehmens die Fertigungsweise des anderen nachhaltig beeinflußt (Porter/Millar 1985, S. 150).

(In diversifizierten Unternehmen lassen sich darüber hinaus Verzahnungen der Wertketten einzelner Geschäftsbereiche untereinander feststellen (Porter 1986, S. 60).)

Jedes Unternehmen hat aufgrund äußerer Gegebenheiten, seiner Angebotspalette und auch aufgrund seiner historischen Entwicklung seine spezifische Wertkette. Insbesondere sind die Wertketten zweier oder mehrerer Konkurrenten grundsätzlich nicht identisch: Kostenvorteile und Verbesserungen des Leistungsangebots ergeben sich aus Unterschieden in den Wertketten (Porter 1986, S. 61). Damit bieten sich Ansatzpunkte für zwei verschiedene Typen von Unternehmensstrategien: für die Erarbeitung von Wettbewersvorteilen durch niedrige Kosten (und damit größeren Preissetzungsspielraum) oder aber durch Abgrenzung von der Konkurrenz mit Hilfe einer einzigartigen Angebotsstruktur.

2.1.2.3 Kostenführerschaft und Differenzierung als Strategiemuster

Unter den verschiedenen Stärken und Besonderheiten, die ein Unternehmen im Vergleich mit seinen Konkurrenten haben kann, erhebt Porter (1986, S. 31) zwei in den Rang von Wettbewerbsvorteilen: niedrige Kosten und Differenzierung. Diese beiden Wettbewerbsvorteile sind dadurch gekennzeichnet, daß sie sich langfristig behaupten lassen, zumindest wenn keine unerwartete Änderung der äußeren Umstände stattfindet, und damit auf Dauer überdurchschnittliche Ergebnisse erwarten lassen.

Die Strategie der Kostenführerschaft zielt auf den ersten dieser beiden möglichen Wettbewerbsvorteile. Um unter allen Herstellern eines Produkts der kostengünstigste zu werden, empfiehlt Porter (1984, S. 63) Maßnahmen, wie: "... aggresiven Aufbau von Produktionsanlagen effizienter Größe, energisches Ausnutzen erfahrungsbedingter Kostensenkungen, strenge Kontrolle von variablen Kosten und Gemeinkosten, Vermeidung von marginalen Kunden, und Kostenminimierung in Bereichen wie Forschung und Entwicklung, Service, Vertreterstab, Werbung usw.". Oft ist ein allgemeiner Kostenvorsprung auch Ergebnis anderer, zugrundeliegender Faktoren, zum Beispiel des Marktanteils oder der bevorzugten Beschaffungsmöglichkeit kritischer Rohstoffe (Porter 1984, S. 64).

Keinesfalls darf bei der Strategie der Kostenführerschaft die Leistungsseite vernachlässigt werden. Das Produkt muß von potentiellen Kunden wenigstens als etwa gleichwertig bzw. akzeptabel empfunden werden, da sonst der Preisnachlaß, der die mangelhafte Qualität, den fehlenden Service usw. ersetzen muß, den Kostenvorteil überkompensiert (Porter 1986, S. 33). Bei etwa äquivalenten Produkten kann hingegen der Preis auf dem Kostenniveau des zweiteffizientesten Konkurrenten verbleiben, womit die Differenz der jeweiligen Kostenbelastungen dem effizienteren Unternehmen als Überschuß verbleibt (Porter 1984, S. 63f.).

Im Gegensatz zum Kostenführer versucht das Unternehmen, das

sich für die Strategie der <u>Differenzierung</u> entschieden hat, über die Art seines Angebots einen Wettbewerbsvorteil zu erlangen. "Es wählt ein oder mehrere Merkmale, die viele Anbieter in der Branche für wichtig halten, und bringt sich in die einmalige Position, diese Bedürfnisse zu befriedigen. Für diese Einmaligkeit wird es mit höheren Preisen belohnt." (Porter 1986, S. 34f.) Ansatzpunkte für diese Einmaligkeit sind das Produkt selbst, der begleitende Service, die Art des Vertriebs und andere (Porter 1984, S. 65). Obwohl die Differenzierung in den meisten Fällen die Kostenposition beeinträchtigt, sollte darauf geachtet werden, daß nicht die höheren Erträge durch entsprechend gestiegene Aufwendungen wieder eingeholt werden (Porter 1986, S. 35).

Während die Kostenführerschaft grundsätzlich nur von einem Unternehmen pro Branche beansprucht werden kann, können unterschiedliche Ansätze zur Differenzierung auch zu unterschiedliche Strategieausprägungen innerhalb der selben Branche führen (Porter 1986, S. 35). Beispielsweise kann ein Wettbewerber einen Vorsprung im Kundendienst haben, während sein Konkurrent seine Position auf Produkteigenschaften oder Markenimage aufbaut.

Neben Kostenführerschaft und Differenzierung beschreibt Porter (1984, S. 67) noch eine dritte Strategie, die <u>Konzentration auf Schwerpunkte</u> oder Fokussierung. Der Unterschied zu den beiden anderen Strategiemustern besteht darin, daß diese sich auf die gesamte Branche beziehen, während die Fokussierung einen Kosten- oder Differenzierungsvorteil nur auf einem "Schwerpunkt" innerhalb der Branche zu gewinnen sucht. Da somit auch bei der Konzentration auf Schwerpunkte die Entscheidung für die Kosten- oder die Leistungsseite anfällt, wird diese Strategie in Porter 1986 (S. 32) weiter untergliedert in die Alternativen "Kostenschwerpunkt" und "Differenzierungsschwerpunkt". Dadurch wird deutlich, daß die Strategieauswahl zwei unterschiedliche Entscheidungen beinhaltet:

1. Welche Art von Wettbewerbsvorteil soll angestrebt werden? Niedrige Kosten? Einzigartigkeit des Produkts?

2. Auf welchem Markt soll der Wettbewerbsvorteil angestrebt werden? In der gesamten Branche? In einem einzelnen Segment?

Die erste der beiden Fragen ist die nach Kostenführerschaft oder Differenzierung, die zweite nach branchenweiter oder fokussierter Strategie.

Jede der beschriebenen Strategien hat ihre spezifischen Anforderungen und Risiken. Zu den Voraussetzungen der Kostenführerschaft gehören hinreichende Möglichkeiten der Kapitalbeschaffung, ein intensives Kontrollsystem und eine kostenorientierte Organisation der Fertigung und des Vertriebs (Porter 1984, S. 69). Gefahren ergeben sich daraus,

- daß die Konkurrenz den Kostenvorteil aufholt (Nachahmung, eigene technische Entwicklung),
- daß der Kostenvorteil durch Markt- oder technologische Veränderungen bedeutungslos wird, oder
- daß die einseitige Kostenorientierung den Blick auf die Marktentwicklung verstellt (Porter 1984, S. 75).

Eine Differenzierungsstrategie erfordert eine Orientierung an den Kundenbedürfnissen und die technische wie verkäuferische Fähigkeit, diese gezielt zu befriedigen (Porter 1984, S. 70). Probleme können entstehen,

- wenn Nachfrageverschiebungen die Bedeutung des differenzierenden Faktors sinken lassen,
- wenn Nachahmer eine Verkleinerung des Differenzierungsvorsprungs erfolgreich betreiben, oder
- wenn die Kosten der Differenzierung im Vergleich mit Anbietern einfacherer Produkte zu hoch werden (Porter 1984, S. 76).

Über die Voraussetzungen der Konzentration auf Schwerpunkte macht Porter selbst keine näheren Angaben, doch weist Murray (1988, S. 396) darauf hin, daß eine Fokus-Strategie in Porters Sinne nur möglich ist, wenn heterogene Kundenbedürfnisse vorausgesetzt werden können, und wenn die Synergieeffekte, die bei der Versorgung mehrerer Segmente oder gar der ganzen Branche entstehen, vernachlässigbar sind. Hauptgefahrenquelle (neben dem Wegfall dieser Bedingungen) ist die Verwischung der Unterschiede zwischen dem bedienten Teil- und dem Gesamtmarkt (Porter 1984, S. 77).

Kritik an Porters Strategiemuster-Beschreibungen kann im wesentlichen an zwei Punkten ansetzen:

1. Die Definition einer eigenständigen Fokus-Strategie ist problematisch. So schreibt Murray (1988, S. 391): "... the strategist using a focused approach must first differentiate the product offering from offerings aimed at other segment of the same market, hence the confusion between a focused strategy and product differentiation." Indem ein Anbieter sich für ein bestimmtes Marktsegment entscheidet, erreicht er damit implizit eine gewisse Einzigartigkeit, auch wenn er auf dem gewählten Teilmarkt Kostenführerschaft anstrebt. Im übrigen ist die Frage nach dem Wettbewerbsfeld (Branche oder Segment) letztlich nur eine Frage nach der Abgrenzung des relevanten Markts, und darin ist der Unternehmensstratege grundsätzlich frei.

2. Mehrfach widersprochen wurde auch Porters Annahme, die beiden Strategiemuster Kostenführerschaft und Differenzierung seien gegensätzlich und nicht mit einander vereinbar (z.B. Murray 1988, S. 396). Der von Porter daraus abgeleitete U-förmige Verlauf der Kurve, die den ROI in Beziehung zum Marktanteil darstellt (Porter 1984, S. 73), der allerdings von Porter "nicht für jede Branche" unterstellt wird, widerspricht auch den Ergebnissen der PIMS-Studie. Eine Untersuchung, inwieweit Vereinbarkeit oder Ausschluß der beiden Wettbewerbsfaktoren angenommen werden kann, sollte freilich nicht an der indirekten Einflußgröße Marktanteil, sondern unmittelbar an der gemeinsamen Beobachtung beider Wettbewerbsgrößen ansetzen.

2.1.3 Weitere Konzeptionen

2.1.3.1 Das SEP-Modell von Pümpin

Angesichts einer "turbulente[n] Umweltentwicklung", einer "zunehmende[n] Komplexität der Organisationen" und einer ansteigenden "sachliche[n] und persönliche[n] Orientierungslosigkeit des Managements" (Pümpin 1982, S. 13 - im Original teilweise kursiv) versucht Cuno Pümpin mit seinem SEP-Modell einen Beitrag zur effektiveren Unternehmensführung zu leisten. SEP steht für Strategische Erfolgsposition; diese ist definiert als:

"... eine in einer Unternehmung durch den Aufbau von wichtigen und dominierenden Fähigkeiten bewusst geschaffene Voraussetzung, die es dieser Unternehmung erlaubt, im Vergleich zur Konkurrenz langfristig überdurchschnittliche Ergebnisse zu erzielen." (Pümpin 1982, S. 34)

Pümpin beschreibt die Prinzipien zum Management strategischer Erfolgspositionen in Form von Leitsätzen, entwickelt daraus Konsequenzen, wie etwa "Die Unternehmungsorganisation muß auf die SEP abgestimmt werden", und stellt schließlich zehn Führungsregeln auf, zum Beispiel "Handlungsfreiheit in Verantwortung statt Bürokratie" (Pümpin 1982, S. 52; S. 103; S. 181).

Im gegebenen Zusammenhang interessiert jedoch vor allem die Beschreibung der Parameter, durch die Pümpin zufolge eine SEP festgelegt werden kann. Er unterscheidet produktbezogene, marktbezogene und funktionale SEP, freilich nicht ohne darauf hinzuweisen, daß Produkt, Markt und Unternehmensfunktion nicht immer unabhängige Dimensionen darstellen (Pümpin 1982, S. 42f.).

Produktbezogene SEP (Pümpin 1982, S. 44-46) lassen sich aufbauen, indem von erkannten Kundenbedürfnissen bzw. Markterfordernissen, von einer im Unternehmen besonders gut beherrschten Technologie oder von der Vertrautheit mit einem bestimmten Werkstoff ausgegangen wird; je nach dem, welchem dieser Wege der Vorzug gegeben wird, liegt die Priorität bei der fortgesetzten Marktbeobachtung oder bei der Weiterentwicklung der eingesetzten Technologie. Damit können die Grundlagen einer erfolgversprechenden Produktdifferenzierung sowohl innerhalb des Unternehmens liegen (Technologie, Werkstoff), als auch in seinem Umfeld (Kundenbedürfnisse, Markt), wo sie freilich erkannt und korrekt interpretiert werden müssen.

Als zwei mögliche Ursachen für marktbezogene SEP werden Marktstellung und Image genannt (Pümpin 1982, S. 46). Während die Marktstellung - offenbar über die economies of scales - besonders vorteilhafte Preise ermöglicht, dient das Image, das besonders in Konsumgüterbranchen eine bedeutende Rolle spielt, dazu, sich von der Konkurrenz abzuheben.

Zahlreiche Ansatzpunkte nennt Pümpin (1982, S. 46-50) für funktionale SEP. Einige davon gehören eindeutig in den Marketingbereich, nämlich Verkauf, Kundenberatung, Werbung und Distribution, wobei die Beratung als Instrument den Vorteil mit sich bringt, daß sie zur verstärkten Berücksichtigung der Kundenbedürfnisse zwingt. Wert gelegt wird auch auf den Faktor Qualität, der nicht nur durch "firmenspezifische (...) Anstrengungen", sondern auch durch "auf nationaler Ebene anzutreffende kulturelle Einstellungen" beeinflußt wird (S. 47 - im Original teilweise kursiv).

Aus den Funktionsbereichen Produktion, Beschaffung, sowie Forschung und Entwicklung heraus können ebenfalls SEP aufgebaut werden. Darüber hinaus ist auch eine "allgemeine SEP 'Innovation'" (S. 48) möglich, die in "innovationsfördernden Verhaltensweisen" wie Kreativität, Flexibilität und Offenheit wurzelt. Im Finanzbereich bezieht sich Pümpin auf die PIMS-Ergebnisse, und argumentiert deshalb für einen niedrigen Investitionsanteil, außerdem empfiehlt er, durch Ausnutzung von Mengeneffekten die Kostenstruktur zu verbessern. Schließlich können noch die Bereiche Personal (hier insbesondere die Arbeitsmotivation) und Management zum Aufbau einer funktionsbasierten SEP beitragen.

Mit der Zusammenstellung verschiedener möglicher Grundlagen von SEP erhebt Pümpin keineswegs den Anspruch der Vollständigkeit; vielmehr versucht er, einige der Bereiche zu beschreiben, die in der Praxis relativ häufig als Ursachen strategischer Erfolgspositionen anzutreffen sind (Pümpin 1982, S. 44). In Übereinstimmung mit der bereits zitierten Definition für SEP ist es sicher nicht unangebracht, in diesen Bereichen Quellen möglicher Wettbewerbsvorteile zu sehen; insofern ist es bedauerlich, daß das Problem, wie man zu einem positiven Image, zu einer leistungsfähigen Distribution, zu günstigen Beschaffungsquellen usw. kommt, nicht Gegenstand von Pümpins Betrachtungen ist.

2.1.3.2 Neuere theoretische Modelle

Von den in jüngster Zeit veröffentlichten Beiträgen zum Problem der Wettbewerbsvorteile verfolgen zwei (Reutner 1987 und Simon 1988) einen theoretischen Ansatz.

Reutner (1987, S. 747f.) geht von einem dreistufigen System von "Erfolgsdeterminanten" aus. Im Mittelpunkt steht die "Leistung" als "primäre Erfolgsdeterminante". Über ihre "strategische Wirkung" ist sie mit den "sekundären Erfolgsdeterminanten" (Position im Wettbewerb, Markt) verknüpft, die wiederum die "derivativen Erfolgsdeterminanten" (Absatz, Deckungsbeitrag usw.) und damit den Erfolg beeinflussen.

Hier soll auf die Leistungsdeterminanten und ihren Zusammenhang mit Markt und Wettbewerb kurz eingegangen werden. Als wesentliche Elemente der Leistung nennt Reutner (1987, S. 749f.): Strategie und Konzeption einschließlich ihrer Durchsetzung; Leistungsfähigkeit der Mitarbeiter, beeinflußbar durch intensive Aus- und Weiterbildung, Motivierung und innovative Atmosphäre; Kundenorientierung im Sinne von Bereitschaft zur Problemlösung; sowie Beachtung von Zeit- und Wirtschaftlichkeitsaspekten.

Als Ergebnis einer derart zusammengesetzten Leistung können sekundäre Erfolgsdeterminanten verändert werden, beispielsweise das Image, die Produktionsstruktur, der Patentbestand oder die Marktpräsenz (Reutner 1987, S. 759). Gewarnt wird vor dem Versuch einer unmittelbaren Beeinflussung derivativer Erfolgsdeterminanten, wie Kosten oder Zahlungsbedingungen, da solche Maßnahmen vom Wettbewerb kurzfristig erkannt und aufgeholt werden (Reutner 1987, S. 758f.). Statt dessen ist eine - kurzfristig gesehen erfolgsbelastende - Verbesserung der sekundären Parameter langfristig erfolgversprechender (Reutner 1987, S. 760).

Das Thema von Simon (1988) ist "Management strategischer Wettbewerbsvorteile". Der Autor vertritt die Ansicht, daß prinzipiell aus jedem Wettbewerbsparameter (oder aus der Kombination von mehreren) ein strategischer Wettbewerbsvorteil erwachsen kann (Simon 1988, S. 468). Dabei ist jedoch zu beachten, daß nur die Konzentration auf einige wenige Parameter, die vom Kunden als wichtig eingeschätzt werden (S. 471 f.), und die von ihm wahrgenommen werden (S. 474), ein sinnvolles Verfahren ist. "Entscheidend für den Erfolg im Markt ist nicht, ob ein Wettbewerbsvorteil auf der technisch-objektiven Ebene existiert, sondern ob er von den Kunden subjektiv wahrgenommen wird. Nur subjektiv-wahrgenommene Wettbewerbsvorteile zählen." (Simon 1988, S. 474)

Für die Situation eines "Angriffs" gegenüber einem bereits etablierten Anbieter empfiehlt Simon (1988, S. 476), sich durch anders gesetzte Schwerpunkte von diesem abzugrenzen, ohne dabei aber im Bereich von dessen Wettbewerbsvorteilen allzu große Abstriche zu machen. Dem "Verteidiger" wird geraten, entweder seine traditionellen Wettbewerbsvorteile ständig weiterzuentwickeln (mit dem Risiko eines abnehmenden Grenznutzens der Anstrengungen), oder aber gelegentlich die Zusammensetzung seiner Vorteilskombination zu ändern (Simon 1988, S. 477f.). In jedem Fall ist eine gründliche Konkurrenzforschung unabdingbar (Simon 1988, S. 466).

2.1.3.3 Neuere empirische Untersuchungen

Die in den letzten Jahren stark angewachsene Diskussion über die Ursachen unternehmerischen Erfolgs (Staerkle/Perich 1987, S. 315) hat zahlreiche Autoren beziehungsweise Autorenteams angeregt, auf empirische Weise eine Liste von "Exzellenzfaktoren" (Staerkle/Perich 1987), "success factors" (Cooper/Kleinschmidt 1987) oder "strategischen Erfolgsfaktoren" (Krüger 1988) zu ermitteln. Unterschiedliche Erhebungsmethoden, unterschiedliche Stichprobenzusammensetzungen und nicht zuletzt auch unterschiedliche Vorauswahlen möglicher Einflußgrößen haben freilich zur Folge, daß diese Listen zumindest in der Setzung ihrer Schwerpunkte differieren.

Die von Staerkle/Perich (1987) beschriebene Untersuchung befaßte sich mit mittelgroßen Schweizer Unternehmungen der Branchen Nahrungsmittel/Getränke, Maschinen/Apparate und Textilien/Bekleidung/Schuhe, wobei das Sample nur Firmen mit über-branchendurchschnittlichem Umsatzwachstum und Gewinn umfaßt (Staerkle/Perich 1987, S. 316). Die Datenbasis entstand aus Fragebögen, halbstandardisierten Interviews, sowie subjektiven Beobachtungen der Interviewer (Staerkle/Perich 1987, S. 317).

In den Ergebnissen, die in Form von acht "Schlüsselthesen" vorliegen (Staerkle/Perich 1987, S. 318-323), kommt den "weichen" Faktoren ein großes Gewicht zu. Flexibilität, Innovationsfreude, Optimismus und Beharrlichkeit, die Ausrichtung der Organisation auf den Unternehmensleiter hin, und sogar regionale Verbundenheit werden genannt. Weitere Schwerpunkte sind konsequente Marktausrichtung und umfassendes Qualitätsbewußtsein.

Eine besondere Bedeutung der Führungseigenschaften lassen die Ergebnisse von Hoffmann (1986, S.837) erkennen: Von zehn potentiellen Erfolgsfaktoren wurden nur die beiden "Managementqualität" und "Unternehmungsziele" von <u>allen</u> Interviewpartnern (Führungskräfte aus Großunternehmungen und Mittelstand) als "kritisch", d.h. erfolgsentscheidend, eingestuft.

Eine Fragebogenaktion unter Marketingleitern australischer Großunternehmen verschiedener Branchen beschäftigte sich mit den Ursachen von Erfolg und Mißerfolg bei der Einführung neuer Produkte (Link 1987, S. 110). Die Ursachen für Fehlschläge liegen - abgesehen von der Feststellung "the market was too competitive" - vorrangig in den Eigenschaften des Produkts selbst; unzureichende Marktforschung, fehlende Neuheit und zu geringer Kundennutzen werden am häufigsten genannt (Link 1987, S. 110f.). Der Erfolg von Neueinführungen hängt dagegen öfter mit der Ausnutzung von Synergieeffekten zusammen, und zwar sowohl bei den Marketingfähigkeiten, als auch auf technischem Gebiet. Die beiden nächsthäufigen Nennungen (Produktqualität, Kundennutzen) betreffen aber wieder Eigenschaften des eingeführten Produkts (Link 1987, S. 111f.).

Ähnliche Ergebnisse kommen auch von einer kanadischen Studie (Cooper/Kleinschmidt 1987). Anhand von Interviews sollten - ebenfalls bei Produktneueinführungen - die Auswirkungen verschiedener Größen auf die Zielbündel financial performance, market impact und opportunity window festgestellt werden. Kundennutzen, Produktüberlegenheit und Qualität zeigten die beste Übereinstimmung mit den finanziellen und den Marktstellungs-Zielen; für den finanziellen Erfolg spielten außerdem die Synergieeffekte eine gewisse Rolle (Cooper/ Kleinschmidt 1987, S. 219 und 221). Das opportunity window öffnete sich am besten mit einem Produkt, das durch eine gewisse Einzigartigkeit gekennzeichnet ist (Cooper/ Kleinschmidt 1987, S. 218).

Schließlich ist noch die Untersuchung von Krüger (1988) zu erwähnen, der "... als Datenbasis Berichte der Wirtschaftspresse verwendet, vor allem des 'manager magazins' und der 'Wirtschaftswoche', vereinzelt auch der 'ZEIT'" (S. 31). Seinen Auswertungen zufolge werden sowohl bei Erfolgs- als auch bei Mißerfolgsberichten die Bereiche "Produkt/Markt-Konzept" und "Gewinn- und Ertragsorientierung" am häufigsten angesprochen, zwei Faktoren, die er mit drei anderen zum "Erfolgssegment 'Strategie'" zusammenfaßt (Krüger 1988, S.

37f.). (Dieses Erfolgssegment ist auch als Ganzes das bedeutendste (Krüger 1988, S. 39).) Leider kann der Verdacht nicht ausgeräumt werden, daß die Ergebnisse in erster Linie die Methode beschreiben; denn fraglos lassen sich die als wichtig ermittelten Faktoren leichter journalistisch darstellen als etwa "finanzielles Potential", "human capital" oder gar "Subsystembildung".

Die folgende Übersicht faßt die Ergebnisse der beschriebenen empirischen Studien zusammen, wobei je nach Veröffentlichungslage entweder der Schwerpunkt der jeweiligen Ergebnisübersicht oder der als am bedeutsamsten ermittelte Bereich angegeben sind. Zum Vergleich wurde auch die PIMS-Studie (s. Kapitel 2.1.1) mit aufgeführt.

Untersuchung	Wichtigste Faktoren
Staerkle/Perich 1987	"weiche" Faktoren
Hoffmann 1986	Managementqualität; Ziele
Link 1987	Produkteigenschaften; Synergiegelegenheiten
Cooper/Kleinschmidt 1987	Produkteigenschaften
Krüger 1988	"Strategie"
PIMS (Schoeffler/Buzzell/ Heany 1974)	Marktanteil; Produktqualität; Invest.intensität

2.2 Wettbewerbsvorteile in einzelnen Bereichen

Ein Unternehmen, das sich im Wettbewerb eine vorteilhafte Position verschaffen will, muß sich zu diesem Zweck in irgend einer Weise von konkurrierenden Anbietern abgrenzen. Auf diesem grundlegenden Prinzip aufbauend wurde in Kapitel 1.2.1 eine Definition der Begriffe "Wettbewerbsfaktor" und "Wettbewerbsvorteil" herausgearbeitet; sie enthält unter anderem die Forderung, daß eine vom Kunden (bzw. potentiellen Kunden) als vorteilhaft wahrgenommene Leistung entweder zu erbringen oder zu ermöglichen ist.

1. Relativer Marktanteil

2. Produkt Qualität, z. B.
- *a) Funktionssicherheit*
- *b) Servicefreundlichkeit*
- *c) Technische Leistungen*

3. Technische Position, z. B.
- *a) FuE-Aufwand*
- *b) Häufigkeit der Markteinführung neuer Produkte*
- *c) Schutzrechtsituation (Patente, Lizenzen)*

4. Produktion, z. B.
- *a) Standort*
  - *Anzahl Fertigungsstandorte*
  - *Regionale Streuung*
  - *Lohnniveau*
- *b) Fertigungskapazität (Größe/Auslastung)*
- *c) Typenvielfalt (Anzahl/Konzeption des Aufbaus)*
- *d) Fertigungsstruktur*
  - *Einzel-/Mehrproduktfertigung*
  - *Einzel-/Großserienfertigung*
- *e) Betriebsausstattung*
  - *Alter der Anlage*
  - *Technischer Stand*
    - • *Fertigungsverfahren*
    - • *Steuerung/Ablauf*
    - • *Lager/Transportsystem*
    - • *Qualitätswesen*
  - *Vertikale Integration (Wertschöpfungsgrad)*

5. Arbeitsorganisation, z. B.
- *a) Fertigungssystem*
  - *Gruppenfertigung*
  - *Fließfertigung*
- *b) Lohnform*
  - *Einzelakkord*
  - *Gruppenzeitlohn*
- *c) Arbeitsbedingungen*
  - *Lärm*
  - *Staub*
  - *Licht*
  - *Sicherheit*

6. Distribution, z. B.
- *a) Vertriebsweg*
  - *Techn. Wiederverkäufer (OEM)*
  - *Großhandel*
  - *Fachhandel*
  - *Vertreter*
  - *Direktvertrieb*
- *b) Lieferbereitschaft*
  - *Lagerstandorte*
  - *Bestandspolitik*
  - *Lieferzeit*
  - *Lieferzuverlässigkeit*

7. Vertrieb, z. B.
- *a) Vertriebsorganisation*
  - *Vertriebssteuerung: zentral/dezentral*
  - *Akquisition: zentral/dezentral*
  - *Einzel-/Mehrproduktorientierung*
  - *Spezielle Kunden-/Branchenorientierung*
    - • *Klein-/Großkunden*
    - • *Öffentl. Auftraggeber*
- *b) Vertriebskapazität*
  - *Anzahl Verkaufs-/Technikbüros*
  - *Personalstärke bei:*
    - • *Akquisiteuren*
    - • *Kundenberatern*
    - • *Anwendungsspezialisten*
    - • *Projektierern*
- *c) Geografische Schwerpunkte*
- *d) Entlohnungssystem*
  - *Festes Gehalt*
  - *Provision*

8. Marketing-Mix, z. B.
- *a) Programm*
  - *Standard-/Spezialprodukte*
  - *Sortimentsbreite und -tiefe*
  - *Kunden-Sonderprogramme*
- *b) Preis*
  - *Preispolitik*
  - *Finanzierung*
  - *Übernahme von Nebenleistungen*
- *c) Verkaufsförderung/Werbung*
  - *Aufwand:*
    - • *DM/Jahr*
    - • *Prozent vom Umsatz*
  - *Wirkungsgrad*
  - *Methoden*
- *d) Service und Kundendienst*
  - *Eigen-/Fremdservice*
  - *Standortnähe zum Kunden*
  - *Preisgestaltung*
  - *Kapazität*
  - *Kundenzufriedenheit*

9. Finanzielles Ergebnis, z. B.
- *a) Cash Flow (Einnahmen-Ausgabenüberschuß)*
- *b) Ergebnis*
- *c) Eingesetztes (gebundenes) Kapital*
- *d) Rentabilität*
  - *Umsatzrendite*
  - *Kapitalumschlag*

Abbildung 2/5: "Strategische Einflußfaktoren" nach Dunst

Quelle: Dunst 1989, Sp. 1901 f.

Wie vielfältig die möglichen Ansatzpunkte für direkte und indirekte Wettbewerbsfaktoren sein können, macht Abbildung 2/5 deutlich. Dabei kann diese Aufstellung noch nicht einmal Vollständigkeit reklamieren: Wichtige Einflußgrößen, wie die Finanzierung und der Einkauf sind nicht erwähnt, ebenso der gesamte Bereich der "weichen" Faktoren.

Es wäre jedoch voreilig, und für die praktische Anwendung auch nicht hilfreich, wenn alle diese Wettbewerbsfaktoren unstrukturiert nebeneinander gestellt werden würden. So kommt einigen Parametern eine größere praktische Bedeutung zu; andere sind untereinander durch wechselseitige Abhängigkeiten miteinander verknüpft; wieder andere lassen sich als Ergebnis zugrundeliegender "Basisfaktoren" erklären. Aus den unterschiedlichen Möglichkeiten, die einzelnen Wettbewerbsfaktoren zu beeinflussen, ergibt sich eine weitere Einteilung.

In den folgenden Kapiteln soll versucht werden aufzuzeigen, welche Annahmen über die Struktur, die spezifische Bedeutung und die Beeinflußbarkeit der verschiedenen Wettbewerbsfaktoren in der neueren Literatur erkennbar sind. Besondere Aufmerksamkeit wird dort verwendet, wo unterschiedliche vertretene Ansichten eine Überprüfung durch weitere Untersuchungen nahelegen.

2.2.1 Management und Personal

Der Faktor, der das wirtschaftliche Geschehen wohl am nachhaltigsten beeinflußt, ist der Faktor "Mensch". Dieser Gedanke hat sich mit dem publizistischen Erfolg von "Peters/Waterman 1983" inzwischen weit verbreitet. Dabei geht es sowohl um denjenigen Menschen, der an der Spitze des Unternehmens steht, und dieses mit seinen Ansprüchen, Werten und Verhaltensweisen prägt, als auch um die Mitarbeiter, deren Einflußnahme auf das unternehmerische Ergebnis nicht nur durch ihre wohldefinierbaren Funktionseigenschaften, sondern ebenso durch ihre Motivation, ihre Leistungsbereitschaft, ihren persönlichen Arbeitsstil usw. bestimmt wird.

2.2.1.1 Allgemeine Merkmale der Unternehmensführung

So unterschiedlich die Aufgaben, die sich für das "Management des Managements" einerseits und für die Personalführung andererseits ergeben, sein mögen - eines haben sie mindestens gemeinsam: Da der Mensch der Ansatzpunkt der Bemühungen ist, kann nur eine ganzheitliche Sichtweise diesen Aspekt der Unternehmensführung einigermaßen angemessen beschreiben. Der entscheidende Wettbewerbsvorteil liegt hier nämlich weniger in der Gestaltung einzelner Sachverhalte, sondern in der Art und Weise, wie mehr oder weniger alle Aktivitäten im Unternehmensbereich durchgeführt werden.

In Anlehnung an Peters/Waterman (1983, S. 33) hat sich für solche grundlegende Eigenschaften die Bezeichnung "weiche Faktoren" durchgesetzt. Merkmale der weichen Faktoren sind ihre Informalität (Peters/Waterman 1983, S. 33) und ihre geringe Imitierbarkeit durch andere, die sie damit als Quelle langfristiger Wettbewerbsvorteile besonders geeignet macht (Agthe/Simon 1989, Sp. 2232).

Ein typisches Beispiel für einen Wettbewerbsvorteil, der sich strenggenommen gar nicht unmittelbar, sondern nur durch seine Ergebnisse beobachten läßt, ist die <u>Flexibilität</u>. Aus der Beobachtung, daß die Zeit als Wettbewerbsmerkmal immer wichtiger wird, schließt z.B. Stalk (1988), daß die Fähigkeit, schneller und präziser zu reagieren, von erfolgreichen Unternehmen ausgebaut werden müssen (und auch bereits ausgebaut worden sind). Bestandteile eines "time-based competitive advantage" (Stalk 1988, S. 45) können unter anderem sein:

- in der Fertigung kleinere Losgrößen (bis hin zur Losgröße eins), dezentralisierte Produktionsplanung und eine Fertigungsorganisation nach dem Objekt- statt nach dem Verrichtungsprinzip (S. 47 f.);

- in der Disposition kürzere Lieferzeiten durch verbesserte Organisation des Bestellwesens (S. 49); und

- in der Produktentwicklung schnellere brauchbare Ergebnisse aufgrund kleinerer, dezentralisierter und "cross-functional" Arbeitsgruppen (S. 49).

Auch die Kundenorientierung wirkt sich auf vielfältige Weise auf die Stellung im Wettbewerb aus. Peters/Waterman (1983) beschreiben zahlreiche Fälle, in denen die konsequente Ausrichtung auf die Kundenbedürfnisse ihren Niederschlag in leistungsfähigem Service (S. 190 ff.), überragender Qualität (S. 205 ff.) und anderen Parametern (S. 204) gefunden haben.

Für geradezu überlebensnotwendig halten Agthe/Simon (1989, Sp. 2232) die Faktoren Risikofreude, Innovationsbereitschaft und Kreativität. Die gleichen Größen finden sich auch bei Peters/Watermann (1983, S. 37); allerdings beziehen sich diese Autoren nicht nur auf die Unternehmensleitung (wie Agthe/Simon), sondern eher auf a l l e Mitarbeiter: "Wir wollen lauter Unternehmer." (Peters/Waterman 1983, S. 37; im Original hervorgehoben)

2.2.1.2 Führungsstil

Ein Wettbewerbsvorteil ergibt sich aus dem Einsatz weicher

Faktoren erst dann, wenn es gelingt, die angestrebten Prinzipien auch der Belegschaft begreiflich zu machen. Die Umsetzung der Postulate durch den einzelnen Mitarbeiter muß mit einem geeigneten Führungsstil unterstützt werden. Welche Bedeutung die Leistungsfähigkeit und -bereitschaft der Belegschaft für das Unternehmensergebnis haben, wird aus Abbildung 2/6 deutlich, die die Produktivität in verschiedenen Unternehmen des Fahrzeugbaus vergleicht, auch wenn ein Teil der erkennbaren Unterschiede sicher auf andere Ursachen (beispielweise den Grad der Automatisierung) zurückzuführen sind.

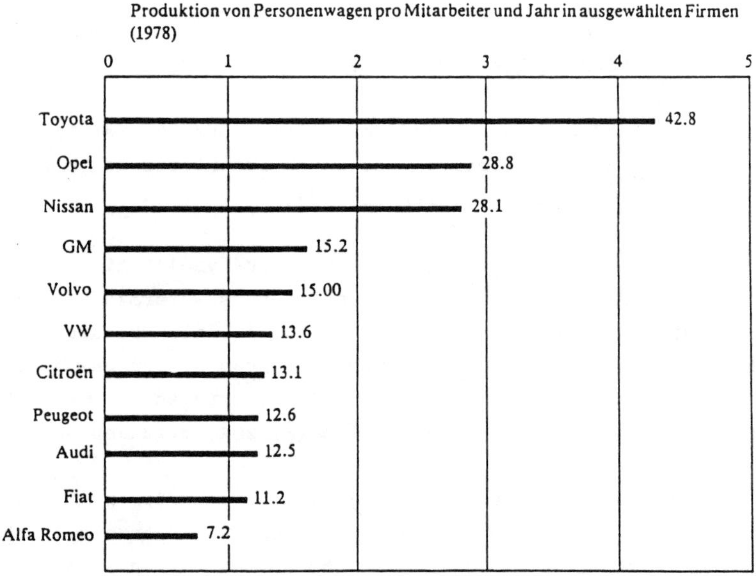

Abbildung 2/6: Produktion von Personenwagen pro Mitarbeiter und Jahr in ausgewählten Firmen (1978)

Quelle: Pümpin 1982, S. 49

Gedankliche Grundlage für die Einbeziehung der Mitarbeiter in die Gestaltung der Unternehmenseigenschaften ist ein gewandeltes Menschenbild. Der Firmenangehörige ist nicht mehr ein Objekt der Strategie, das mit mehr oder weniger ausgefeilten Methoden zur Arbeit anzuhalten ist, sondern ein "... aktives Element dieses sozialen Systems[,] mit dem er sein Schicksal freiwillig verbindet[,] und auf das er mitgestaltend einwirkt" (Krulis-Randa 1983, S. 144). Insofern ist der Begriff Führungsstil eigentlich nicht mehr angebracht; ein Wettbewerbsvorteil kann gerade darin liegen, daß Mitarbeiter in der Lage sind, gewissermaßen ungeführt zur Leistung der gesamten Organisation beizutragen.

Ähnlich argumentiert auch Rothschild (1986, S. 46), wenn er schreibt: "... oft sind es nur die Fähigkeiten der Mitarbeiter, die einen Gewinner von einem Verlierer unterscheiden." Seiner Ansicht nach kann ein Wettbewerbsvorteil dadurch erreicht werden, daß fähige Mitarbeiter rekrutiert und gehalten, oder auch durch geeignete Entwicklungsmöglichkeiten herangebildet werden (Rothschild 1986, S. 46).

Diese Maßnahmen würden allerdings keinen Sinn ergeben, wenn die Unternehmensangehörigen nicht auch faktisch in den Betriebsablauf integriert werden. Die meisten von Peters/ Waterman (1983) herausgearbeiteten Merkmale erfolgreicher Unternehmen beziehen sich auf dieses Problem. Im einzelnen sind das:

- Nutzung des Kreativitätspotentials auch in unteren Hierarchiestufen bei gleichzeitigem Vertrauen in die Fähigkeiten und Anerkennung des Geleisteten (S. 267 und 300);

- Sichtbarmachung des Wertsystems durch Symbole, Handlungen usw. (S. 321);

- Erleichterung der Entscheidungsfähigkeit und der Experimentierfreude durch Förderung informeller Kommunikationswege (S. 150 und 177);

- Einfachheit und Flexibilität der Aufbauorganisation (S. 360), sowie ein Führungsstil im engeren Sinne, der die Gewährung der notwendigen Freiräume mit dem Festhalten an integrierenden Leitprinzipien verbindet (S. 38).

Damit wird bereits deutlich, daß organisatorische Maßnahmen den Prozeß der Mitarbeiterintegration durchaus fördern können, sofern sie als Ergänzung zu der Gestaltung des "unsichtbaren" Bereichs zu verstehen sind.

2.2.1.3 Personalwesen

Das veränderte Menschenbild, das den bisherigen Überlegungen zugrunde liegt, findet natürlich auch seine Entsprechung in der Gestaltung der Funktion Personalwesen. Dieser Unternehmensbereich ist, wie Krulis-Randa (1983, S. 143 f.) für die Schweiz feststellt, gegenüber der früheren Situation stark aufgewertet worden; Indizien dafür sind die Position des Personalleiters in der betrieblichen Hierarchie und die Verwendung eines ausgefeilteren Instrumentariums im Personalwesen.

Die Personal<u>rekrutierung</u>, als eine der Hauptaufgaben des Personalbereichs, ist ohne eine Planung des langfristigen Bedarfs nicht mehr denkbar. Um die Anforderungen der Unternehmensaktivitäten und die Profile der Neueinstellungen miteinander in Verbindung zu bringen, schlagen Fombrun/Tichy (1984, S. 328) exemplarisch vor, analog zur Terminologie der Portfolioanalyse zukünftige Führungskräfte als "growers", "caretakers" und "undertakers" zu charakterisieren - je nachdem, für welches Produktlebenszyklusstadium sie die besten Management-Eigenschaften aufweisen.

In ähnlicher Weise ist auch die innerbetriebliche <u>Weiterbildung</u> auszurichten: "Die Ausbildungspolitik muß, genauso wie die Einstellungspolitik, auf die geplante Wachstumsrate und die neuen Arbeitsstrukturen der Unternehmung abgestellt sein und dabei den gesellschaftlichen Entwicklungen Rechnung tragen. Aufgabe der Unternehmungsleitung ist es, die Kenntnisse und Fähigkeiten der Mitarbeiter mit den Anforderungen der Strategien an ihr professionelles Wachstum und ihre persönliche Entfaltung und mit der Umweltentwicklung in Einklang zu bringen." (Hinterhuber 1984, S. 234)

Parallel dazu ist eine langfristige Personalentwicklung zu betreiben. Dazu gehören Maßnahmen wie individuelle Karriereplanung und "job rotation" zur Horizonterweiterung (Fombrun/Tichy 1984, S. 329). Für den wissenschaftlich-technischen Nachwuchs sollten spezielle Karrieremöglichkeiten eingerichtet werden, die einen Aufstieg ohne Verlust der fachlichen Orientierung ermöglichen (Hinterhuber 1984, S. 232).

Im Zusammenhang mit der Entgeltpolitik soll hier auf das Anreizsystem eingegangen werden. Die Förderung von Engagement und Leistungsbereitschaft hat in einer Weise zu erfolgen, die der strategischen Ausrichtung der Unternehmung entspricht (Hinterhuber 1984, S. 238). Auch die Zielsetzung des jeweiligen Geschäftsbereichs ist für die Art und die Höhe der "Meßlatte" von Bedeutung; so ist eine Orientierung am Gewinnziel in "cash cow"-Branchen (im Portfolio-Sinne) nicht unbedingt angebracht (Fombrun/Tichy 1984, S. 328). Zu beachten ist weiter, daß Anreize nicht nur die Form von Zuschlägen auf das Arbeitsentgelt haben müssen. Mit Hilfe von "... geeignete[n] Formen der Gewinn- und Kapitalbeteiligung der Arbeitnehmer sowie durch die Gewährung von bestimmten Mitbestimmungsrechten, Sozialleistungen, Gratifikationen usw." kann ebenfalls erbrachte Leistung honoriert werden (Hinterhuber 1984, S. 238).

Das Personalwesen kann außerdem auch eine Informationsfunktion wahrnehmen. Sie betrifft interne Daten (Personalbestand) und externe (Arbeitsmarkt). Die zukünftige Entwicklung sollte in diese Datensammlung einbezogen werden (Fombrun/Tichy 1984, S. 325 f.).

2.2.2 Technologie

2.2.2.1 Gestaltung des Technologiebereichs

"It is clear that throughout the 1980s, competitive advantage, new product development, new markets, productivity and profitability will all be tied directly to technology." (Harris/Shaw/Sommers 1984, S. 531) Auch in Unternehmungen, die diese Entwicklung anscheinend erkannt haben, fehlt jedoch oft die explizite Einbeziehung des technischen Aspekts in die überkommenen Strategiemuster. Trotz EDV-Einsatz, verbesserter Arbeitsumgebungen und automatischer Fertigung überwiegt immer noch das statische, von Kosten, Qualität, Termintreue und Personalproblemen gepräge Denken (Skinner 1984, S. 521). Ein Unternehmen, das die Chancen, die ihm die technische Entwicklung bietet, nutzen will, bedarf einer Strategie mit Technologiebezug als integriertem Bestandteil, nicht als "aufgesetztem" Fremdkörper.

Eine grundsätzliche Frage ist die nach dem Ausmaß der eigenen Forschungs- und Entwicklungsaktivitäten. Die Ergebnisse der PIMS-Daten legen nahe, dieses Problem in Abhängigkeit von der Größenkategorie zu sehen: Während bei den untersuchten Geschäftsbereichen mit kleineren Marktanteilen (unter 12%) steigende F&E-Kosten pro Umsatz mit deutlich geringeren ROIs verknüpft waren, erwirtschafteten mittlere und größere Bereiche (Marktanteil 12%-26% bzw. darüber) einen um so höheren ROI, je höher das Verhältnis von F&E-Kosten zu Umsätzen war (Schoeffler/Buzzell/Heany 1974, S. 142).

Zwei Einwände, die von den Autoren der Studie selbst angesprochen werden (Schoeffler/Buzzell/Heany 1974, S. 142), relativieren jedoch eine mögliche Interpretation. Erstens kann nicht definitiv festgestellt werden, welche Größe Ursache und welche Wirkung ist. Beispielsweise wäre es vorstellbar, daß Unternehmen mit nicht allzu kleinem Marktanteil dazu neigen, höhere Gewinne im Forschungs- und Entwicklungsbereich zu reinvestieren. Und zweitens beziehen sich die gefundenen Ergebnisse nur auf den kurzfristigen

Effekt. So konnte festgestellt werden, daß unter den Geschäftseinheiten mit niedrigem Marktanteil diejenigen mit einem hohen Anteil neuer Produkte mehr als doppelt so profitabel sind, wie die übrigen. Dennoch empfehlen Schoeffler/Buzzell/Heany (1974, S. 142) Betrieben mit schwacher Marktposition eher eine Imitationsstrategie.

Demgegenüber steht die Beobachtung, daß gerade kleinere Firmen zum Teil sehr große Innovationsfreudigkeit zeigen, und oft sogar mit Erfolg spezifisches know-how an die Großindustrie vermarkten können (Agthe/Simon 1989, Sp. 2231).

Wichtiger als die bloße Quantität der Technologieanstrengungen ist aber die Zielrichtung der Bemühungen. Die Effektivität kann beispielsweise dadurch gefördert werden, daß unternehmensspezifische Stärken und Fähigkeiten bewußt eingesetzt werden. Dazu gehören (Bühner 1988, S. 397-399):

- Personal- und Managementqualifikation,
- Leistungsfähigkeit der Produktionsanlagen,
- technisches know-how,
- Patente und Warenzeichen,
- spezielle Ressourcen,
- Standortvorteile,
- sowie die bisherige Marktposition.

Beispielsweise ist die Entscheidung, ob bestimmte Komponenten zugekauft oder selbst entwickelt und produziert werden, nicht zuletzt eine Frage des Spezialisierungsgrads: Bei einer breiten Orientierung wird es günstiger sein, auf dem Markt bereits vorhandene Teile zuzukaufen, während ein hoher Spezialisierungsgrad eine Eigenentwicklung und -fertigung nahelegt, um Abhängigkeiten von Lieferanten zu vermeiden (Bühner 1988, S. 399).

Besondere Aufmerksamkeit ist der "Stärke" qualifiziertes Personal zu schenken. "Technology investments are primarily investments in people (...) At a result, return on technology investment is directly related to the quality of a company's staff and its motivation." (Harris/Shaw/Sommers 1984, S. 543) Eine intensive Aus- und Weiterbildungspolitik kann hier langfristig helfen, Wettbewerbsvorteile zu sichern (Bühner 1988, S. 402).

Das betrifft nicht nur die untergeordneten Hierarchiestufen. Gerade die obere Führungsebene benötigt ein umfassendes technisches Verständnis, um die Konsequenzen ihres Vorgehens auch im technischen Bereich abschätzen zu können (Wheelwright/Hayes 1985, S. 105). Wo ein solches nicht vorhanden ist, wird sein Fehlen in der Regel als arge Behinderung angesehen (Harris/Shaw/Sommers 1984, S. 533). Die Folgen sind mangelhafte Kommunikation zwischen technischen und kaufmännischen Führungskräften (Frohman 1982, S. 98) oder - noch schlimmer - Abschiebung der technologischen Verantwortung an das mittlere Management (Harris/Shaw/Sommers 1984, S. 533).

Ansatzpunkte zur Lösung dieses Problems gibt es. Frohman (1982, S. 98) berichtet über einen Fall, in dem der Leiter der F&E-Abteilung seinen nicht-technischen Kollegen mit Hilfe eines externen Beraters ein drei-Tage-Seminar zum Thema Technik-Management anbot; und in einem anderen technologieorientierten Unternehmen haben sogar der Finanzchef und der Justitiar "extensive technical backgrounds".

Solides technisches Verständnis der Führungsebene ist die Voraussetzung für eine Integration der Technologie in die allgemeine betriebliche Strategie. Auch wenn der Grundsatz "... technology priorities should dictate investment thrust" (Harris/Shaw/Sommers 1984, S. 535) etwas übertrieben sein mag, so ist die Einbeziehung der technischen Seite doch unerläßlich, sollen Fehlentscheidungen vermieden werden. Beispielsweise ist es wenig sinnvoll, hohe F&E-Budgets an ausgereifte Produkte zu verschwenden, während in mutmaßliche Wachstumsmärkte nur zögernd investiert wird - ein Fehler, der unter anderem dort auftritt, wo Forschungsmittel proportional zu den Umsätzen aufgeteilt werden (Harris/Shaw/Sommers 1984, S. 535).

Eine gezielt eingesetzte Technologieentwicklung kann - je nach Strategieausrichtung - die Bemühungen um Kostenführerschaft oder um Differenzierung unterstützen, wobei durchaus nicht zwangsläufig Verfahrensinnovationen vorrangig der Kostensenkung, Produktinnovationen hingegen nur der Differenzierung dienen (Porter 1986, S. 235).

Eine Integration kann mit verschiedenen Mitteln gefördert werden (Frohman 1982, S. 101 f.):

- Verbesserung und Intensivierung der Kommunikation der Geschäftsleitung mit der technischen Leitung,
- Aufwertung der Stellung des Forschungsleiters, und
- Übergang von der sukzessiven zur simultanen Planerstellung (oder wenigstens frühzeitigere Einbindung der technischen Planung in den Planungsprozeß).

Dabei gehören zum technischen Bereich selbstverständlich nicht nur Forschung und Entwicklung, sondern auch die Produktion: "... [competing through manufacturing] involves changing the way that the r e s t of the organization thinks about manufacturing and interacts with it." (Wheelwright/Hayes 1985, S. 105).

Ein weiteres Prinzip, das beim wettbewerbsgerechten Technologieeinsatz zu beachten ist, ist die Langfristigkeit der Prozesse. Daraus ergeben sich zwei Schlußfolgerungen. Einerseits sind die Entwicklungen der für das eigene Unternehmen relevanten Technologien sorgfältig zu beobachten, damit eine rationale Grundlage für die Planung vorhanden ist; dabei läßt sich der Umstand ausnutzen, daß bestimmte Muster des Innovationsverlaufs sich regelmäßig wiederholen (Harris/ Shaw/Sommers 1984, S. 534).

Andererseits darf nicht erwartet werden, daß sich Investitionen auf dem Technologiesektor kurzfristig und durch einzelne Produkte amortisieren (Wheelwright/Hayes 1985, S. 105). Statt dessen schlagen Harris/Shaw/Sommers (1984, S. 534) vor, Technologie an sich als "capital asset", also gewissermaßen als Aktivposten zu betrachten. Damit soll die gedankliche Assoziation einer technischen Entwicklung mit einem konkreten Projekt durchbrochen werden.

In diesem Zusammenhang steht auch die Kritik an der einseitigen Orientierung an der "Produktivität" in manchen Unternehmen (Skinner 1984, S. 523 f.), die sich in drei Punkten zusammenfassen läßt:

1. Der Begriff "Produktivität" ist nicht eindeutig definiert. Zwischen Arbeits- und Kapitalproduktivität, verschiedenartigen Einbeziehungen von Gemeinkosten und anderen Unklarheiten verkommt der Produktivitätsbegriff zu einem Schlagwort.

2. Die einseitige Ausrichtung an Kosten- und Effizienzgrößen vernachlässigt andere Parameter, insbesondere die Wettbewerbsposition.

3. Produktivität ist als strategisches Ziel ungeeignet, da sie vorwiegend mit kurzfristigen, marginalen Einsparungen arbeitet. Nachhaltige Veränderungen werden jedoch eher durch Änderungen der eingesetzten Technologie oder der Fertigungsorganisation bewirkt, die zunächst nichts mit dem Produktivitätsziel zu tun haben.

Eine für die zukünftige Entwicklung maßgebliche Entscheidungsaufgabe ist die Auswahl der verfolgten Projekte. Da nicht alle prinzipiell möglichen technischen Entwicklungen gleichzeitig betrieben werden können, müssen Prioritäten gesetzt werden. Frohman (1982, S. 100) nennt fünf Kriterien, nach denen seiner Ansicht nach solche Prioritäten ermittelt werden können: Unterstützung von Unternehmenszielen, Aufbau und Pflege einer technischen Führungsposition, Lösung von Kundenproblemen, Gewinnung von Erfahrung in neuen Technologien, und Ausbau bereits eingesetzter Technologien. Außerdem legen wettbewerbsorientierte Unternehmen (einer Beobachtung von Wheelwright/Hayes (1985, S. 106) zufolge) Wert auf ein gewisses Gleichgewicht zwischen Produkt- und Verfahrensentwicklung.

2.2.2.2 Technologie als Mittel im Markt

Daß ein technischer Vorsprung über bessere Qualität, höhere

Lieferzuverlässigkeit, leistungsfähigere Produkte und ähnliche Merkmale Beiträge zur Differenzierung leisten können, ist naheliegend (s.a. Porter 1986, S. 238). Freilich resultiert die Differenzierung nicht quasi-automatisch aus hinreichendem massivem Technikeinsatz. Bühner (1988, S. 396) ordnet einige wichtige Parameter nach der ihnen innewohnenden "Möglichkeit strategischer Differenzierung" an:

Standardisierung	- Einhaltung von Normen (z.B. OSI, ISDN, DIN)
¦	- Unterstützung von de-facto-Normen (MAP ,TOP ,CAN, Unix, MS-DOS)
¦	- Handhabung (Maschinenbedienung, Ergonomie, Benutzeroberflächen)
¦	- Innovative Produkte
¦	- Qualität (Präzision, Zuverlässigkeit)
▽	- Seviceleistungen (Lieferbereitschaft, Finanzierung, Schulung, Betreuung)
Differenzierung	- Problemlösungen (Kundenorientierung, Systemprodukte, Variantenvielfalt)

Es fällt auf, daß sich die besten Abgrenzungsmöglichkeiten dort bieten, wo der rein technische Sektor (Normen, Maschinenbedienung, ...) verlassen wird und andere Bereiche (Service, Sortimentsbreite bzw. -tiefe, ...) mit berührt werden.

Als Markteintritts- und zum Teil auch -austrittsbarriere wirkt Technologie insofern, als sie oft zu hohen Anfangsinvestitionen führt, die sich erst längerfristig rentieren, und damit eine "hit and run"-Strategie verhindert; Beispiele für dieses Phänomen sind Vorleistungen in Forschung und Entwicklung, kostspielige Produktionsanlagen, hochqualifizierte Mitarbeiter und Maßnahmen zur Imagebildung (hinsichtlich der technologischen Kompetenz) (Bühner 1988, S. 393). Andere Barrieren ergeben sich durch Synergieeffekte beim Produzenten, höhere Umstellkosten beim Abnehmer (wodurch die Markentreue erhöht wird), sowie die Einschränkung der möglichen Distributionskanäle (Fachgeschäfte!) (Bühner 1988, S.

392; Porter 1986, S. 230).

Andererseits kann die technologische Entwicklung auch Zutrittsbeschränkungen gegenstandslos machen, wenn beispielsweise flexible Fertigungsanlagen die Anschaffung von Spezialmaschinen erübrigen, oder mittels Telemarketing traditionelle Vertriebswege umgangen werden (Porter 1986, S. 229 f.).

Abschließend soll das Problem angesprochen werden, inwieweit von technischer Führerschaft und Folgerschaft als Strategiemustern Vorteile im Wettbewerb zu erwarten sind. Dabei muß vorausgesetzt werden, daß auch Folgerschaft als bewußte Strategie, nicht Erster zu sein, betrieben wird, und nicht etwa aus Ignoranz der stattfindenden Veränderungen (Porter 1986, S. 239). Unter dieser Voraussetzung sind beide Wege gangbar - mit ihren spezifischen Vor- und Nachteilen. So liegt der Kostenvorteil der Führerposition im zeitlichen Vorsprung beim Durchlaufen der Lernkurve, der Folgerposition im teilweisen Wegfall der Entwicklungskosten; zur Differenzierung kann beim Vorreiter die innovative Produktgestaltung beitragen, beim Nachzügler hingegen die Chance, das Erste mit dem Besten auszukonkurrieren (Porter 1986, S. 240).

Diese Betrachtung wird durch empirische Untersuchungen bestätigt. Specht/Perillieux (1988) haben die Erfolgsraten von Produkteinführungen sowohl hinsichtlich des Inventionszeitpunkts (Kriterium: tatsächliche Produktentwicklung), als auch hinsichtlich des Innovationszeitpunkts (Kriterium: Markteinführung) untersucht. Dabei konnte festgestellt werden, daß sich Innovationsführer und -folger in ihrer durchschnittlichen Erfolgsrate nicht statistisch signifikant unterscheiden. Für Inventionsführer und -folger ist ein solcher Unterschied zwar ermittelt worden, doch haben weitere Untersuchungen der Autoren gezeigt, daß andere Variablen (insbesondere Situationsvariablen) für den Erfolg wesentlich entscheidender sind (Specht/Perillieux 1988, S. 216).

2.2.3 Marketing

2.2.3.1 Produktqualität

Zu den Faktoren, denen die PIMS-Untersuchung die größte Wirkung auf den ROI zuschreibt, gehört die Produktqualität. Geschäftseinheiten mit "superior" Qualität sind im Durchschnitt fast doppelt so profitabel, wie solche, bei denen diese Eigenschaft mit "inferior" eingeschätzt wurde, und auch durchschnittliche Qualität führte noch zu einer Verbesserung des Ergebnisses um etwa 45%; am ausgeprägtesten war der Zusammenhang von ROI und Produktqualität bei Unternehmen mit geringen Marktanteilen (Schoeffler/Buzzell/Heany 1974, S. 141).

Der recht pauschale Begriff Produktqualität kann präzisiert werden, indem einige Komponenten beschrieben werden, die nach allgemeinem Verständnis Produktqualität ausmachen.

Hervorragende Bedeutung hat dabei die Fähigkeit des Produkts, Anwendernutzen zu stiften. Diese Eigenschaft läßt sich teilweise in Form von objektiv meßbaren Größen (Geschwindigkeit, Inhalt, Leistung, Energieverbrauch, ...) darstellen (Garvin 1987, S. 104). Damit kann manchmal eine Möglichkeit zur Differenzierung verbunden sein, wenn unterschiedliche Kundengruppen mit unterschiedlichen Größenklassen zufriedenzustellen sind. Speziell im Investitionsgüterbereich äußert sich der Anwendernutzen auch in der Kostenersparnis, die mit der Verwendung des Produkts verbunden ist. Bei der empirischen Untersuchung von Link (1987, S. 111 u. 112) erschien dieser Faktor unter den vier einflußreichsten sowohl für den Produkterfolg als auch - falls nicht vorhanden - für den Mißerfolg. Die Studie von Cooper/Kleinschmidt (1987, S. 219) weist ebenfalls einen engen Zusammenhang des Kosteneinsparungspotentials mit dem (finanziellen) Ergebnis nach.

Ein anderer Aspekt des Anwendernutzens ist die Problemlösungsfähigkeit. Die Einführung eines Produkts, das die bei der Benutzung eines Konkurrenzprodukts auftretenden Probleme lösen kann, wirkt sich sowohl auf den finanziellen Erfolg, als auch auf die Marktposition besonders nachhaltig aus (Cooper/Kleinschmidt 1987, S. 219). Zu achten ist freilich darauf, daß der Benutzer nicht überfordert wird. Geringe Anforderungen an die Änderung des Verhaltens können zu einem Produkterfolg beitragen, zu hohe Anforderungen dieser Art den Erfolg verhindern (Link 1987, S. 111 und 112). Ein Blick auf die EDV-Branche macht dieses Ergebnis anschaulich.

Der Bereich, der traditionell am nächsten mit Qualität in Verbindung gebracht wird, ist die <u>Zuverlässigkeit</u>. Garvin (1987) unterscheidet drei Dimensionen, in denen sich Zuverlässigkeit ausdrücken kann. Fehlerunanfälligkeit ("reliability") ist operationalisierbar als die Wahrscheinlichkeit, daß innerhalb einer bestimmten Zeitspanne eine Funktionsstörung auftritt; sie ist dort wichtig, wo Stillstands- und Reparaturzeiten mit erheblichen Nutzeneinbußen für den Benutzer verbunden sind, z.B. bei Erntemaschinen (Garvin 1987, S. 105).

Anpassung ("conformance") ist der Übereinstimmungsgrad zwischen den tatsächlichen und den beanspruchten Leistungseigenschaften des Produkts (Garvin 1987, S. 105 f.). Und Haltbarkeit ("durability") läßt sich definieren als der Erwartungswert der Zeitdauer, nach der ein Produkt reperaturunfähig verbraucht ist; allerdings ist die Haltbarkeit im technischen Sinne für den Konsumenten meistens weniger relevant, da Nutzungsgewohnheiten und andere Einflußfaktoren die Haltbarkeit im "wirtschaftlichen" Sinne bestimmen (Garvin 1987, S. 106). Die erheblichen Spannen, in denen sich die Haltbarkeiten von Haushaltsgeräten verschiedener Hersteller bewegen, lassen vermuten, daß hier ein großes Differenzierungspotential brachliegt (Garvin 1987, S. 106).

In zahlreichen Fällen bestimmt die <u>Neuartigkeit</u> eines Produkts über dessen Erfolg oder Mißerfolg; dabei läßt sich zeigen, daß fehlende Neuheit für einen Mißerfolg wesentlich häufiger verantwortlich ist, als außerordentliche Neuartigkeit für einen Erfolg (Link 1987, S. 111 und 112). Es dürfte auch nicht leicht sein, in diesem Bereich eine Erfolgsposition aufzubauen: Die Einführung neuer Produkte und Dienstleistungen "... kann das Verdienst einer kleinen Gruppe von Fachleuten oder sogar des Inhabers sein. Eine solche Begabung ist aber möglicherweise etwas Einmaliges und verschwindet deshalb mit dem Ausscheiden der Schlüsselpersonen" (Rothschild 1986, S. 44).

Weitere Merkmale, die mit der Produktqualität zusammenhängen, sind:

- Wartungsfreudigkeit. Schnelle, zuverlässige und saubere Reparaturarbeit werden als Zeichen technischer Kompetenz, und damit als Qualitätsmerkmal gesehen (Garvin 1987, S. 107). Außerdem wirkt sich eine hohe Zuverlässigkeit des Produkts positiv auf die benötigte Kundendienstkapazität aus (Rothschild 1987, S. 45). Unter Umständen kann die Reperaturfähigkeit bereits im Produktentwurf berücksichtigt werden.

- Zusatzleistungen. Freigetränke im Flugzeug und automatische Abstimmung in Farbfernsehgeräten sind Beispiele für Extras (Garvin 1987, S. 105), mit denen sich ein Anbieter relativ leicht eine vorteilhafte Wettbewerbsposition verschaffen kann.

- Äußeres Erscheinungsbild. Die Bedeutung, die der ästhetischen Seite normalerweise zugesprochen wird (z.B. Garvin 1987, S. 107) wird von den Untersuchungsergebnissen von Cooper/Kleinschmidt (1987, S. 220) nicht bestätigt. Die beiden Autoren betonen jedoch, daß "... most of the products we studied simply didn't offer much opportunity for industrial design".

- Qualitäts-Image. Entscheidend für die Nutzung eines Qualitätsvorsprungs als Wettbewerbsvorteil ist letztlich die subjektive Wahrnehmung des Kunden. Andere Marketingmaßnahmen (Markenpolitik, Werbung, ...) können hier unterstützend wirken (s.a. Garvin 1987, S. 107).

Der Einsatz der Qualität, wie sie hier dargestellt wurde,

als Instrument im Wettbewerb erfordert zwangsläufig eine sorgfältige Markt- und Konkurrenzbeobachtung (s.a. Porter 1984, S. 153). Dabei ist jedoch darauf zu achten, daß der Aufwand für die Informationsbeschaffung und der Nutzen als Grundlage einer situationsgerechteren Strategie in einem vernünftigen Verhältnis zu einander stehen; die Frage "Was könnten wir verbessern, wenn wir diese Informationen hätten?" kann hier als Leitfaden dienen (Smith/Prescott 1987, S. 59).

2.2.3.2 Produktbegleitende Dienstleistungen

Dienstleistungen, die nicht zum eigentlichen Betätigungsfeld des Anbieters gehören, können gleichwohl im Zusammenhang mit dem Verkauf des Produkts zu einer günstigen Position im Wettbewerb führen. Solche Dienstleitungen können vor oder unmittelbar nach dem Verkauf stattfinden, um die Kaufentscheidung des Kunden zu unterstützen, wie etwa die Finanzierung des Kaufs oder die Einholung vorgeschriebener Genehmigungen, Zulassungen usw. (Rothschild 1986, S. 117). Serviceleistungen nach der vom Verkaufszeitpunkt aus überschaubaren Frist entfalten ihre Wirkungen durch die Erhöhung der Kundenzufriedenheit und damit der Wiederholungskaufbereitschaft, sowie durch Einsetzen der Mund-zu-Mund-Propaganda (Withey 1988, S. 229). Hier ist in erster Linie an Wartungsarbeiten zu denken (Rothschild 1987, S. 118), ferner an die Unterstützung des Anwenders im Einsatz des Produkts z.B. in Form von "Hotlines".

Darüber hinaus ist ein ausgeprägter Kundendiensts auch Anlaß für häufigere Kontakte mit den Kunden und den örtlichen Vertriebsstellen und eine Quelle möglicher Marktsegmentierung (Kyj 1987, S. 226; o.Verf. 1989a, S. 41). Immer häufiger bauen produzierende Unternehmen auch ihre Dienstleistungsabteilungen zu eigenständigen Profit-Centers aus (o. Verf. 1989a, S. 41).

Kunden-Dienstleistungen weisen eine Reihe von Besonderheiten auf, die für ihren gezielten Einsatz zu beachten sind (Kyj

1987, S. 225):

- Sie sind nicht im voraus demonstrierbar, bestenfalls in Aussicht zu stellen und zu beschreiben.
- Sie sind nicht lagerfähig, das bedeutet insbesondere, daß verlorengegangenes Vertrauen in die Qualität nur schwer wieder aufzuholen ist.
- Sie sind in den Augen des Kunden mit dem verkauften Kernprodukt verbunden.
- Und: Qualitätsunterschiede werden besonders deutlich wahrgenommen.

Die Forderung an die Dienstleistungsabteilung muß daher lauten, Zuverlässigkeit, Hilfsbereitschaft, Kompetenz, Engagement und nicht zuletzt Freundlichkeit kontinuierlich unter Beweis zu stellen; durch Ausstattung, Erscheinungsbild des Personals und ähnliche Mittel kann Sevice <u>sichtbar</u> gemacht werden (Powers 1988, S. 275).

Ebenso wichtig wie beim eigentlichen Produkt ist die Beachtung der Kundenansprüche. Information und Erfahrung sind die Grundlage einer derart orientierten Service-Politik (Powers 1988, S.274). Im Extremfall wird das Service-Paket für jeden einzelnen Kunden individuell zusammengestellt: "Der Kunde kann entscheiden, welche Objekte in den Service einbezogen werden sollen (...) [und] welche Leistungsarten er wünscht ..." (o. Verf. 1989a, S. 45 f.). Damit verbunden ist freilich die Notwendigkeit, potentiellen Käufern die Existenz eines derartigen Angebots näherzubringen (o. Verf. 1989b, S. 52).

Wo der traditionelle Vertriebsweg über vermittelnde Institutionen wie den Einzelhandel läuft, liegt es nahe, diese Institutionen in das Dienstleistungsangebot einzubeziehen: Das Wartungssystem der Automobilwirtschaft ist ohne Händlernetz schlichtweg nicht denkbar. Wo allerdings die dargestellten Anforderungen nicht durch die Absatzmittler zu erfüllen sind, sollte der Hersteller selbst für ein entsprechendes Angebot sorgen (Withey 1988, S. 234). Ein dritter möglicher Weg könnte sein, mit freien Serviceanbietern, die bisher ausschließlich unabhängig vom Produzenten tätig sind

(o. Verf. 1989a, S. 43), zusammenzuarbeiten. Eine solche Zusammenarbeit könnte dem Serviceunternehmen einen sicheren Grundstock von Aufträgen garantieren, während sich das produzierende Unternehmen auf seinen eigentlichen Aufgabenbereich konzentrieren kann.

2.2.3.3 Vertrieb

Neben der Qualität des Produkts und der ihm zugeordneten Dienstleistungen ist dem Vertrieb besondere Aufmerksamkeit zu schenken. Nach der Untersuchung von Link (1987, S. 112) ist "compatib[ility] with current marketing skills" sogar der wichtigste Faktor, der zum Erfolg einer Produkteinführung beiträgt; auch die spezielleren items Vertriebskanäle, Verkäuferstab und Werbung wurden als nicht unbedeutend eingestuft, ebenso bei der Frage nach den Ursachen des Mißerfolgs (S. 111).

Die Wahl geeigneter Vertriebskanäle kann zu einer starken Position im Markt führen. Dabei ist jedoch darauf zu achten, daß Änderungen der Kaufgewohnheiten im Zeitverlauf die Voraussetzungen der bisher erfolgreichen Strategie aufheben können; so werden beispielsweise Elektro- und Haushaltsgeräte nicht mehr ausschließlich über den Fachhändler bezogen, durchaus noch hingegen Kraftfahrzeuge (Rothschild 1986, S. 115).

Die Eigenschaften der Verkäufer, die am deutlichsten zu einer positiven Abgrenzung von der Konkurrenz beitragen können, sind Informiertheit, Verfügbarkeit, Pünktlichkeit (offenbar im Außendienst), sowie Sensibilität für Bedürfnisse (Smith/Prescott 1987, S. 59 und 57). "Eigentlich sollten Sie wissen, was der Käufer will, ehe dieser es selbst weiß." (Rothschild 1986, S. 44). Damit wird der Kundennutzen, dem schon bei der Produkt- und Nebenleistungsgestaltung eine besondere Rolle zufiel, auch für den Verkaufsvorgang in Anspruch genommen.

Etwas anders liegt der Fall bei der Werbung. Hier kann es

angebracht sein, ein objektiv feststellbares Differenzierungsmerkmal besonders zu verstärken, oder sogar das subjektive Gefühl eines Unterschieds zur Konkurrenz überhaupt erst zu erzeugen (Rothschild 1986, S. 44). Dabei steht freilich der Kunde insofern noch im Mittelpunkt der Bemühungen, als sinnvollerweise diejenigen Produkteigenschaften zur Differenzierung verwendet werden, die für ihn von besonderer Bedeutung sind (Rothschild 1986, S. 115). Auch wenn die Werbung die Funktion zu erfüllen hat, neue Anwendungsmöglichkeiten für ein eventuell schon bekanntes Produkt aufzuzeigen, muß selbstverständlich vorauszusetzen sein, daß diese Anwendungen dem Kunden einen Nutzen verschaffen (Rothschild 1986, S. 118).

Der Aufwand für Werbung und andere Marketingmaßnahmen sollte sich in einem relativ engen Rahmen bewegen. Den Ergebnissen von PIMS zufolge lag der durchschnittliche ROI von Unternehmensbereichen mit "marketing expenditures"*) von 6%-11% der Umsätze oder mehr als 11% deutlich unter den Ergebnissen der Stichprobenteilnehmer mit geringen Marketingaufwendungen; lediglich bei überdurchschnittlicher Produktqualität brachte es der mittlere Bereich (6%-11%) auf etwa den gleichen ROI wie der untere (unter 6%) (Schoeffler/Buzzell/Heany 1974, S. 142).

Eine <u>geographische Expansion</u> in Form neuer Niederlassungen oder zusätzlicher Vertragshändler kann zumindest einen Größenvorteil mit sich bringen, erfordert aber unter Umständen eine besondere Vorgehensweise. Beispielsweise kann aus der gesicherten Stellung des traditionellen Vertriebsgebiets heraus im neuen Betätigungsfeld relativ aggressiv vorgegangen werden (Rothschild 1986, S. 116). Im Zusammenhang mit Entwicklungsländern schlägt Hinterhuber (1984, S. 246 f.) die Gründung von Joint-Ventures vor, um örtlichen Prestige-Wünschen gerecht zu werden.

---

*) Enthalten sind Aufwendungen für Vertriebsstab, Werbung, Verkaufsförderung, Marktforschung und Marketing-Verwaltung, nicht aber "costs of physical distribution" (Schoeffler/Buzzell/Heany 1974, S. 140).

2.2.4 Kostenposition und Preispolitik

2.2.4.1 Kostenabhängige Preispolitik

Obwohl die Preispolitik als Instrument im Wettbewerb vielfältige Formen annehmen kann, ist die Abhängigkeit der Preise von der jeweiligen Kostensituation zumindest langfristig unvermeidlich (Hinterhuber 1984, S. 203). Daher sollen zunächst die Möglichkeiten einer kostenorientierten Preispolitik angesprochen werden. Darunter wird hier die Vorgehensweise verstanden, bei der über möglichst umfangreiche Kostenersparnisse die Voraussetzungen für niedrige Preise (bei vorgegebenen Gewinnansprüchen) geschaffen werden.

Ansatzpunkte für die Einsparung von Kosten ergeben sich vor allem aus der Unternehmensgröße, aus dem Einsatz von technischem, organisatorischem und anderem Wissen, aus der Ausnutzung vorhandener Ressourcen, sowie aus der Möglichkeit, die Unternehmensumwelt zu beeinflussen bzw. die Gegebenheiten für das eigene Unternehmen gezielt auszunutzen. Eine detaillierte Diskussion aller Einsparungsmöglichkeiten würde den Rahmen der vorliegenden Untersuchung sprengen. Deshalb soll lediglich exemplarisch die Systematik von Porter (1986, S. 140-148) referiert werden. Darüber hinaus werden im Zusammenhang mit der Betrachtung des Marktanteils als Wettbewerbsvorteil (Kapitel 2.2.5.1) die größenabhängigen Einsparungsmöglichkeiten genauer untersucht.

Kontrolle der Betriebsgröße (Porter 1986, S. 140 f.): Neben Einsparungen kann eine Betriebsvergrößerung auch zusätzliche Kosten verursachen, beispielsweise wenn eine überregionale Expansion neue Instrumente für den Absatz erfordert. Deshalb muß jedes Unternehmen seine optimale Größe finden. Denjenigen Wertaktivitäten, die für die gefundene Größenklasse die größten Einsparungsmöglichkeiten mit sich bringen, ist besondere Aufmerksamkeit zu schenken.

Kontrolle des Lernens (Porter 1986, S. 142): Eine systematische Nutzung von Lerneffekten erfordert die Beobachtung aller Wertaktivitäten, in denen durch Lernen Einsparungsmöglichkeiten realisiert werden können. Zielvorgaben und Kommunikationsmechanismen sind weitere Bedingungen für effektives Lernen. Es ist anzustreben, daß die eigenen Erfahrungen im Unternehmen verbleiben, während die Lernergebnisse der Konkurrenz aus den verfügbaren Informationsquellen zu erschließen sind.

<u>Kontrolle der (...) Kapzitätsauslastung</u> (Porter 1986, S. 143): Zur Verstetigung des Durchsatzes, welche die Voraussetzung einer besseren Kapazitätsauslastung ist, werden Maßnahmen empfohlen wie die Ergänzung des Produktionsprogramms, die gezielte Auswahl von Käufern und Märkten und die Förderung einer gleichmäßigeren Nachfrage mit Marketing-Mitteln.

<u>Kontrolle von Verknüpfungen</u> (Porter 1986, S. 144): Schnittstellen zwischen einzelnen Aktivitäten innerhalb der Wertkette oder zwischen dem Unternehmen und seinen Lieferanten und Vertriebskanälen sind Quellen möglicher Einsparungen.

<u>Kontrolle außerbetrieblicher Faktoren</u> (Porter 1986, S. 147 f.): Indem Umweltzustände nicht als gegeben hingenommen, sondern aktiv beeinflußt werden, lassen sich die äußeren Bedingungen kostengünstiger gestalten.

Darüber hinaus beschreibt Porter die Kontrolle von Verflechtungen (=Synergienutzung), der Integration, der Zeitwahl, der Ermessensentscheidungen und des Standorts (Porter 1986, S. 145-147), sowie die Neustrukturierung der Wertkette (S. 149 ff.) als weitere Möglichkeiten für die Beeinflussung der Kostenstruktur.

Es bleibt zu untersuchen, inwieweit die Politik der kostenorientierten Preisfestsetzung mit der Erringung von Wettbewerbsvorteilen in anderen Bereichen vereinbar ist, oder in der von Porter eingeführten Terminologie: ob Kostenführerschaft und Differenzierungsstrategie parallel betrieben werden können.

Der einander grundsätzlich ausschließende Charakter beider Strategiemuster, wie ihn Porter unterstellt, wird mehrfach bestritten. Das häufigste Argumentationsmuster lautet etwa: Mit einer wirksamen Produktdifferenzierung (hohe Qualität, zuverlässiger Service, usw.) ist ein entsprechend hoher Marktanteil verbunden, der wiederum über größenabhängige Kostendegressionen die Möglichkeit einer gleichzeitigen Preisführerschaft bietet (z.B. Hill 1988, S. 402 und passim).

Diese Argumentation bedient sich zweier Voraussetzungen. Erstens wird unterstellt, daß Differenzierung allein die primäre Ursache eines hohen Marktanteils ist, das heißt, daß ein reiner Kostenführer nicht die Möglichkeit hat, über seinen Preisvorsprung einen hinreichend hohen Marktanteil seiner Konkurrenten zu verhindern. Daß diese Voraussetzung zumindest gegeben sein <u>kann</u>, läßt sich mit Hilfe empirischer Daten (beispielsweise Schoeffler/Buzzell/Heany 1974, S.141) zeigen. Zweitens muß gegeben sein, daß die größenabhängigen Kostendegressionen so bedeutend sind, daß alle übrigen Kosteneinsparungsmöglichkeiten dagegen vernachlässigbar werden. Damit läßt sich das Problem, ob beide Strategien gleichzeitig verfolgbar sind auf die Frage nach der Vorteilhaftigkeit eines hohen Marktanteils zurückführen.

Eine andere Argumentation ist die von Jones/Butler (1988). Die beiden Autoren unterscheiden Produktionskosten und Transaktionskosten, worunter die Kosten der Angebotsbekanntmachung (zum Beispiel Werbung) und des Vertragsabschlusses zu verstehen sind (Jones/Butler 1988, S. 205). Während der Verlauf der Produktionskostenfunktion in Abhängigkeit von der Ausbringungsmenge für alle denkbaren Strategien als einheitlich angenommen wird, steigen die Transaktionskosten mit zunehmender Differenzierung (S. 207). Dabei ist zu beachten, daß für jedes mögliche "Ausmaß der Differenzierung" wiederum eine spezifische Transaktionskostenfunktion bezüglich der Menge existiert (S. 209). Damit kommen Jones/Butler (1988, S. 210) zu dem Ergebnis, daß für jede denkbare Strategie bezüglich der Differenzierung ein Kostenminimum existiert, das einer bestimmten Ausbringungsmenge (bzw. einem bestimmten Marktanteil) zugeordnet werden kann.

Die Besonderheit dieses Ansatzes liegt darin, daß durch die Hinzunahme der Transaktionskosten die quasi-Gleichsetzung der Marktpräsenz mit der Kostenposition vermieden wird, und damit Kostenführerschaft und Differenzierung nicht mehr als Endpunkte eines Kontinuums gesehen werden (s.a. Jones/Butler 1988, S. 203). Zwar ist auch hier Differenzierung mit Kosten verbunden; gleichzeitig verschiebt sich jedoch die Kostenfunktion, so daß das Kostenminimum für jede mögliche Strategie bei einem anderen Marktanteil liegt. Während also Porters Strategieempfehlung eine Entscheidung zwischen Kostenführerschaft und Differenzierung nahelegt, plädieren Jones/Butler für eine zweistufige Entscheidung: Zuerst für den Grad der Differenzierung und anschließend für Kostenminimierung innerhalb der gewählten Strategie.

2.2.4.2 Kostenunabhängige Preispolitik

Die Bedeutung der Kosten im Wettbewerb wird aber auch ganz in Frage gestellt. So wird behauptet: "... Kostensenkungsprogramme mindern nach aller oder jedenfalls doch nach japanischer Erfahrung den Erfolg" (Albach 1987, S. 636). Rothschild (1986, S. 116) ist der Ansicht, daß "... die Preispolitik weniger eine vorrangig bestimmende Kraft als vielmehr eine stützende Strategie ist", sofern sie nicht ohnehin eher dem taktischen Instrumentarium zuzuordnen sei. Der gleiche Autor nennt Beispiele einer erfolgreichen Hochpreispolitik (S. 117), und Cooper/Kleinschmidt (1987, S. 220) kommen in ihrer Studie sogar zu dem Ergebnis, daß die Preispolitik - wie auch immer sie gestaltet sein mag - überhaupt keinen Einfluß auf den Erfolg einer Produkteinführung hat.

Es erscheint jedenfalls angebracht, einige Aspekte der nicht kostenbezogenen Preissetzung anzufügen.

Grundlage einer Preispolitik, die sich am Markt orientiert, ist die sorgfältige Beobachtung des dortigen Geschehens. Dazu gehören das Verhalten der Nachfrager und der Konkurrenz, aber auch die voraussichtliche Inflationsentwicklung und gegebenenfalls staatliche Maßnahmen (Hinterhuber 1984, S. 202). Außerdem müssen die übergeordneten Untenehmensziele und Strategiefestsetzungen, sowie die Maßnahmen der übrigen funktionalen Bereiche berücksichtigt werden (Hinterhuber 1984, S. 202).

Sind diese Voraussetzungen gegeben, dann kann der Preis als eigenständiges Mittel im Wettbewerb eingesetzt werden. Beispielweise kann mit hohen Preisen die Vermutung hoher Qualität begünstigt werden, oder durch schrittweise Preissenkungen können verschiedene Kundengruppen nacheinander angesprochen werden (Hinterhuber 1984, S. 203).

Auch ein System von Preisnachlässen kann zur Abgrenzung verschiedener Kundengruppen oder zur Fokussierung dienen; die Fragestellungen nach der Zielgruppe, sowie nach der Bezugsgröße, der Staffelung und der Form der Nachlässe bestimmen die Art der Strategie (Day/Ryans 1988, S. 3). Eventuell kann mit Rabatten auf einige Produkte eine Sogwirkung für das übrige Leistungsspektrum angeregt werden (Day/Ryans 1988, S.4).

Auf jeden Fall erfordern derartige Strategien gründliche Kenntnisse des Markts, aber auch der eigenen Kostensituation und die Bereitschaft, bei nachhaltigen Änderungen der Situation das eigene Verhalten auch kurzfristig anzupassen (Day/Ryans 1988, S. 13).

2.2.5 Vorteilhaftigkeit der Marktposition

2.2.5.1 Marktanteil

Die Einschätzung des Marktanteils als Wettbewerbsvorteil ist in der Literatur nicht einheitlich. Im wesentlichen lassen sich zwei Positionen unterscheiden: Die erste besagt, daß eine besonders geringe und eine besonders große Marktpräsenz vorteilhafte Stellungen sind, während Unternehmen mittlerer Größe die Vorteile beider Extrema nicht wahrnehmen können; die andere unterstellt hingegen einen monoton steigenden, oft sogar linearen Zusammenhang zwischen Marktanteil und Erfolg.

Die erste Position wird vor allem von Porter vertreten. Indem er das Strategiemuster der Kostenführerschaft mit einem hohen Marktanteil und die Vorgehensweise der Differenzierung (oder die Fokus-Strategie ?) mit einem niedrigen Marktanteil verbindet, kommt er aufgrund der postulierten Unvereinbarkeit beider Zielrichtungen zu einer U-förmigen Marktanteil-Ertrags-Kurve (Porter 1984, S. 73). Offen bleibt dabei, ob nicht die Wahl eines anderen Differenzierungsmerkmals als das des Branchenführers - eine nach Porter mögliche Strategie - auch bei mittlerem Marktanteil erfolgversprechend sein kann.

Die Beziehung zwischen Rentabilität und Marktanteil ist nach Porter (1984, S. 196 f.) jedoch stark von den Gegebenheiten abhängig: Die Möglichkeit größenabhängiger Kostenersparnisse mag in manchen Branchen gegeben sein, in den übrigen aber können kleinere Unternehmen durch differenziertere Produkte, besseren Service und verstärkten Technologieeinsatz entscheidende Vorteile erreichen. Zur Unterstützung dieser These hat Porter für 38 Branchen die Erträge großer (mindestens 30% Umsatzanteil) und mittlerer Anbieter für die Jahre 1963-1965 mit einander verglichen; in 15 der untersuchten Branchen arbeiteten die "Verfolger" rentabler als die "Anführer" (Porter 1984, S. 198)!

Der Zugang zu wichtigen Informationen kann ein Mechanismus

sein, der große und kleine gegenüber mittelgroßen Anbietern begünstigt. Feldman/Stephenson (1988) beschreiben am Beispiel des Wertpapierhandels, wie Händlern, die weder selbst über einen hinreichend großen Kundenstamm verfügen, noch andererseits "klein genug" sind, um von den Großanbietern als Zwischenhändler betrachtet zu werden, die Informationen fehlen, die nur durch weitgepannte Geschäftsverbindungen zu erhalten sind. Die "Information Curve", die diesem Phänomen zugrunde liegt, hat tatsächlich etwa einen U-förmigen Verlauf (Feldman/Stephenson 1988, S. 119).

Einen ganz unterschiedlichen Verlauf zeigt dagegen die Kurve, mit denen die Autoren des PIMS-Programms den von ihnen gefundenen Zusammenhang zwischen Marktanteil und ROI verdeutlichen: Mit steigendem Marktanteil steigt auch die Rentabilität (Buzzell/Gale/Sultan 1975, S. 98). Die Erklärungsfähigkeit dieser Variable für den ROI beträgt dabei etwa 20% (Agthe/Simon 1989, Sp. 2228).

Kritik an der Eindeutigkeit des Zusammenhangs läßt sich wegen der Untersuchungsmethode üben: Sowohl die fehlende Unterscheidung der Branchen, als auch der lineare Ansatz, der komplexere Verläufe nicht abbilden kann, sind Quellen möglicher Verzerrungen (s.a. Lange 1982, S. 38).

Eine Untersuchung, die sich der Original-PIMS-Datenbank bedienen konnte, hat diese Einwände mittlerweile entkräftet. Eine getrennte Betrachtung von acht Branchengruppen und vier geographischen Märkten*), die auch quadratische und kubische Regressionsansätze mit einbezog, zeigte außer im Falle der Dienstleistungsbranche für alle Subsamples einen Verlauf, der dem ursprünglich unterstellten weitgehend entspricht (Schwalbach 1988, S. 542 und 543). Bei den Dienstleistungen wurde ein Ertragsminimum bei etwa 15% Marktanteil beobachtet;

---

*) USA, Großbritannien, Europäische Gemeinschaften (offenbar ohne Großbritannien) und "Innerhalb Europas" (nicht näher erklärt, aber offenbar ebenfalls ohne Großbritannien) (Schwalbach 1988, S. 541).

hier scheint also eine Situation vorzuliegen, wie sie von Porter beschrieben wird: Mittelgroße Anbieter sind ihren größeren und kleineren Konkurrenten unterlegen (Schwalbach 1988, S. 545).

Leider ist nicht auch eine Aufschlüsselung nach Unternehmensgrößen vorgenommen worden. So bleibt immerhin die Frage unbeantwortet, ob es sich bei den Industrie- und Handels-Teilnehmern mit geringen Marktanteilen nicht weniger um kleinere Unternehmen handelt, als um vernachlässigte Geschäftsbereiche diversifizierter Unternehmen, die weder die typischen Vorteile des Mittelstands, noch eine hohe Marktpräsenz ausnutzen können.

Daß neben den beiden bisher diskutierten Zusammenhängen zwischen Marktanteil und Rentabilität auch andere Verläufe möglich sind, zeigen Untersuchungen der deutschen Brauereiindustrie durch den gleichen Autor (Schwalbach 1988, S. 546 und 548): Hier steigt die Gesamtkapitalrendite mit dem Marktanteil bis dieser etwa 7% beträgt; danach hingegen ist ein Zuwachs an Marktpräsenz mit sinkender Gesamtkapitalrendite verbunden. Die graphische Darstellung zeigt also einen ∩-förmigen Verlauf.

Wo eine positive Wirkung des Marktanteils beobachtet bzw. theoretisch abgeleitet wird, wird als Erklärung dafür auf einen oder mehrere der folgenden vier Gründe hingewiesen:

<u>a) Ausnutzung von Lerneffekten</u>. Theoretische Grundlage der Argumentation ist hier das Modell der Erfahrungskurve, dessen Prinzip vereinfacht lautet: Mit dem Anwachsen der kumulierten Produktionsmenge eines Gutes steigt die "Erfahrung" mit diesem Gut, die sich in Kostenersparnissen bei der zukünftigen Produktion ausdrückt (dazu ausführlich mit Kritik: Lange 1981, S. 110-115). Auf dieser Grundlage wird angeführt, daß der Marktführer wegen seinem Vorsprung im "Durchlaufen" der Erfahrungskurve das größte Kostensenkungspotential und damit bei gegebenen Marktpreisen die größte Gewinnspanne hat.

Neben der Problematik des Erfahrungskurvenkonzepts selbst, auf die hier nicht näher eingegangen werden kann, ignoriert diese Argumentation die Möglichkeit, daß unterschiedliche Produktionsverfahren mit unterschiedlich steilen Erfahrungskurven zur Anwendung kommen können, außerdem daß die Umsetzung der mengeninduzierten Lerneffekte je nach Innovationsbereitschaft in Zeitpunkt und Ausmaß divergiert. Gerade die Reaktionsgeschwindigkeit ist ein Merkmal, bei dem kleine oder mittlere Unternehmen gegenüber großen einen beachtlichen Vorteil haben können.

b) Kapazitätsausnutzung. Der mit dem Begriff "economies of scale" bezeichnete Effekt, daß Durchschnittskosten mit steigender Ausbringungsmenge sinken, weil die Fixkosten auf eine größere Zahl von Produkten aufzuteilen sind, wird auch in der Diskussion um die Bedeutung des Marktanteils angeführt (z.B. Buzzell/Gale/Sultan 1975, S. 98). Moderne Produktionstechniken wie etwa flexible Fertigung können diesen Effekt bis zu einem gewissen Grade abschwächen, sofern sie es ermöglichen, fixkostenintensive Anlagen und Bedienungspersonal für verschiedene Produkte einzusetzen. In diesem Falle treten an Stelle der economies of scale die economies of scope (Hill 1988, S. 408).

c) Ausnutzung von Marktmacht. Die Machtposition, die mit Größe an sich verbunden ist, soll beispielsweise bei der Preissetzung gewichtige Vorteile verschaffen (Buzzell/Gale/Sultan 1975, S. 98). Unklar bleibt hier allerdings, weshalb kleinere Konkurrenten nicht versuchen, gerade dann über den Preis die Stellung des Marktführers anzugreifen.

d) Qualität des Managements. Es ist durchaus denkbar, daß eine hohe Rentabilität und ein hoher Marktanteil, auch wenn sie gemeinsam beobachtet werden, überhaupt nicht in einem Ursache-Wirkungs-Verhältnis zu einander stehen, sondern beide gleichzeitiges Ergebnis der Leistung des Managements sind (Buzzell/Gale/Sultan 1975, S. 98). In diesem Fall wäre also der Marktanteil gar kein Wettbewerbsvorteil im strengen Sinne, sondern lediglich ein Indiz für das Vorhandensein von anderen Vorteilen. Auch der enge Zusammenhang des Marktanteils mit anderen Erklärungsvariablen (F&E-Aufwand, Produktqualität, Preis, Wertschöpfungsanteil, ...) (Buzzell/Gale/Sultan 1975, S. 99) kann eine analoge Vermutung unterstützen (s.a. Lange 1981, S. 130).

Selbst wenn die Vorteile eines hohen Marktanteils erstrebenswert erscheinen, so muß doch ein Unternehmen, das eine solche Position erobern will, sich der damit verbundenen Gefahren bewußt sein. "Zum Marktführer wird (...) derjenige, der die notwendigen Mittel und die erforderliche Aggressivität mitbringt." (Rothschild 1986, S. 44 f.) Fehlt es an den Voraussetzungen, dann kann der Versuch, Marktanteile zu erwerben, mit erheblichen Verlusten verbunden sein.

Fruhan (1972, S. 100) empfiehlt, vor einer Entscheidung für eine derartige Strategie drei Fragestellungen abzuklären:
- Sind ausreichende finanzielle Ressourcen vorhanden?
- Besteht die Möglichkeit, bei einer Änderung der Datenlage einen alternativen Weg einzuschlagen?
- Sind staatliche Beschränkungen zu befürchten?

Ist das Ergebnis dieser Klärung nicht in allen drei Punkten befriedigend, so ist es besser, die Unternehmensstrategie nicht auf einen höheren Marktanteil auszurichten (Fruhan 1972, S. 107).

2.2.5.2 Finanzielle Stärke

Eine vorteilhafte Marktposition ist nicht notwendigerweise identisch mit einem bestimmten Marktanteil. Eine Größe, die ebenfalls zur Beschreibung herangezogen werden kann, ist die Finanzkraft. So bestimmt beispielsweise das Gesetz gegen Wettbewerbsbeschränkungen (GWB) eine überragende Marktstellung unter anderem anhand dieses Werts (Agthe/Simon 1989, Sp. 2231).

Nach Rothschild (1986, S. 45) kann das finanzielle Durchhaltevermögen manchmal sogar wichtiger sein, als die Qualität des Produkts oder der Dienstleistung; dies ist beispielsweise dann der Fall, wenn damit die Möglichkeit geschaffen wird, dem Kunden zusätzliche differenzierungswirksame Sonderleistungen, wie etwa die Finanzierung des Kaufs, anzubieten. Dem widersprechen allerdings Cooper/Kleinschmidt (1987, S. 220), indem sie in ihrer emirischen Studie keinen statistisch signifikanten Zusammenhang zwischen der die finanziellen Möglichkeiten beschreibenden Erklärungsvariablen und den Zielgrößen feststellen. (Vielleicht ist das Fehlen einer Korrelation aber auch ganz einfach darauf zurückzuführen, daß finanzielle Reserven oft erst dann wahrgenommen werden, wenn sie nicht ausreichen - die Respondenten hätten dann deren Vorhandensein stillschweigend vorausgesetzt.)

Wird es notwendig, Kapital auf dem Wege der Außenfinanzierung zu beschaffen, so ist rechtzeitig auf die eigene Kreditwürdigkeit zu achten. Dies betrifft nicht nur die Möglichkeit, überhaupt Kredit zu erhalten, sondern auch die Höhe der anfallenden Finanzierungskosten, insbesondere den verlangten Zinssatz (Rothschild 1986, S. 46). Daß bei nachlassender Bonität nicht nur die Fremdfinanzierung, sondern auch (und noch stärker) die Eigenfinanzierung erschwert wird (abgesehen vielleicht von "Freundschaftseinlagen" persönlicher Bekannter oder Verwandter), liegt auf der Hand.

Die Vorteile der Innenfinanzierung, insbesondere der Selbstfinanzierung, sind darin zu sehen, daß die Bilanzoptik verbessert wird, und Mittel zur Verfügung stehen, die keiner unmittelbaren Verzinsung bedürfen (Hinterhuber 1984, S. 244). Soweit steuerliche Bestimmungen die Ausschüttung von Gewinnen begünstigen, bietet sich das "Schütt-aus-hol-zurück-Verfahren" als Alternative an.

Selbst wenn Reinvestitionsmöglichkeiten nicht unmittelbar zur Verfügung stehen, so können doch selbstfinanzierte Mittel zur Rückzahlung von Schulden, zur Verbesserung der Liquiditätssituation oder zur Erschließung neuer Arbeitsgebiete verwendet werden (Hinterhuber 1984, S. 244 f.).

Ergänzend wirken sich Maßnahmen zur Senkung des Liquiditätsbedarfs aus. Unverzügliche Rechnungsstellung, Verkleinerung der Skontosätze (bei gleichzeitig eigener konsequenter Ausnutzung von Zahlungszielen), Verwendung der jeweils kostengünstigsten Zahlungsverkehrsinstrumente (namentlich im Auslandsgeschäft), Devisenmanagement und Liquiditätsplanung sind Maßnahmen, die die Höhe der betriebsnotwendigen Liquidität drastisch zusammenschrumpfen lassen (Meier 1987, S. 136-140).

2.2.5.3 Einkauf

Zur Sicherung der Rohstoff- bzw. Materialversorgung stehen verschiedene Möglichkeiten zur Verfügung, die im Einzelfall auf ihre Vorteilhaftigkeit hin zu untersuchen sind (Hinterhuber 1984, S. 224 - geordnet nach Kapitalintensität):
- Rückwärtsintegration,
- verstärkte Lagerhaltung,
- Beteiligung an Versorgungsunternehmungen,
- Substitution durch leichter zu beschaffende Einsatzstoffe,
- Abschluß langfristiger Lieferverträge.

Bei Vorprodukten und Halbfertigfabrikaten stellt sich ein ähnliches Problem, das unter dem Schlagwort "buy or make" in der Literatur behandelt wird. Welche Komponenten zugekauft und welche selbst gefertigt werden, hängt einerseits von der eigenen Kostenstruktur und Skalenbreite ab, andererseits von Marktpreisen und Lieferkonditionen; da diese Parameter sich im Zeitverlauf ändern können, verschieben sich auch die "effizienten Unternehmensgrenzen" (Bühner 1988, S. 400). In technologieorientierten Branchen ist es zweckmäßig, mindestens einen Teil der Vorprodukte im eigenen Hause zu produzieren, damit der Anschluß an die technische Entwicklung nicht verloren geht (Wheelwright/Hayes 1985, S. 105).

Die Auffassung wird dennoch vertreten, daß der Fremdbezug immer mehr an Attraktivität gewinnt, weil der wesentliche Vorteil dieser Lösung, die Erhaltung der eigenen Flexibilität, zunehmend wichtiger wird (Ihde 1988, S. 15), während für die nachteilhaften Begleiterscheinungen Lösungsmuster sichtbar werden (Ihde 1988, S. 16-19):

- Größeneffekte der Produktion verlieren wegen der Tendenz zu größerer Variantenvielfalt, wegen nationaler Wertschöpfungsvorbehalte und wegen der Möglichkeit, flexible Fertigungssysteme zu nutzen, an Relevanz (S. 16 f.).

- Transaktionskosten, namentlich Kosten der Informationsbeschaffung und der Koordination der Beschaffungstätigkeit, lassen sich durch den Einsatz neuer Kommunikations- und Datenverarbeitungsinstrumente senken (S. 18).

- Transportkosten werden schließlich durch Verbesserungen der Verkehrsinfrastruktur, sowie der Verkehrshilfsmitteltechnologie (Container, Paletten, ...) reduziert; eine verbesserte Logistik macht durch just-in-time-Anlieferung die Haltung geringerer Lagerbestände möglich (S. 18 f.)

Jenseits der "buy or make"-Entscheidung können im Beschaffungsbereich weitere Wettbewerbsvorteile erarbeitet werden, indem Anforderungen an gekaufte Inputs und tatsächliche Eigenschaften möglichst genau in Übereinstimmung gebracht werden, die Steigerung der eigenen Verhandlungsmacht in die Einkaufspolitik einbezogen wird oder die technologische Entwicklung wichtiger Lieferanten (beispielsweise zur Kostensenkung) unterstützt wird (Porter 1986, S. 148 f.).

2.2.6 Andere Faktoren

Neben den beschriebenen Faktoren können im Einzelfall noch weitere zu einem entscheidenden Wettbewerbsvorteil führen. Der Standort eines Unternehmens spielt besonders bei Dienstleistungsunternehmen eine wichtige Rolle. Kontakte der Unternehmensleitung und der Bekanntheitsgrad der Firma können die Geschäftsanbahnung erleichtern. Und die Notwendigkeit, die richtigen Informationen zu haben, ist ein Thema, das eigentlich alle Kapitel des Abschnitts 2.2 durchzieht.

Zu all diesen Größen im Wettbewerb kommt schließlich noch eine weitere hinzu: "Es ist wichtig, daß ein Unternehmen Glück hat, und dies ist ein Faktor, den man nicht unterschätzen sollte." (Rothschild 1986, S. 46). Wenn dieser Faktor mit einem wohlvorbereiteten Bündel der übrigen Wettbewerbsvorteile zusammentrifft, dann kann ein erfolgreiches Bestehen der Unternehmung im Wettbewerb als sicher angesehen werden.

Dritter Teil

Empirische Untersuchung der Wettbewerbsfaktoren mittelständischer Unternehmen und ihrer Einflußgrößen

3.1 Datenherkunft

Das Datenmaterial, das der vorliegenden Untersuchung zugrunde liegt, entstammt keiner eigens dafür durchgeführten Erhebung, sondern ist Ergebnis eines Projekts, das von Wirtschaftswissenschaftlern aus acht europäischen Ländern gemeinsam durchgeführt worden ist.

Die im Jahre 1979 konstituierte (Haake 1987, S. 49) Arbeitsgruppe "STRATOS" (Strategic Orientation of Small and Medium-sized Enterprises) hatte sich zum Ziel gesetzt, die Wissenslücke zwischen dem strategischen Verhalten kleiner und mittelgroßer Unternehmen einerseits und der Charakterisierung der Unternehmerpersönlichkeit andererseits zu schließen (Fröhlich/Pichler 1988, S. VII). Zu diesem Zweck wurden von den einzelnen Mitgliedern jeweils auf nationaler Basis Erhebungen durchgeführt, wobei das sorgfältig abgestimmte parallele Vorgehen und die damit erreichte Vergleichbarkeit von Datensätzen aus den verschiedenen Ländern der entstandenen Datenbasis einen bisher wohl einzigartigen Charakter verleiht.

Mittlerweile haben alle beteiligten Institutionen mit der Auswertung der gewonnenen Daten begonnen, und auch erste Veröffentlichungen liegen bereits vor; zu den behandelten Themen gehören: "the influence of values on strategic behaviour, the product-market strategies (...), competitive advantages, (...) planning behaviour, etc." (Bamberger 1987, S. viii).

Um eine Vorstellung davon zu geben, welcher Art das in der vorliegenden Arbeit verwendete Datenmaterial ist, soll auf den folgenden Seiten zunächst die Erhebung beschrieben werden (Gliederungspunkt 3.1.1), danach anhand einiger der erhobenen Daten die Stichprobe, das heißt die typischen Merkmale des befragten Unternehmers, seines Unternehmens und seiner Umwelt (3.1.2).

3.1.1 Beschreibung der Erhebung

3.1.1.1 Erhebungsmethode

Die Daten, die dank des STRATOS-Projekts zur Verfügung stehen, sind in Form vollstandardisierter, persönlicher Interviews erhoben worden. Ein anderes Verfahren der empirischen Erkenntnisgewinnung als das Interview kam im Rahmen des Forschungsinteresses der Mitglieder grundsätzlich nicht in Frage, da alle anderen Methoden (Dokumentenanalyse, Beobachtung, Experiment) aus jeweils naheliegenden Gründen nicht geeignet waren, verwertbare Ergebnisse zu liefern (Haake 1987, S. 46).

Wegen der somit gegebenen Festlegung auf das Instrument der Befragung ist zu berücksichtigen, daß "die Antworten auf gestellte Fragen lediglich Indikatoren für die eigentlich interessierenden Merkmale darstellen", die durch Ausfälle, fehlerhafte Abbildung der Realität und Zufälligkeiten verzerrt sein können (Haake 1987, S. 47). Dieser Umstand hat auch in die Auswahl einer geeigneten Auswertungsmethode einzufließen.

Die (nahezu) ausschließliche Verwendung geschlossener Antwortkategorien ist vor allem durch drei Besonderheiten des Projekts bedingt:

1. Der europäische, und damit zwangsläufig mehrsprachige Charakter der Studie, der ohnehin die länderübergreifende Dateninterpretation erschwert, hätte bei offenen Antwortmöglichkeiten zu praktisch unüberwindlichen Schwierigkeiten geführt (Bamberger 1987, S. 8). Beispielsweise ist eine adäquate Übersetzung nicht nur der Fragen, sondern auch der Antworten nur möglich, wenn deren Anzahl entsprechend begrenzt ist.

2. Das relativ weit gefaßte Erkenntnisinteresse, der daraus resultierend erhebliche Umfang des Fragebogens und andererseits der Wunsch, dennoch die Geduld der Respondenten nicht im Übermaß in Anspruch zu nehmen, sprachen für eine

möglichst zügige Abwicklung der Interview-Sitzungen (Fröhlich/Pichler 1988, S. 1). Vorgegebene Antwortmöglichkeiten können sich in derartigen Situationen als nützliche Hilfe erweisen.

3. Auch die Notwendigkeit einer EDV-gerechten Aufbereitung, die bei einer multinationalen Stichprobe allein aufgrund der Zahl der Datensätze gegeben ist, sprach für feste Antwortkategorien (Fröhlich/Pichler 1988, S. 1).

Die mit dieser Festlegung verbundenen Schwierigkeiten - Fixierung der Terminologie und mögliche Unvollständigkeit der Erfassung der Unternehmenssituation - werden von den Autoren der bisher erschienenen Veröffentlichungen durchaus angesprochen (z.B. Haake 1987, S. 48). Da diese Probleme jedoch auch bei andersartigen Interview-Typen nicht völlig zu vermeiden sind, kann hierin keine methodische Beeinträchtigung des Datenmaterials gesehen werden.

Uneingeschränkt positiv zu werten ist der Umstand, daß die Entsendung von Interviewern trotz der fraglos deutlich höheren Kosten einer postalischen oder telefonischen Erhebung vorgezogen wurde. Aus Sicht des Sekundärauswerters bedeutet diese Maßnahme vor allem eine gewisse Garantie für die Zuverlässigkeit der Daten, da:

- davon ausgegangen werden kann, daß bei einem persönlichen Interview tatsächlich der jeweilige Unternehmensleiter befragt wurde, und nicht - wie dies bei einem per Post verschickten Fragebogen kaum auszuschließen sein dürfte - ein nachrangiger Mitarbeiter mit der "lästigen Aufgabe" des Ausfüllens betraut wurde;

- die deutlich höhere Rücklaufquote zur Repräsentanz der Stichprobe beiträgt;

- die Gefahr der Verzerrung durch mangelndes Verständnis einzelner Fragen oder offensichtliche Irrtümer zwar nicht beseitigt, aber spürbar verkleinert wird;

- und schließlich die Motivation der Respondenten, die Befragung hinreichend ernst zu nehmen, als besser vorausgesetzt werden kann, als dies sonst der Fall gewesen wäre.

(Zur Entscheidung für die Durchführung persönlicher Interviews s. insb. Haake 1987, S. 48 und Fröhlich/Pichler 1988, S.1).

3.1.1.2 Konstruktion des Fragebogens

Entsprechend dem ursprünglichen Forschungsinteresse der Projektmitglieder standen zunächst die unternehmerischen Werthaltungen sowie das strategische Verhalten im Mittelpunkt (Fröhlich/Pichler 1988, S. 2). Hinzu kamen später Variablen zur Kennzeichnung des objektiv meßbaren Erfolgs (insbesondere Bilanzkennzahlen) und des subjektiv wahrgenom-

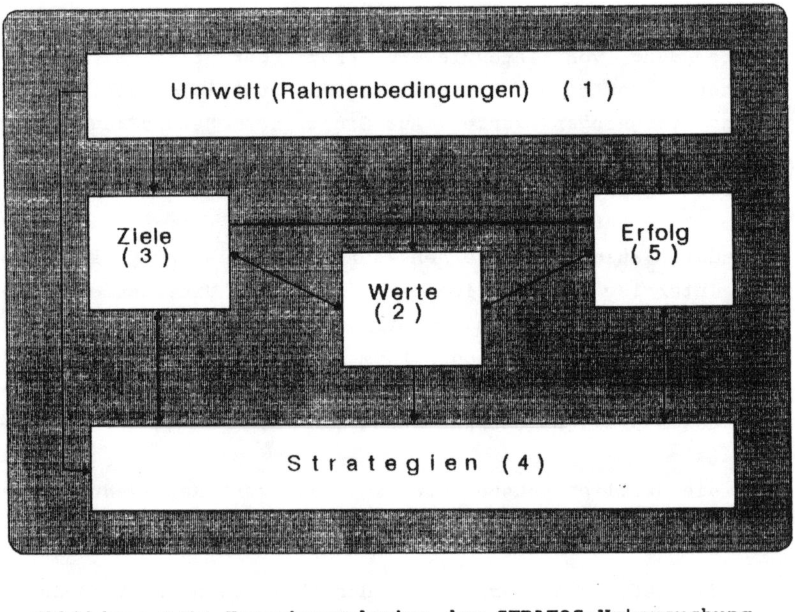

Abbildung 3/1: Forschungsdesign der STRATOS-Untersuchung
Quelle: Fröhlich/Pichler 1988, S. 2 (grafisch leicht verändert).

menen Erfolgs (Zielsetzung und -erreichung), ferner zur Beschreibung der wichtigsten kontextuellen Faktoren, wie:

- persönliche,
- politische,
- rechtliche,
- ökonomische und
- technische Rahmenbedingungen.

Damit ergab sich als Forschungsdesign eine Struktur, wie sie in Abbildung 3/1 dargestellt ist. (Die Zahlen in Klammern entsprechen den Kapiteln des endgültigen Fragebogens, wie er auch im Anhang der vorliegenden Arbeit abgedruckt ist.)

Besondere Bedeutung wurde der sorgfältigen Übersetzung des Fragebogens beigemessen, da nicht weniger als fünf verschiedensprachliche Versionen Verwendung zu finden hatten: deutsch, englisch, finnisch, französich (auch für den francophonen Teil der Schweiz) und niederländisch/flämisch (Haahti 1988, S. 89 f.). Zu den aufwendigen Vorbereitungen gehörten Rückübertragungen des übersetzten Materials ins Englische (der Sprache des Referenzfragebogens) durch unabhängige Dritte und daran anschließende länderweise Quervergleiche (Bamberger 1987, S. 9). Ein ausführlicher Leitfaden für die Interviewer mit Definitionen der wichtigsten Schlüsselbegriffe diente ebenfalls (unter anderem) dem Zweck, sprachbedingte Divergenzen so klein wie möglich zu halten (Haahti 1988, S. 89).

Sogar bei Ländern, in denen die gleiche Sprache verwendet wird, war jedoch eine Anpassung an die unterschiedlichen nationalen Gegebenheiten notwendig. Neben formalen Abweichungen, wie denen der Währungseinheit und der Orthographie, mußten auch unterschiedliche Begriffsinhalte berücksichtigt werden; beispielsweise ist die Formulierung "leitender Angestellter" in der Schweiz - im Gegensatz zu Deutschland - nicht üblich (Haake 1987, S. 52).

3.1.1.3 Stichprobenauswahl

Bei der Auswahl der in die Stichprobe einzubeziehenden Unternehmungen einigten sich die Mitglieder der STRATOS-Gruppe auf drei exemplarische Branchen, nämlich Bekleidung/Textil, Nahrungsmittel und Elektronik; damit sollte je eine tendenziell schrumpfende, stagnierende und wachsende Industrie Berücksichtigung finden (Haake 1987, S. 56). Auch erachtete man diese Zusammenstellung für hinreichend ausgewogen hinsichtlich der Unterscheidungen Arbeits-/Kapitalintensität und Konsumgüter-/Investitionsgüterindustrie (Bamberger 1987, S. 11).

Von den 1135 befragten Unternehmen entstammen 395 der Bekleidungs- bzw. Textilbranche, 415 der Nahrungsmittelbranche und 319 der Elektronikbranche; 6 Datensätze sind nicht entsprechend gekennzeichnet. Die leichte Unterrepräsentierung des Elektroniksektors ist auf die geringere Berücksichtigung in der französischen und namentlich der finnischen Teilstichprobe zurückzuführen (V5)*).

Einbezogen in die Befragung wurden nur Unternehmungen mit maximal 500 Beschäftigten (Fröhlich/Pichler 1988, S. 4). Innerhalb dieser Grenze war angestrebt worden, die einzelnen Größenklassen möglichst gleichmäßig zu besetzen, was in der Gesamtstichprobe auch als weitgehendst gelungen bezeichnet werden kann (V10, V11). Im nationalen Vergleich fällt allerdings die belgische (und schweizerische) Vorliebe für Kleinstbetriebe auf.

In den meisten Ländern war es notwendig, sich auf bestimmte als repräsentativ für die Gesamtwirtschaft geltenden Regionen zu beschränken. Im Einzelnen ergibt sich (nach Haake

---

*) Bei allen Angaben, die aus der unmittelbaren Anschauung des verfügbaren Datenmaterials folgen, wird hier und im folgenden die betreffende Variablennummer angegeben, wie sie im Fragebogen (s. Anhang) jeweils in der zweiten Spalte von rechts zu finden ist. V5 entspricht also der Frage 1a) in Kapitel 1.1 des Fragebogens.

1987, S. 56 und S. 61 f.) folgendes Bild:

- In Belgien wurden ausschließlich flämische Unternehmen ausgewählt, da man aufgrund einer kurz zuvor erschienenen Veröffentlichung annehmen konnte, daß zwischen Betrieben in Flandern und Wallonien keine nachweisbaren Unterschiede bestehen.

- In Deutschland konzentrierte sich die Untersuchung auf das Bundesland Bayern.

- In Frankreich fand der Westen des Landes, sowie vereinzelt der Großraum Paris Berücksichtigung.

- In der Schweiz stammen die erhobenen Daten aus den Kantonen Zürich, Genf (jeweils Stadt und Land), St. Gallen und Waadt.

- In Finnland, Großbritannien, Österreich und den Niederlanden wurde hingegen das gesamte Land in die Untersuchung einbezogen.

Unter den vereinbarten Restriktionen bezüglich Branche, Größenklasse und gegebenenfalls Region wurden von den beteiligten Instituten jeweils Zufallsstichproben von 100 - 200 Unternehmen gebildet. Im allgemeinen wurden dabei Firmenkarteien von Verbänden, staatlichen Stellen oder privaten Anbietern verwendet; lediglich in Großbritannien, wo eine solche Kartei für die im Untersuchungszusammenhang interessierenden Betriebe nicht existiert, mußten die Interviewer selbst geeignete Adressen ermitteln (Haake 1987, S. 61 f.).

In einigen Ländern wurden Analysen der Antwortverweigerungen vorgenommen. Dabei zeigte sich, daß die Non-Reponse-Quoten zwischen knapp 40% (Frankreich) und gut 50% (Finnland) lagen; sofern weitergehende Untersuchungen vorgenommen wurden, konnten keine signifikanten Zusammenhänge zwischen der Verweigerungsneigung und äußerlich beobachtbaren Merkmalen nachgewiesen werden (Haake 1987, S. 61 f.).

3.1.1.4 Piloterhebung

Der eigentlichen Datenerhebung wurde (im Jahre 1983) eine Piloterhebung vorgeschaltet, die Aufschluß über Angemessenheit und Leistungsfähigkeit des Fragebogenentwurfs geben und die Erfahrungsgrundlage verbessern sollte (Bamberger 1987, S. 9).

Die für diesen Zweck verwendete verkürzte Stichprobe von insgesamt 191 Interviews sollte bereits eine etwa gleich starke Verteilung der drei Branchen enthalten (Bamberger 1987, S. 10), ansonsten wurden bezüglich ihrer Zusammensetzung - zweckentsprechend - offenbar weniger strenge Maßstäbe angelegt, als später bei der Haupterhebung (Haake 1987, S. 53). Auch der Umfang der einzelnen nationalen Samples differierte wesentlich stärker.*)

Parallel zu dem alle beteiligten Länder überdeckenden Pratest wurden in Finnland und in der Schweiz "two separate case studies in each three industries" (Haahti 1988, S. 89) durchgeführt.

Als Resultat der Vorstudie zeigte sich, daß der Fragebogen insgesamt brauchbar war, und insbesondere die internationale Vergleichbarkeit als gegeben angesehen werden konnte (Fröhlich/Pichler 1988, S. 3). Einige Anpassungen wurden aber aufgrund der gewonnenen Erfahrungen vorgenommen (Bamberger 1987, S. 10):

- Der Fragebogen wurde etwas gekürzt und außerdem graphisch übersichtlicher gestaltet, um die Erklärungsbedürftigkeit zu verkleinern.

- Die Abfolge der einzelnen Fragen wurde an einigen Stellen abgeändert, um das Auftreten unerwünschter Ausstrahlungseffekte (Halo-Effekte) zu vermeiden.

---

*) Großbritannien: 12 / Schweiz: 18 / Belgien, Niederlande, Österreich: je 20 / Finnland: 22 / Deutschland: 31 / Frankreich: 48. (Haahti 1988, S. 89)

- Aus den im Prätest noch verwendeten offenen Fragen konnten teilweise Hinweise auf die Vervollständigung der anzubietenden Antwortkategorien gewonnen werden; für die Haupterhebung wurden diese Fragen aus den bereits erwähnten Gründen jedoch nicht mehr verwendet.

Nur der Bereich der "objektiven Erfolgsmessung" entzog sich dem Anschein nach stärker als erwartet der gesicherten Erkenntnisgewinnung. Als Gründe dafür nennt Haake (1987, S. 54) die Zurückhaltung der Respondenten bei der Angabe von Bilanz- beziehungsweise GuV-Werten und fehlende Kenntnisse der gewünschten Zahlen, die sich in Form von inkonsistenten oder wenig plausiblen Daten ex post bemerkbar machten.

Zwar wurde versucht, durch eine geschickte "'Dramaturgie' des Fragebogens" (Haake 1987, S. 55) zumindestens dem ersten Umstand etwas abzuhelfen; so wurden einige der sensiblen Fragen unauffällig in weniger heiklem Zusammenhang untergebracht (V12 f., V40, V461 ff., ...), während die übrigen an den Schluß gestellt wurden (V522-V539). Die Qualität der Ergebnisse in diesem Bereich dürfte aber dennoch nicht vergleichbar mit dem Standard des übrigen Fragebogens sein, wie auch aus einzelnen Bemerkungen in den bisher erschienenen Veröffentlichungen hervorgeht (z.B. Haake 1987, S. 47 - Fußnote 9).

Immerhin hat die (bewußte) Plazierung der meisten problematischen Fragen am Schluß des Interviews zur Folge, daß auch bei Unbrauchbarkeit dieser Daten die Verwendbarkeit der übrigen, zeitlich zuvor erhobenen Daten nicht beeinträchtigt wird. Für die Auswertung ergibt sich auf jeden Fall die Konsequenz, die zu erklärende(n) Variable(n) nicht den mitgeteilten Erfolgszahlen zu entnehmen, sondern auf andere Maßstäbe auszuweichen, wie dies in der vorliegenden Arbeit geschieht.

3.1.1.5 Haupterhebung

Die Haupterhebung wurde im Zeitraum 1984/1985 durchgeführt; dabei lag die Verantwortung für die acht verschiedenen Länder jeweils bei den einzelnen beteiligten Forschungseinrichtungen (Fröhlich/Pichler 1988, S. 7).

Als Interviewer wurden in der Regel Universitätsstudenten und -absolventen ausgewählt, sofern es die Projektmitglieder nicht vorzogen, selbst einen größeren Teil der (oder, wie in Finnland, alle) Befragungen vorzunehmen. In Belgien, den Niederlanden und für einen kleinen Teil der französischen Stichprobe wurden professionelle Meinungsforscher einbezogen. Wegen der besonderen Anforderungen, die in Großbritannien die zusätzlich erforderliche Auswahl der Stichprobenteilnehmer mit sich brachte, setzte man dort ausschließlich Universitätsdozenten des Fachbereichs Marketing ein. (Für den ganzen Absatz: Haake 1987, S. 66)

Zur Förderung der internationalen wie nationalen Vergleichbarkeit und zur Sicherstellung des angestrebten Qualitätsstandards auch bei der Datenerhebung diente ein ausführlicher abgestimmter Interviewerleitfaden, der zur Schulung der an der Befragung beteiligten Mitarbeiter verwendet wurde (Fröhlich/Pichler 1988, S. 7). Weitere Maßnahmen mit ähnlicher Zielsetzung waren beispielsweise im Fall der schweizerischen Erhebung (Haake 1987, S. 64 ff.):

- Sorgfältige Auswahl der Interviewer unter Berücksichtigung unter anderem der Muttersprache, der Einsatzbereitschaft und der Fähigkeit zu sympathischem Auftreten;

- Vergütung der Interviewer "nach effektiv aufgewendeter Zeit und nicht im Akkord" (S. 65) zur Motivation sorgfältiger Arbeit;

- Beschränkung der Zahl der Interviews pro Mitarbeiter;

- Überwachung der Interviewer und ständige Kontaktpflege des (Schweizer) Projektleiters mit den Respondenten.

Außerdem wurde darauf geachtet, daß nicht nur keine Beeinflussungsversuche gemacht wurden, sondern daß die Interviewer sich überhaupt einer Diskussion mit den Respondenten - abgesehen von der notwendigen Klärung von Verständnisfragen - enthielten (Haake 1987, S. 65).

Schließlich gab es in einigen Ländern (z.B. in Österreich) noch bestimmte datenschutzrechtliche Bestimmungen zu beachten (Fröhlich/Pichler 1988, S. 7).

Die Ergebnisse der acht nationalen Befragungen wurden zunächst von den jeweils zuständigen Forschungseinrichtungen auf Vollständigkeit, Plausibilität usw. geprüft und auf EDV-Datenträger eingegeben; diese wurden dann nach Österreich gesendet, wo sie im Laufe des Jahres 1985 eingingen (Fröhlich/Pichler 1988, S. 8 und S. 7). Dort erfolgten die Zusammenstellung einer einheitlichen Datenbasis, die weitere Plausibilitätsprüfung und soweit notwendig die Veranlassung von Fehlerkorrekturen; gleichzeitig entstanden die ersten deskriptiven Statistiken (Fröhlich/Pichler 1988, S. 8). Die somit geschaffene Datenbank bildet die Grundlage für die Untersuchungen der verschiedenen Forschungseinrichtungen und ist auch die Basis der vorliegenden Arbeit.

3.1.1.6 Einige Bemerkungen zur Aussagefähigkeit der Daten

Die Aussagefähigkeit der gewonnenen Daten läßt sich anhand dreier Kriterien beurteilen: der Repräsentativität, der Reliabilität (Verläßlichkeit) und der Validität (Zuverlässigkeit).

Das Problem der Repräsentativität stellt sich, da es sich bei dem beschriebenen Projekt nicht um eine Art von Vollerhebung handelt. Dabei ist zunächst hinsichtlich der Ausfälle durch Antwortverweigerungen zu sagen, daß dort, wo diese nach Größenklassen, Branchen, Unternehmeralter und anderen leicht zugänglichen Merkmalen aufgegliedert wurden, keine strukturellen Verzerrungen nachgewiesen werden konnten

(Haake 1987, S. 67 und S. 62). Hinsichtlich der Fähigkeit der Stichprobe, die Realität angemessen abzubilden, weisen Fröhlich/Pichler (1988, S. 8 f.) darauf hin, daß bei einer Gesamtzahl von über tausend Datensätzen der üblicherweise geforderte Stichprobenumfang von 400 (bei einer vorgegebenen Fehlertoleranz von 5%) um fast das Doppelte überschritten wird. Selbst bei der Verwendung von Subfiles, die einzelne Branchen oder geeignet gewählte Größenklassen umfassen, wird der genannte Wert annähernd erreicht.

Zur Sicherung der Validität wurden "umfangreiche theoretische Vorarbeiten" vorgenommen, Bedenken wegen der vollständigen Standardisierung blieben freilich trotzdem in gewissem Maße bestehen (Fröhlich/Pichler 1988, S. 9). Diese Bedenken betreffen aber in erster Linie die Bereiche "Werthaltungen" und "persönliche Ziele", die in der vorliegenden Arbeit keine Rolle spielen.

Für die Reliabilität der Erhebungsergebnisse spricht, daß die Prüfung der Pretest-Ergebnisse durch Einbeziehung eines Teils der bereits Befragten in die Haupterhebung durchweg mit Erfolg vollzogen wurde (Fröhlich/Pichler 1988, S. 9).

=====

Der kurze Überblick über die Entstehung der verwendeten Datenbank dürfte deutlich gemacht haben, daß aufgrund der theoretischen Fundierung und der sorgfältigen Durchführung der Erhebung das Datenmaterial unter formalen Gesichtspunkten uneingeschränkt geeignet ist, eine brauchbare Basis der in dieser Arbeit beschriebenen Untersuchung abzugeben. Daß dies auch in inhaltlicher Hinsicht der Fall ist, sollen die folgenden Kapitel zeigen.

3.1.2 Beschreibung der Stichprobe

3.1.2.1 Die befragten Unternehmer

Im Rahmen der STRATOS-Untersuchung wurden 1135 Unternehmer befragt, von denen 859, also etwa drei Viertel, sich selbst als Inhaber der betreffenden Firma bezeichneten; die übrigen waren angestellte Unternehmensleiter (V4). Mit 7.9% waren weibliche Firmenchefs recht gering vertreten, besonders selten waren sie in der Schweiz (3.4%), während in Finnland immerhin 14.6% der befragten Unternehmen unter weiblicher Leitung standen (V3 - s.a. Abb. 3/2 a.)). Die meisten Unternehmer, 86.8%, waren verheiratet, wobei im Ländervergleich kaum nennenswerte Unterschiede zu beobachten waren (V43 - s.a. Abb. 3/2 b.). Auffällige Unterschiede gab es hingegen bei der Zahl der Kinder (V44): In Deutschland waren mit 36% mehr als ein Drittel der Respondenten kinderlos, in Frankreich bloß 8.4%; dafür hatten dort nicht weniger als 20.0% aller Unternehmer vier oder mehr Kinder! Die genaue Verteilung für das Gesamt-Sample ergibt sich aus Abbildung 3/2 c.).

Die Verteilung der Religionszugehörigkeit (V41) entspricht etwa den Verhältnissen in den jeweiligen Ländern. Ausgesprochen hoch ist die Zahl der positiven Antworten auf die Frage nach aktiver Teilnahme (V42). Wenn auch die Überraschung von Fröhlich/Pichler (1988, S. 11) über 63% praktizierende Unternehmer etwas übertrieben ist - 63% ist nämlich der Anteil der <u>nicht</u> praktizierenden - so bleibt dennoch mit 37% ein erwähnenswerter Anteil bestehen. Die verhältnismäßig hohen Prozentsätze in vorwiegend katholischen Ländern (namentlich 51.9% in Belgien) erklären allerdings zum Teil diese Zahl.

Ziemlich schlecht geregelt ist die Stellvertretung im Unternehmen. Selbst für den Fall einer Ad-hoc-Vertretung wissen 19.8% nicht, wer sie übernehmen sollte, und einen Nachfolger für die Ruhestandszeit kennen nur 43.9% (V38 f. und Abbildung 3/2 d.)-e.)). Interessant ist die relativ große Bedeutung der Familie in Österreich in diesem Zusammenhang.

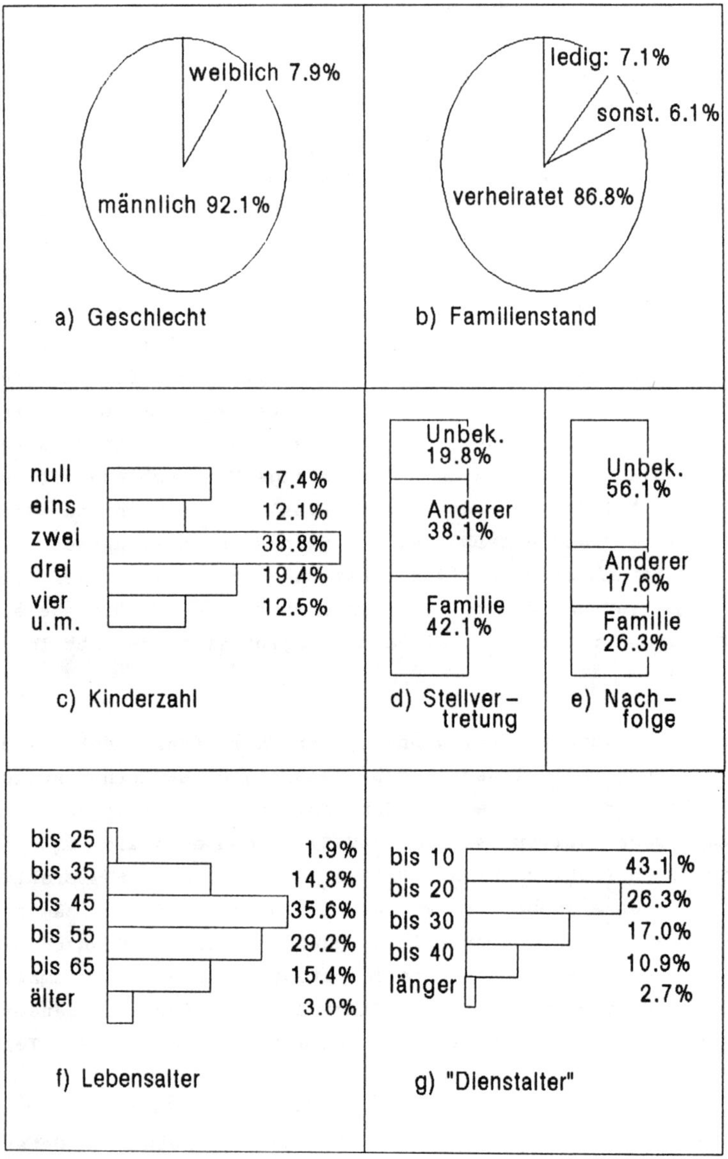

Abbildung 3/2: Ausgewählte Merkmale der befragten Unternehmer

Die Zeit, die die Befragten in dem von ihnen geleiteten Unternehmen bereits zugebracht haben (V8), ist in Abbildung 3/2 g.) dargestellt. Bemerkenswerte Abweichungen lassen sich für Großbritannien beobachten, wo bloß 30.0% aller Angaben über "10 Jahre" liegen, sowie in Deutschland und Österreich, wo im Gegenteil 67.8% bzw. 69.2% in diesen Bereich fallen.

Ähnliches gilt auch für die bisherige Dauer der Führungstätigkeit (V37); 77.3% aller Briten übten sie zum Zeitpunkt der Befragung maximal 10 Jahre lang aus, während in Deutschland mit 14.3% und in Österreich mit 12.1% größere Kontingente sogar länger als 30 Jahre lang verantwortlich tätig waren.

Als Erklärung sei auf das Lebensalter (V45) verwiesen, das von den Durchschnittswerten aus Abbildung 3/2 f.) zum Teil erheblich abweicht. Der Prozentsatz der über 45-jährigen Firmenchefs beträgt beispielsweise in den einzelnen Ländern:

Belgien:	41.5	G.-Britannien:	36.3
Deutschland:	56.0	Niederlande:	48.3
Finnland:	44.2	Österreich:	52.4
Frankreich:	50.4	Schweiz:	52.6

Ein Grund hierfür wiederum ist in den unterschiedlich langen Ausbildungszeiten zu sehen, bei denen erneut Großbritannien einerseits sowie die drei deutschsprachigen Länder andererseits die Extrempositionen einnehmen (V31)*). Es wäre jedoch voreilig, die unterschiedlichen Bildungssysteme hierfür zur Gänze verantwortlich zu machen; zwar darf deren Rolle sicher nicht unterschätzt werden, ein genauerer Vergleich der Daten für die deutsche und die britische Teilstichprobe zeigt aber, daß noch andere Ursachen zu beachten sind.

Mehr als die Hälfte der britischen Unternehmer hat die Vollzeitausbildung mit 18 Jahren oder früher beendet. Da Großbritannien ein dem deutschen vergleichbares berufliches Ausbildungswesen bisher nur in Ansätzen kennt, ist der

---

*) Insgesamt lagen die angegebenen Ausbildungszeiten zwischen 14 und 30 Jahren, davon knapp die Hälfte über 20.

Schluß berechtigt, daß es sich vorwiegend um Personen handelt, die keine weitere außer der Schulausbildung genossen haben. In Deutschland dauert die Schulzeit selbst für Abiturienten bis zum 19. (maximal 20.) Lebensjahr. Die dazugehörige kumulierte Prozentzahl beträgt aber lediglich 20.6 (bzw. 29.8). Wenn man berücksichtigt, daß auch der Ausbildungsgang Haupt- bzw. Realschulabschluß plus Lehre noch einen Teil dieser Zahl erklärt, dann kann als gesichert gelten: Die Neigung zu einer post-schulischen Ausbildung ist in Deutschland erheblich größer als in Großbritannien.

Auch hinsichtlich der weiteren Ausbildung läßt sich erkennen, daß in Großbritannien fast nur die kürzerfristigen der dort bestehenden Angebote wahrgenommen werden, während die Verteilung der deutschen Antworten die Annahme nahelegt, daß zeitsparende Alternativen (etwa das Studium an einer Fachhochschule) gegenüber einem universitären Studium, unter Umständen auch noch mit Promotion, weniger populär sind. (Im angelsächsischen Bereich gilt der Erwerb eines Ph.D.-Grades ohne die Absicht einer akademischen Karriere als absolut unüblich.)

Keineswegs soll damit gesagt sein, daß britische Unternehmer an ihrer Bildung nur mangelhaft interessiert seien. Die leider nur dort gestellte Frage: "Have you (...) attended any (...) courses at your local college, polytechnic or university?" (V97 des englischen Fragebogens) bejahte immerhin mehr als ein Drittel. Als gewissermaßen ein unerwartetes Nebenprodukt der STRATOS-Untersuchung ergibt sich also die Erkenntnis, daß es nicht immer das Bildungssystem ist, das den beruflichen Werdegang bestimmt, sondern auch die Art und Weise, wie es genutzt wird.

3.1.2.2 Die erfaßten Unternehmen

Wie oben bereits näher ausgeführt, war es ein Prinzip der Stichprobenbildung, die drei untersuchten Branchen und die verschiedenen Größenklassen in möglichst gleichem Umfang zu berücksichtigen; die Variablen V5 (Branche) und V10 (Zahl der Mitarbeiter 1983) spiegeln also lediglich das Forschungsdesign wider. An dieser Stelle sei nur noch einmal auf die leichte Unterrepräsentierung des Elektroniksektors (s.a. Abbildung 3/3 a.)) sowie der größeren Unternehmen hingewiesen.

Die meisten Firmen (64.5%) stammen aus der Nachkriegszeit, davon wiederum die meisten (40.8%) aus den letzten zwanzig Jahren (V6 - s.a. Abbildung 3/3 c.)). Besonders viele ältere Unternehmen wurden in Deutschland und Österreich, besonders viele Neugründungen in Finnland und Großbritannien gezählt. Entsprechend hoch ist auch die Zahl der finnischen und britischen Eigengründungen (50.5% bzw. 63.6%), während in Deutschland und Österreich die Gründung durch ein Familienmitglied, insbesondere nicht den Vater des Respondenten, verhältnismäßig oft angegeben wird (V7). Insgesamt wurden 40.6% der Unternehmen vom Befragten selbst, 15.0% von seinem Vater, 15.2% von einem anderen Familienmitglied und 28.3% von einem Dritten gegründet.

Wie bei kleinen Unternehmungen nicht anders zu erwarten, ist die Produktionsstruktur im einzelnen Betrieb recht homogen. So unterscheiden 80.3% aller Befragten nicht mehr als fünf Produktgruppen, bloß 2.8% bieten mehr als zwanzig an (V281 - s.a. Abbildung 3/3 b.)). Zudem sind die verschiedenen Produktgruppen produktionstechnisch mit einander verbunden, nämlich durch das Rohmaterial (76.6%), die Produktionstechnologie (78.0%), die handwerklichen Fähigkeiten (81.7%) und die Produktionsanlagen (72.4%) (V283 ff.). Aber auch hinsichtlich der Vertriebswege (73.9%), der Kundengruppen (76.9%), der Kundenbedürfnisse (69.2%) und der Kaufgewohnheiten der Kunden (64.1%) werden Zusammenhänge angegeben (V287 ff.).

Da die meisten Unternehmer sich als Inhaber des von ihnen geleiteten Geschäfts verstehen, ist es auch nicht überraschend, daß die mitgeteilten Kapitalanteile im Eigenbesitz durchweg sehr groß sind (V34 - s.a. Abb. 3/3 d.)). Besonders extrem ist die Situation in Österreich und in der Schweiz, in Frankreich ist sie dagegen etwas abgeschwächt.

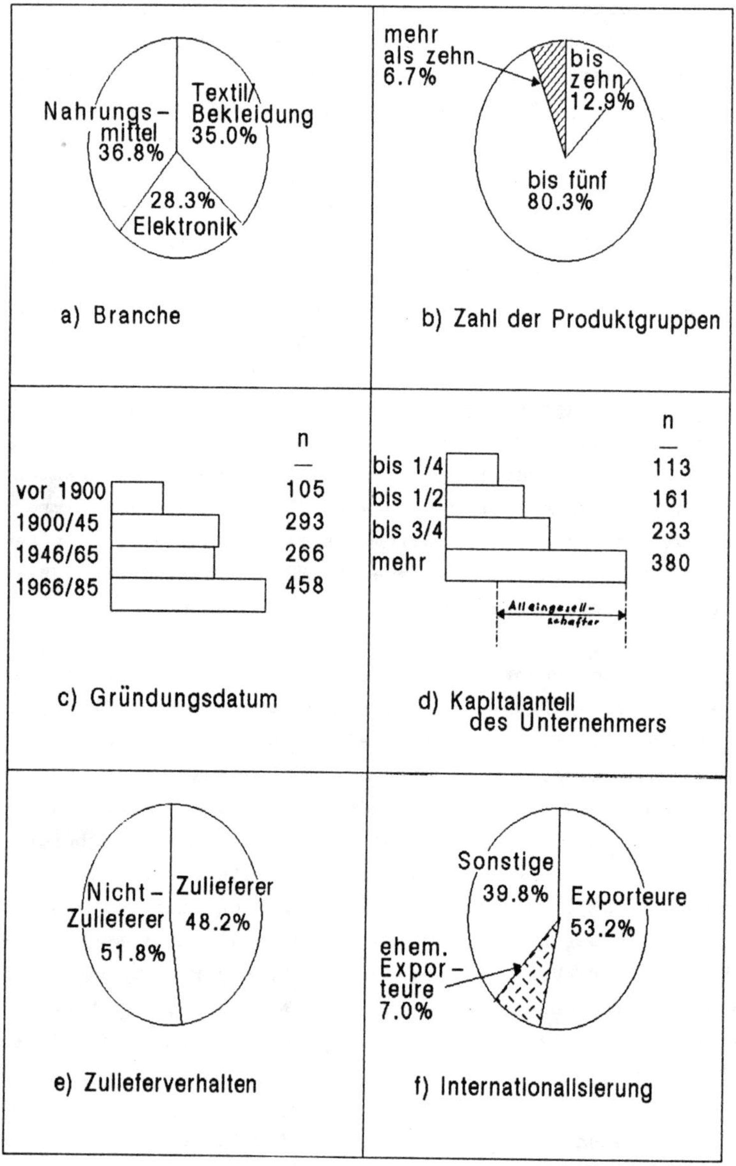

Abbildung 3/3: Ausgewählte Merkmale der erfaßten Unternehmen

Nimmt man allerdings den Anteil der weiteren Familienangehörigen hinzu, so rückt Frankreich in Mittelfeld vor (V35). Mehr als jedes zweite europäische Unternehmen (59%) ist hundertprozentig im Familienbesitz. Eine Kapitalbeteiligung durch andere Firmen spielt hingegen in keinem der beobachteten Länder eine nennenswerte Rolle (V36).

Interessant wäre an dieser Stelle ein Vergleich der Rechtsformen gewesen. Leider ist aber die hierüber Auskunft gebende Variable V9 international uneinheitlich verwendet worden mit der Begründung, die Rechtsformen seien nicht vergleichbar (Fröhlich/Pichler 1988, S. 16). Dazu ist zu sagen, daß zumindest für die Abgrenzung von Personen- und Kapitalgesellschaften von der deutschen Steuerrechtsprechung sehr detaillierte Kriterien erarbeitet wurden. Und es wäre sicher nicht notwendig gewesen, die deutsche GmbH mit der österreichischen Aktiengesellschaft und umgekehrt die österreichische Ges.m.b.H. mit der deutschen AG in je einer "Klasse" unterzubringen. (Vgl. hierzu den deutschen Fragebogen im Anhang mit dem österreichischen Fragebogen in Fröhlich/Pichler 1988, S. 188).

Knapp jeder zweite der Befragten (48.2%) sieht die Tätigkeit seines Unternehmens ganz oder zum Teil als Zuliefertätigkeit an (V294 - s.a. Abbildung 3/3 e.). Aus dem Rahmen fallen hier nur die Niederlande, wo mit einer Ausnahme alle gültigen Antworten auf Zulieferung hinweisen! Auch die Zahl der belieferten Firmen (V296) ist in den Niederlanden erheblich höher; während im STRATOS-Durchschnitt 44.3% aller in Frage kommenden Unternehmungen bis zu fünf, und 33.3% mehr als zwanzig Firmen beliefern, lauten die entsprechenden Zahlen für die Niederlande 25.9% und 58.6%.

Die Zahl der exportierenden Unternehmen (V299) ist mit 575 von 1081 erstaunlich hoch, zumal nicht nur die kleinen Länder, von denen man dies eigentlich erwarten sollte, verstärkt Ausfuhr betreiben. Deutlicher wird der Sachverhalt, wenn man bedenkt, daß 56% aller EG-Unternehmen, aber nur 49% aller Nicht-EG-Unternehmen ausländische Märkte beliefern. In dieses Bild paßt auch, daß 18.0% aller schweizerischen und sogar 30.2% aller finnischen Nichtexporteure erklärten, dies früher einmal getan, aber - aus welchen Gründen auch immer - wieder aufgegeben zu haben. Lediglich in Österreich war man offenbar bereits in der Vergangenheit ebenso wenig exportfreudig wie in der Gegenwart: Der Anteil der Exporteure einschließlich der ehemaligen Exporteure beträgt nur 45%.

Von den im Ausland vertretenen Unternehmen unterhalten dort 85.0% Vertriebsniederlassungen (V305), 93.8% Produktionsniederlassungen (V306), und 88.8% vergeben Patente, Lizenzen usw. an ausländische Firmen (V307). Die meisten Exporteure betreiben aktives Exportmarketing, aber immerhin 38.8% beschränken sich auf die "Mitnahme" von zufälligen Aufträgen (V309).

3.1.2.3 Die Umwelt der erfaßten Unternehmen

Neben den Merkmalen des Unternehmens bzw. seines Leiters selbst trägt auch die Darstellung der Unternehmensumwelt zur Charakterisierung der Stichprobe bei. Unter "Umwelt" soll in diesem Zusammenhang vor allem der Markt verstanden werden, auf dem der einzelne Anbieter seine Waren absetzen muß.

Dieser Markt ist für die meisten erfaßten Firmen groß bis mittelgroß (V47): Insgesamt 54.7% aller Antworten entfallen auf diese beiden Kategorien, 18.6% auf "sehr groß" und 26.7% auf "klein" oder "sehr klein". Auf tendenziell deutlich kleineren Märkten operieren nur die britischen Anbieter. Hinsichtlich der Entwicklungsphase (V48) dominiert das Wachstum (35.0%) vor der Reife (24.9%) und der Übergangsphase zwischen beiden (23.5%). Verständlicherweise geringere Bedeutung haben Schrumpfung (11.8%) und Einführung (3.6%). Überraschend niedrig ist übrigens die Zahl der Respondenten, die keine konkrete Vorstellung hierüber haben: Ihre Zahl beträgt (einschließlich der Antwortverweigerungen) nur 29 im gesamten Sample.

Als wichtigster Markt gilt nach wie vor der nationale, außer in Österreich, wo der lokale Markt dominiert (V61).

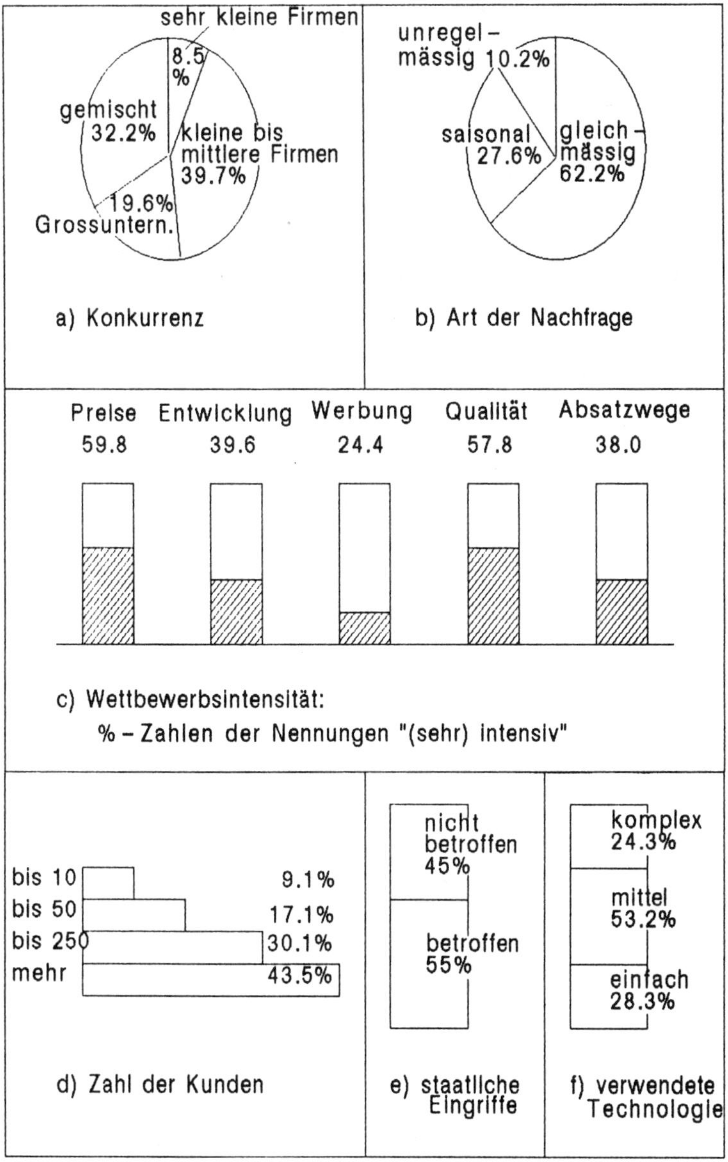

Abbildung 3/4: Ausgewählte Merkmale der Unternehmensumwelt

Ihren Schwerpunkt setzen:

lokal:	17.1%	kontinental:	11.9% (W-,O-Europa)
regional:	24.2%	weltweit:	6.8%
national:	39.9%	... aller Unternehmer.	

Auffällig ist die extreme Absenz der Briten vom europäischen Markt, den nur ein einziger Respondent von 110 bevorzugte; offenkundig hat sich in Großbritannien die EG-Zugehörigkeit noch nicht völlig herumgesprochen. - Das Osteuropageschäft spielt im Rahmen der europäischen Aktivitäten naturgemäß nur in Deutschland und in Finnland eine beachtenswerte Rolle.

Welchem Wettbewerbsdruck sich die befragten Unternehmer ausgesetzt sehen, läßt sich aus Abbildung 3/4 c.) erkennen. Am intensivsten ist der Wettbewerb bei den Preisen (V56) und bei der Produktqualität (V59), wo sich allerdings starke länderspezifische Unterschiede erkennen lassen: Einen verhältnismäßig heftigen Qualitätswettbewerb hatten Finnland und die drei deutschsprachigen Länder zu beklagen, während Frankreich, Belgien und die Niederlande hier wesentlich niedrigere Werte mitteilten. Der Wettbewerb ist bei der Produktentwicklung (V57) am schwächsten in Belgien und am stärksten in Deutschland, bei den Absatzwegen (V60) am schwächsten in den Niederlanden und am stärksten in der Schweiz.

Die Konkurrenten der Stichprobenteilnehmer entstammen selbst überwiegend dem Mittelstand: Lediglich 19.6% aller befragten Unternehmer gaben an, gegen Großunternehmen konkurrieren zu müssen, und 32.2% bezeichneten die Konkurrenz als "gemischt" (V53 - s.a. Abbildung 3/4 a.)). Bezüglich der Anzahl der Konkurrenten (V52) verteilen sich die Antworten recht gleichmäßig auf die Größenklassen "0-5" (37.1%), "6-10" (24.5%) und "mehr als 10" (38.4%). In Frankreich mußte sich freilich die Hälfte aller Befragten mit mehr als 10 Konkurrenten auseinandersetzen. Bei der Frage nach dem eigenen Marktanteil (V55) gab es (wie zu erwarten) zahlreiche Ausfälle (415 im Gesamt-Sample). Von den verbliebenen Unternehmen nannten aber immerhin 19.2% einen Marktanteil von 50% und mehr, während der Marktanteil der drei stärksten Konkurrenten zusammengenommen (V54) in 69.1% aller Fälle bei mindestens 50% lag (bei 494 fehlenden Antworten).

Die Nachfrage unterliegt meistens keinen saisonalen oder unregelmäßigen Schwankungen (V49 - s.a. Abbildung 3/4 b.)) und ist zu 50.3% nicht sehr preisempfindlich (V50). Die Kundenzahl (V62) liegt vorwiegend über 250 (s. Abbildung 3/4 d.)), in 65.3% gehören diese Kunden aber nur einer bis drei Kundengruppen an (V65). Mehr als zehn Schlüsselkunden (V51) haben 48.3% (in den Niederlanden: 69.8%), mehr als einen weitere 40.6% der betrachteten Firmen. Die Kundenbedürfnisse (V67) sind teilweise gleichförmig (39.9%), teilweise gemischt (29.8%) und teilweise differenziert (30.3%). Die finnischen Anbieter haben sich - abweichend - vorwiegend auf gleichförmige Bedürfnisse einzustellen.

Der Kundenkreis hat im Schnitt die folgende Struktur (V64):

Endverbraucher:	20.4%	Staat:	9.9%
Händler:	42.5%	Priv. Dienstlei-stungsunternehmen:	5.8%
Weiterverarbeiter:	21.5%		

Dabei ergeben sich aber einige nationale Besonderheiten. In Finnland sind die Dienstleistungsunternehmen, in Österreich die Endverbraucher (wohl wegen der Konzentration auf den lokalen Markt, s.o.) stark überrepräsentiert. In Frankreich spielen dagegen die Endverbraucher eine sehr geringe Rolle, ebenso in den Niederlanden die Weiterverarbeiter. Der Staat ist für ein gutes Drittel der niederländischen Firmen der wichtigste Abnehmer, während er in den übrigen Ländern nicht über 8% kommt!

Dennoch sind nur 29.8% der Niederländer der Ansicht, der Staat greife in ihre Branche ein; in der gesamten Stichprobe sind dagegen 54.7% dieser Ansicht, und in Finnland sogar 98.5% (V71). Am deutlichsten zu spüren ist die öffentliche Hand bei der Vergabe von Konzessionen einschließlich der Forderung von Fähigkeitsausweisen (V78) und bei der Entfaltung ihrer Nachfragemacht (V72). (Näheres hierzu bei Fröhlich/Pichler 1988, S. 23 f.)

Mit 53.2% wird mittlere oder gemischte Technologie am häufigsten eingesetzt (V68 - s.a. Abbildeung 3/4 f.)). Ansonsten liegt die einfache Technologie mit 28.3% noch deutlich vor der komplexen, die nur von 18.6% verwendet wird. Daß sich dies jedoch ändern wird, zeigt die Einschätzung des technologischen Wandels (V69): Ohne größere Unterschiede im Ländervergleich wird ein Trend zum Komplizierten vorausgesagt. Und auch in der Prognose der Geschwindigkeit (V70) sind sich die Europäer einig; jeweils etwa die Hälfte aller Befragten halten den erwarteten Wandel für "sehr schnell".

3.2 Auswertungsmethoden

3.2.1 Das Programmpaket SPSSx

Methoden, die durch das Softwareprodukt SPSSx unterstützt werden, fanden vor allem bei den Vorarbeiten zur Erstellung eines Kausalmodells Anwendung, außerdem in denjenigen Bereichen, die sich (z.B. aufgrund einer größeren Zahl von Antwortverweigerungen) einer Einbeziehung in das Kausalmodell entzogen. Durchgeführt wurden im einzelnen:

- Kreuztabellierungen mit zugehörigen Analysen zur Feststellung bivariater Zusammenhänge;

- Explorative Faktoranalysen zur Reduzierung der Komplexität des Datenmaterials in einzelnen Bereichen.

3.2.1.1 Struktur und Eignung von SPSSx

SPSSx ist das Nachfolgeprodukt des Statistikprogramms SPSS (Statistical Package for the Social Sciences), das von der gleichnamigen Herstellerfirma entwickelt wurde (Kähler 1988, S. V). Neun Versionen des älteren Produkts innerhalb von siebzehn Jahren gewährleisten nach Meinung der Autoren einen hohen Standard des Programms und der Dokumentation (SPSS 1983, S. v).

Als typisches Großrechnerprodukt erwartet SPSSx als Eingabe eine Folge von Kommandozeilen zur Kennzeichnung des Datenmaterials und der darauf anzuwendenden Methoden. Insofern gleichen SPSSx-Jobs Programmen in ablauforientierten Programmiersprachen oder Betriebssystemprozeduren, freilich mit dem Unterschied, daß die einzelnen Kommandos nicht in jedem Fall sequentiell abgearbeitet werden.

SPSSx-Kommandos bestehen aus einem Schlüsselwort und (meistens) einer oder mehrerer "spezifications" (SPSS 1983, S. 19 f.). Die Festlegung, daß das Schlüsselwort in Spalte 1 der jeweiligen Zeile beginnen muß, da ein Leerzeichen am Zeilenanfang die Fortsetzung einer (logischen) Kommandozeile auf der folgenden (physischen) Zeile signalisiert, hat sich im Rahmen der hier vorgenommenen Anwendungen nicht als ernsthafte Beschränkung der Lesbarkeit erwiesen. (Außerdem existiert eine Möglichkeit zur Umgehung dieser Einschränkung, s. SPSS 1983, S. 20).

Für die vorliegende Arbeit waren drei Arten von Kommandos von Bedeutung (s.a. SPSS 1983, S. 1):

1. Kommandos zur Datendefinition und zur Dateibehandlung (insbesondere Lesen der Rohdaten von einer Plattendatei);
2. Kommandos zur Datenmanipulation; und
3. Kommandos zur Auswahl der anzuwendenden Methoden.

Da SPSSx so gut wie alle gängigen statistischen Methoden unterstützt, soll im folgenden zunächst die Eignung des Programmsystems hinsichtlich der Datei- und Datenbehandlung kurz dargestellt werden. Grundlage ist dabei ein Vergleich mit dem Statistikprogramm SAS, der von Uehlinger (1986) publiziert wurde.

Keine allzu großen Unterschiede sieht Uehlinger (1986, S. 6) hinsichtlich des Einlesevorgangs der Rohdaten. Die Deklaration fehlender Werte und die Etikettierung von Variablen und Wertausprägungen ist in SPSSx mit einfachen Befehlen ohne größeren Aufwand möglich, während die korrespondierenden Konzepte von SAS zum Teil umständlich und fehlerträchtig sind (Uehlinger 1986, S. 7-9).

Auch für die Recodierung ist im verwendeten Softwarepaket ein leicht zu handhabender Spezialbefehl vorgesehen (Uehlinger 1986, S. 10), was sich angesichts einiger Variabler, bei denen die "mittlere" Kategorie mit dem höchsten gültigen Wert codiert wurde (z.B. V292), als bedeutender Vorteil erwies. Bei komplexeren Datentransformationen (z.B. mit bedingten ("IF-") Anweisungen) verliert allerdings SPSS^x an Klarheit (Uehlinger 1986, S. 11 f.); solche Maßnahmen waren aber bei den vorgenommenen Arbeiten nur selten erforderlich.

Als nachteilig wird schließlich die Beschränkung auf eine einzige temporäre Systemdatei empfunden (Uehlinger 1986, S. 12). Dieses Problem kann aber nötigenfalls dadurch umgangen werden, daß die gestellten Aufgaben auf mehrere verschiedene Jobs verteilt werden.

3.2.1.2 Bivariate Auswertungen mit SPSS^x

Zur Erstellung von Kreuztabellen steht in SPSS^x das Kommando CROSSTABS zur Verfügung (SPSS 1984, S. 88 ff.). Damit können sowohl Variablen des ursprünglichen Datenfiles (z.B. V351), als auch aus diesen selbst berechnete Variablen (z.B. das arithmetische Mittel aus V352 bis V354) bearbeitet werden. Ein erster Überblick über mögliche Zusammenhänge wird auf diese Weise erleichtert, zumal optional unter anderem die folgenden Informationen mit ausgedruckt werden können (SPSS 1984, S. 96):

- Zeilenprozente,
- Spaltenprozente,
- Gesamt(tabellen)prozente,
- erwartete Häufigkeiten,
- unbehandelte, standardisierte und angepaßte Residuen.

Außerdem existieren verschiedene Maße zur statistischen Beschreibung des Zusammenhangs, die ebenfalls auf besondere Anforderung hin berechnet werden, insbesondere Chi-Quadrat einschließlich einiger Varianten sowie Kendall's Tau B und C (SPSS 1984, S. 96 f.).

Für die vorliegende Untersuchung wurde durchgehend die Meßgröße des Chi-Quadrat-Unabhängigkeitstests verwendet, da sich hiermit die Variablen der verschiedenen Skalenniveaus und Ausprägungszahlen des STRATOS-Fragebogens einheitlich angemessen beschreiben lassen (s.a. Kähler 1988, S. 133 ff.). Als signifikant angesehen wurden grundsätzlich Zusammenhänge auf dem 1%-Niveau, bei kleineren Fallzahlen (z.B. Teilstichprobe als Grundgesamtheit) ausnahmsweise auch auf dem 5%-Niveau. Ein Nachteil des Chi-Quadrat-Maßes liegt darin, daß es nur die Wahrscheinlichkeit eines Zusammenhangs angibt, nicht aber dessen Stärke, falls er existiert (Frenzel/Hermann 1989, S. 91). Angesichts des explorativen Charakters der durchgeführten bivariaten Analysen ist diese Information jedoch entbehrlich.

Bei Auswahl des Chi-Quadrat-Unabhängigkeitstests ermittelt SPSSx die folgenden Angaben (Kähler 1988, S. 151):
1. die Testgröße
2. die Zahl der Freiheitsgrade
3. das Signifikanzniveau
4. die kleinste für eine Zelle erwartete Häufigkeit und
5. die Zahl der Zellen mit einer erwarteten Häufigkeit < 5.

Die letzten beiden Angaben sind wichtig, da keine der erwarteten Häufigkeiten unter 1 liegen und die Zahl der Felder mit einer erwarteten Häufigkeit < 5 nicht mehr als 20% (Kähler 1988, S. 151) bzw. 25% (Frenzel/Herrmann 1989, S. 82) betragen darf. (Ggf. empfehlen beide Quellen die Zusammenlegung von Zeilen oder Spalten.)

Bei der Interpretation der durch bivariate Analyse gewonnenen Ergebnisse ist darauf zu achten, daß (unabhängig von der Wahl des Maßes) keine ursächliche Beziehung nachgewiesen werden kann. "Man muß sich grundsätzlich im Klaren sein, daß statistisch belegte Zusammenhänge auch bei Merkmalen auftreten können, für die keine begründbare Kausalbeziehung existiert. Insofern ist hervorzuheben, daß das Phänomen der statistischen Beziehung von Merkmalen (...) nur besagt, daß die Merkmale gemeinsam, d.h. in ähnlicher Weise miteinander variieren." (Kähler 1988, S. 121) Zum Nachweis einer

Ursache-Wirkungs-Beziehung bedarf es hingegen sachlogischer Argumente und/oder weiterführender Analysen.

3.2.1.3 Multivariate Auswertungen mit SPSS^{x}

Zur Redimensionierung, also zur Reduzierung der Komplexität, wurden die hypothetischen Erklärungsvariablen Faktoranalysen unterzogen. (Für die zu erklärenden Variablen entfiel diese Maßnahme, da hier auf die Arbeiten von Gabele (1987) und Endres (1989) aufgebaut werden konnte.)

Ziel der Faktoranalyse ist die Ermittlung von latenten, das heißt nicht unmittelbar beobachtbaren Faktoren mit Hilfe einer größeren Anzahl beobachteter Merkmale, von deren Informationsgehalt die latenten Faktoren einen möglichst großen Anteil wiedergeben sollen (Hartung/Elpelt 1984, S. 505). Zu diesem Zweck zerlegt man die empirische Korrellationsmatrix R der beobachteten Merkmale in die Ladungsmatrix L und die Matrix der Einzelrestfaktoren U (Marinell 1986, S. 153):

$$R = L \times L^{T} + U$$

(Die Einzelrestfaktoren lassen sich interpretieren als latente Faktoren, die jeweils genau eines der beobachtbaren Merkmale laden, s. Hartung/Elpelt 1984, S. 509).

Es gibt mehrere Zerlegungsmethoden, von denen SPSS^{x} beispielsweise die folgenden unterstützt (SPSS 1983, S. 650):

- Hauptkomponentenanalyse,
- Hauptfaktorenanalyse,
- Maximum Likelihood,
- ungewichtete und verallgemeinerte kleinste Quadrate.

Für die vorliegende Untersuchung wurde die Hauptkomponentenanalyse als das wohl gebräuchlichste Verfahren ausgewählt. Hierbei wird (unter Vernachlässigung der merkmalseigenen Varianzen) eine Transformation der normalerweise nicht unabhängigen beobachteten Variablen in eine gleichgroße Zahl von unabhängigen Variablen vorgenommen, aus denen dann diejenigen mit dem höchsten Erklärungsgehalt ausgewählt werden (Hartung/Elpelt 1984, S. 512).

Ein sowohl in Allgemeinfall, als auch im gegebenen Kontext erwünschtes Ergebnis ist eine Faktormenge, deren Elemente jeweils von einigen der ursprünglichen Variablen möglichst hoch geladen werden, während die übrigen Ladungen vernachlässigbar sein sollen. Um eine solche Konstellation zu erreichen, bedient man sich der sogenannten Faktorrotation (Marinell 1986, S. 156). Dabei transformiert man die Ladungsmatrix **L** mittels einer orthogonalen Matrix **M** (Marinell 1986, S. 156), was geometrisch einer bloßen Drehung des Koordinatensystems entspricht (Hartung/Elpelt 1984, S. 512). Auch hier gibt es wieder mehrere Vorgehensweisen: Die Varimax-Methode maximiert die (normierten) Faktorladungen, so daß die extrahierten Faktoren insgesamt über möglichst viele hohe Ladungen verfügen; die Quartimax-Methode maximiert dagegen die Summe der vierten Potenzen der Ladungen, womit eine Annäherung an ein Einfaktormodell angestrebt wird (Hartung/Elpelt 1984, S. 513 f.).

Neben dieser <u>orthogonalen</u> Rotation gibt es auch noch die <u>oblique</u> (schiefwinklige) Rotation, bei der die Vorraussetzung unkorrellierter Faktoren nicht aufrechterhalten wird (Hartung/Elpelt 1984, S. 514). Alle angesprochenen Rotationsmethoden sind in SPSS^x implementiert, ebenso wie die Möglichkeit, auf eine Rotation zu verzichten (SPSS 1983, S. 654). Die Varimax-Methode dürfte dabei die der Aufgabenstellung angemessenste sein.

Für die Arbeit mit dem zur Verfügung stehenden Datenmaterial erwies es sich als nützlich, daß SPSS^x dem Benutzer die Möglichkeit einräumt, die Zahl der zu extrahierenden Faktoren a priori festzulegen (SPSS 1983, S. 653), da damit theoretische Vorüberlegungen bis zu einem gewissen Grade in die Dimensionierung einfließen konnten. Tatsächlich fielen die Probeläufe, bei denen die Faktorenzahl anhand des Eigenwertkriteriums automatisch ermittelt wurden, wesentlich unbefriedigender aus, als die endgültigen Durchgänge.

3.2.2 Das Programmpaket LISREL und das Verfahren der Kausalanalyse

Ein Instrument zur Auswertung statistischer Daten, das noch in den siebziger Jahren im wirtschaftswissenschaftlichen Bereich nur in wenigen wegweisenden Studien zur Anwendung kam (insb. Gabele 1981), seitdem jedoch verstärkt an Popularität gewann (Förster & al. 1984, S. 346), ist die Kausalanalyse. Die hier dargestellte Methode, die auch unter den Bezeichnungen Simultangleichungsmodelle, Pfadanalyse, Strukturgleichungsmodelle, Dependenzanalyse oder cross-lagged panel correlation technique bekannt ist (Jöreskog/Sörbom 1986, S. I.1), ist in Form des Programmpakets LISREL realisiert, dessen aktuelle Version (Release VI) in (Jöreskog/Sörbom 1986) ausführlich beschrieben ist.

Nach Förster & al. (1984, S. 346) können derartige Verfahren in methodischer Hinsicht Anwendung finden als:

"1. Instrumente zur Entwicklung von Skalen und Indizes sowie zur Ermittlung der Reliabilität von Messungen,

2. Verfahrung zur Prüfung der Konstruktvalidität in ihren verschiedenen Varianten sowie als

3. Methoden zur Konstruktion, Prüfung und Modifikation von Hypothesen, zur Formulierung von Prognosen und zur differenzierten Beurteilung von Ursache-Wirkungs-Beziehungen."

Aus den letzten beiden Punkten wird deutlich, daß die Kausalanalyse vor allem dort sinnvoll eingesetzt werden kann, wo (wie im gegebenen Fall) heterogene Datenbestände einer umfassenden und kohärenten Interpretation bedürfen. Im einzelnen wird die Eignung des Software-Produkts LISREL für die gestellte Aufgabe in Kapitel 3.2.2.3 diskutiert; zuvor erfolgt eine kurze Beschreibung der Methode hinsichtlich der zugrundeliegenden Modellstruktur (3.2.2.1) sowie der verfügbaren Schätzverfahren und Gütemaße(3.2.2.2).

3.2.2.1 Die Modellstruktur in LISREL

LISREL unterteilt die verwendeten Variablen in zweifacher Hinsicht: Einmal in exogene und endogene (erklärende und zu erklärende), andererseits in manifeste und latente (beobachtete und indirekt erschlossene). Zu den somit gegebenen vier Klassen von Variablen kommen noch Residualvariablen zur Beschreibung des Erklärungsrests bei der Erklärung der endogenen Variablen durch die exogenen und der manifesten durch die latenten. Insgesamt sind zu berücksichtigen (Schmidt 1983, S. 106 f.):

Bezeichnung im Programm	Art der Variablen
ETA	Latente endogene Variablen
KSI (eigentl. XI)	Latente exogene Variablen
Y	Beobachtete endogene Variablen
X	Beobachtete exogene Variablen
ZETA	Residuen der ETA-Variablen
EPSILON	Residuen der Y-Variablen
DELTA	Residuen der X-Variablen

(Für die KSI-Variablen erübrigt sich natürlich die Definition eines Residuums, da diese Variablen nicht erklärt werden, sondern ausschließlich selbst zur Erklärung beitragen.)

Die Zusammenhänge zwischen den Variablen der unterschiedlichen Kategorien werden in Form von acht verschiedenen Matrizen dargestellt, die teilweise vom Benutzer vorzugeben sind und teilweise vom Programm als Ergebnis berechnet werden, und von denen die wichtigsten sind (Schmidt 1983, S. 107):

- GAMMA: Koeffizienten zur Erklärung der latenten endogenen Variablen durch die latenten exogenen Variablen;
- BETA: Koeffizienten zur Erklärung der Zusammenhänge der latenten endogenen Variablen untereinander;
- $LAMBDA_Y$: Faktorladungen der endogenen Variablen;
- $LAMBDA_X$: Faktorladungen der exogenen Variablen.

Die Modellstruktur, die sich aus diesen Festlegungen ergibt, ist in Abbildung 3/5 verdeutlicht.

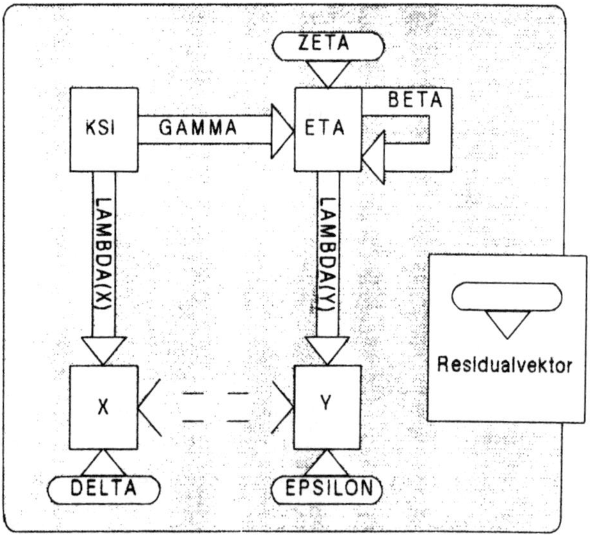

Abbildung 3/5: Vereinfachte LISREL-Modellstruktur

Im Zusammenhang mit den Modellteilen, die durch die Matrizen $LAMBDA_X$ und $LAMBDA_Y$ repräsentiert werden, spricht man auch von Meßmodellen, während der obere Teil der Abbildung 3/5 als Strukturgleichungsmodell bezeichnet wird (Jöreskog/Sörbom 1986, S. I.3). Alle drei Submodelle haben programmintern die Gestalt linearer Gleichungen der Matrixalgebra, nämlich (Förster & al. 1984, S. 350):

$X = LAMBDA_X \times KSI + DELTA$ (Meßmodell exogene Variablen)

$Y = LAMBDA_Y \times ETA + EPSILON$ (Meßmodell endogene Variablen)

$ETA = BETA \times ETA + GAMMA \times KSI + ZETA$ (Strukturgleichungsm.)

(KSI, ETA, X und Y sind hier als Vektoren der betreffenen Variablengruppen zu verstehen.)

Die nicht vom Anwender vorgegebenen Parameter dieser Gleichungssysteme werden vom Programm geschätzt und als Ergebnis ausgegeben. Als Variante der allgemeinen Modellstruktur können auch alle drei Teilmodelle einzeln bearbeitet werden, was insbesondere die Möglichkeit einer konfirmatorischen Faktoranalyse (qua Meßmodell) eröffnet. (Hierzu ausführlich Weede/Jagodzinski 1977 sowie Kapitel I.3 in Jöreskog/Sörbom 1986)

3.2.2.2 Parameterschätzungen und Gütemaße in LISREL

Zur Schätzung der unbekannten Parameter bietet LISREL seit der fünften Version fünf Verfahren an, unter denen der Anwender zu wählen hat (Jöreskog/Sörbom 1986, S. I.27):

- Instrumental Variables (IV),
- Two-Stage Least Squares (TSLS),
- Unweighted Least Squares (ULS),
- Generalized Least Squares (GLS) und
- Maximum Likelihood (ML).

Die ersten beiden Verfahren sind nicht-iterativ und werden vor allem zur Bestimmung der Startwerte für die iterativen Verfahren verwendet (Förster & al. 1984, S. 354). Die Maximum-Likelihood-Methode, nicht aber ULS, setzt voraus, daß alle Variablen multinormalverteilt sind, und daß die Stichprobengröße hinreichend groß ist (Jöreskog/Sörbom 1986, S. I.29). Da die erste Bedingung im Gegensatz zur zweiten für das beschriebene Datenmaterial nicht als erfüllt vorausgesetzt werden kann, wurde das ULS-Verfahren (mit IV-Eingangsschätzern) angewendet.

Zur Beurteilung der Güte des Gesamtmodells stellt LISREL vier verschiedene Maße zur Verfügung. Das historisch älteste ist ein <u>Chi-Quadrat-Maß</u>, das allerdings nur unter den Bedingungen für den Einsatz des ML-Verfahrens sinnvolle Werte liefert (Förster & al. 1984, S. 360). Nicht auf das Vorliegen dieser Voraussetzungen beschränkt ist hingegen der <u>Goodness-of-Fit-Index</u> (GFI). Er "mißt die relative Menge an

Varianz und Kovarianz, der das Modell insgesamt Rechnung trägt." (Förster & al. 1984, S. 361) Durch Normierung mit der Anzahl der Freiheitsgrade ergibt sich der Adjusted Goodness-of-Fit-Index (AGFI); beide Größen liegen zwischen null und eins, wobei höhere Werte auf eine bessere Modellanpassung hinweisen (Förster & al. 1984, S. 361). Schließlich existiert noch ein Qualitätsindikator namens Root Mean Square Residuum (RMR), der ebenfalls zwischen null und eins liegt, jedoch mit möglichst kleinen Werten für gute Modelle; er ist ein Maß der durchschnittlichen Residualvarianzen und Residualkovarianzen (Schmidt 1983, S. 114).

Probleme bei der Interpretation dieser Kennzahlen ergeben sich daraus, daß keine verbindlichen kritischen Werte bekannt sind, deren Über- bzw. Unterschreiten eine Verwerfung des Modells bedeutet; zudem wurde das Phänomen beobachtet, daß: "Je schwächer die Beziehungen zwischen den beobachteten Variablen sind, um so eher zeigt sich eine gute Modellanpassung." (Förster & al. 1984, S. 361 und S. 362). Angesichts der zum Teil doch recht engen Zusammenhänge namentlich der verwendeten Y-Variablen untereinander in den zur Anwendung gebrachten Modellen dürften GFI- und AGFI-Werte über 80% und RMR-Werte unter 10% jedenfalls als akzeptabel gelten.

Auch für einzelne Modellteile gibt es Anpassungsindizes. Die wichtigsten davon sind:

- Normalisierte Residuen für jede Variable decken Fehlspezifikationen auf. Eine solche liegt vor, wenn ein normalisiertes Residuum einen Wert größer als zwei annimmt (Schmidt 1983, S. 115).

- Modifikationsindizes werden für die vom Benutzer festgelegten Parameter berechnet und geben ebenfalls Hinweise auf mögliche Modellverbesserungen (Schmidt 1983, S. 115).

- Quadrierte multiple Korrellationskoeffizienten geben an, wie gut die einzelnen manifesten Variablen die latenten abbilden, Determinationskoeffizienten wie gut sie insgesamt diese Abbildung leisten; je näher sie an eins heranreichen, desto besser ist das Modell an dieser Stelle (Jöreskog/Sörbom 1986, S. I.37).

Von der außerdem bestehenden Möglichkeit, anhand des Modifikationsindex als Kriterium automatische Modellanpassungen zu generieren (Förster & al. 1984, S. 360), wurde in der vorliegenden Arbeit keinen Gebrauch gemacht, da diese Vorgehensweise als nicht ganz ungefährlich für den theoretischen Bezug des Modells angesehen wird.

3.2.2.3 Beurteilung der Eignung von LISREL

Während noch LISREL IV nur unter sehr spezifischen Voraussetzungen korrekt angewendet werden konnte, hat sich mit der fünften Version der formale Anwendungsbereich insbesondere durch die Einführung von Alternativen zum Maximum-Likelihood-Schätzverfahren und zum Chi-Quadrat-Maß erheblich vergrößert; zu den Annahmen, auf denen auch die neueren LISREL-Versionen nach wie vor aufbauen, gehört als wichtigste die Unterstellung ausschließlich linearer Zusammenhänge (Förster & al. 1984, S. 362 f.).

Eine Eigenart, die LISREL mit alternativen Produkten nicht gemeinsam hat, ist die Unterscheidung einer größeren Zahl von Variablenklassen, wodurch die programmiersprachliche Spezifikation des Modells spürbar erschwert wird (Faulbaum 1986, S. 175), die theoretisch-mathematische Struktur jedoch auch im fertigen LISREL-Modell noch durchsichtig bleibt.

Ein Nachteil von LISREL kann darin gesehen werden, daß die Beschreibung der einzelnen Modellparameter auf wenige Formen beschränkt ist. Ein Vorteil ist hingegen die große Zahl von unterschiedlichen Gütemaßen bis hin zu Modifikationsindizes (Faulbaum 1986, S. 176).

Schließlich wird gelegentlich die angeblich unnötig lange Rechenzeit von LISREL kritisiert (Lohmöller 1986, S. 180, S. 181 und S. 183). Diese Erfahrung kann der Verfasser der vorliegenden Arbeit jedoch nicht bestätigen - vielleicht ist die Version V, die Lohmöllers Untersuchung zugrunde lag, auch ganz einfach langsamer, als die gegenwärtige.

Beurteilt man die Eignung der Kausalanalyse (in der rechnertechnischen Realisierung von LISREL) anhand der dargestellten Kriterien, so ergibt sich folgendes Bild:

1. LISREL ermöglicht die Abbildung auch umfänglicher und heterogener Strukturen in einem Modell, das gegebene Zusammenhänge nicht bloß auf quasi-bivariater Ebene, sondern im Kontext des gesamten Modellapparats sichtbar macht. Dabei bleibt dem Anwender bei der Konstruktion relativ viel Freiheit, die freilich auch mit einem entsprechenden Aufwand verbunden ist. Daß alle Zusammenhänge grundsätzlich linear zu sein haben, ist eine Einschränkung, die wohl unvermeidlich ist.

2. LISREL liefert ein umfangreiches Instrumentarium zur differenzierten Beurteilung der Qualität der Modellierung, das allerdings stellenweise am Fehlen verbindlicher Vergleichsmaßstäbe leidet.

3. LISREL beruht in der sechsten Version nicht mehr auf Annahmen, die mit der Natur der in dieser Arbeit verwendeten Daten in Konflikt stehen können. Dies betrifft weniger die Stichprobengröße, die hier im Gegenteil außergewöhlich hoch ist, sondern die nicht immer gerechtfertigte Multinormalverteilungsannahme.

Berücksichtigt man weiterhin die in den letzten Jahren deutlich angestiegene Popularität der Methode, sowie die mit der neusten Version bestehende Möglichkeit einer Einbettung von LISREL-Modellen in SPSS^x, dann muß die Wahl von LISREL für die Lösung der gestellten Aufgabe als angemessen gelten.

3.3 Die Struktur der Wettbewerbsfaktoren

Es liegt in der Konzeption der Wettbewerbsvorteile begründet, daß sie nicht unmittelbar zu beobachten sind. Zwar lassen sich im Einzelfall unschwer spezifische Ursachen des erfolgreichen Bestehens im Wettbewerb nachweisen, etwa ein besonders vorteilhafter Standort oder eine ungewöhnlich günstige Kostenstruktur, die systematische Erfassung scheitert jedoch daran, daß solche einzelfallbezogenen Merkmale keinesfalls als Wettbewerbsfaktoren, sondern bestenfalls als deren Resultate zu interpretieren sind:

- Die Beobachtung des Unternehmensverhaltens von außen kann (abgesehen von grundsätzlichen Nachteilen dieser Erkenntnismethode) bestenfalls dann brauchbare Ergebnisse liefern, wenn die Wettbewerbsfaktoren in irgend einer Weise mit funktionalen Strategien (Verkauf, Produktion, F&E) assoziiert werden. Faktoren wie technologisches know-how oder gar human ressources entziehen sich jedoch praktisch völlig der direkten Beobachtung.

- Die Beobachtung der Unternehmung von innen, das heißt durch Befragung in irgend einer Form, kann ebenfalls nicht den direkten Weg gehen, da das Konzept der Wettbewerbsfaktoren dem potentiellen Respondenten nicht anzunehmenderweise bewußt ist, so daß eine Fragestellung der Art "Welches sind ihre wesentlichen Wettbewerbsvorteile?" erst gar nicht verstanden würde.

Auf eine empirische Herleitung von Wettbewerbsfaktoren braucht deswegen jedoch nicht verzichtet zu werden, weil sie sich auf indirektem Wege erschließen lassen.

Der STRATOS-Fragebogen enthält ein "Bedeutung spezifischer Erfolgsfaktoren" überschriebenes Kapitel, das hierfür herangezogen werden kann. Es enthält 26 Parameter möglicher Wettbewerbsvorteile (V391-V416), für die jeweils die Frage zu beantworten war: "Welche Bedeutung messen Sie gegenwärtig folgenden Faktoren bei, um einen Wettbewerbsvorteil auf Ihrem wichtigsten Markt zu erlangen (...)".

Es kann ohne weiteres unterstellt werden, daß die Respondenten in der gegebenen Interviewsituation auch (oder gerade) bei unscharfer Vorstellung von dem Begriff "Wettbewerbsfaktoren" verstärkt solche Bereiche angegeben haben, in denen sie Vorteile tatsächlich realisieren konnten. Weniger wahrscheinlich ist hingegen, daß auch erfolglose Bemühungen um Wettbewerbsvorteile spontan genannt wurden, wenn nicht gerade ein aktueller Anlaß das Gedächtnis des befragten Unternehmers unterstützt hatte. Insofern können die Variablen V391 - V416 eher als Indikatoren vorhandener, denn als Angaben angestrebter Wettbewerbsvorteile interpretiert werden, obwohl die zweite Sichtweise der Semantik der Fragestellung genauer entspräche.

Die folgenden Kapitel beschäftigen sich mit den Fragestellungen:

1. Welchen Wettbewerbsfaktoren wurde die größte Bedeutung zugemessen, welchen die kleinste? Lassen sich Bereiche erkennen, in denen ein Vorteil im Wettbewerb nur schwer zu erringen ist, und wenn ja: welche? (3.3.1)
2. Welche Wettbewerbsfaktoren treten verstärkt gemeinsam auf und welche Dimensionierung läßt sich aus der Beobachtung der Einzelfaktoren gewinnen? (3.3.2)
3. Sind die aus den Einzelfaktoren gewonnenen Aggregate unabhängige Größen, oder bestehen wechselseitige Zusammenhänge? (3.3.3)

Die ersten beiden Problemkreise wurden bereits von Gabele (1987, insb. S. 10-18) untersucht; geringfügige Unterschiede der Zahlenangaben zu den in dieser Quelle genannten beruhen auf einer zwischenzeitlich erfolgten Änderung der STRATOS-Datenbank aufgrund zusätzlicher Plausibilitätsprüfungen usw. Die Ergebnisse selbst bleiben von dieser Aktualisierung jedoch unberührt.

3.3.1 Die Bedeutung einzelner Wettbewerbsfaktoren

Durchsucht man die einschlägige Literatur zum Thema Wettbewerbsfaktoren, so findet man sehr unterschiedliche Vorstellungen über die Möglichkeiten, Vorteile im Wettbewerb zu erringen:

- Die PIMS-Ergebnisse legen nahe, vorrangig auf den Marktanteil und die Produktqualität zu achten (Schoeffler/Buzzell/Heany 1974, S. 141 bzw. 142).
- Harris/Shaw/Sommers (1984, S. 531) weisen nachdrücklich auf die Bedeutung der Technologie hin.
- Rothschild (1984, S. 44 f. und 115-118) beschreibt zahlreiche Möglichkeiten, im Vertriebsbereich Wettbewerbsvorteile zu erarbeiten.
- Die Untersuchungen von Link (1987) und Cooper/Kleinschmidt (1987) kommen übereinstimmend zu dem Ergebnis, daß entscheidend für den Erfolg von Produktneueinführungen die Eigenschaften des Produkts selbst sind.
- Besonders zahlreich sind die Quellen, die "weiche Faktoren" oder den Personalbereich an die Spitze stellen (Peters/Waterman 1983, Staerkle/Perich 1987, Hoffmann 1986, Krulis-Randa 1983).

Angesichts dieser recht heterogenen Ergebnisse liegt die Vermutung nahe, daß Wettbewerbsvorteile in mehreren, wenn nicht allen Bereichen unternehmerischer Entscheidungsspielräume zu erreichen sind. Diese Ansicht wird unter anderem auch von Porter (1984, S. 65), Pümpin (1982, S. 42) und Simon (1988, S. 468) vertreten. Andererseits ist es aber wenig wahrscheinlich, daß alle Bereiche in gleicher Weise die Chance bieten, sich gegenüber der Konkurrenz abzuheben. Deshalb soll als erste Annahme untersucht werden:

<u>*Hypothese 1:*</u>
Alle erfaßten Faktoren können zu einem Vorteil im Wettbewerb führen; sie unterscheiden sich jedoch im Ausmaß, wie oft sie in Anspruch genommen werden.

Var.- Nr.	Wettbewerbsfaktoren	Mittel- wert	Standard- abweichung	Rang
V394	Produktqualität	4.527	0.683	1
V395	Lieferzuverlässigkeit	4.411	0.762	2
V410	Ruf der Firma	4.361	0.742	3
V401	Qualifikation der Arbeitskräfte	4.218	0.887	4
V409	Flexibilität der Firma	4.152	0.818	5
V411	Qualität des Managements	4.096	0.880	6
V400	Gutes Erscheinungsbild vor Ort und gute Kontakte	4.015	0.978	7
V415	Finanzkraft	3.959	0.888	8
V416	Betriebsklima	3.854	1.030	9
V413	Einkauf	3.853	1.063	10
V392	Niedriges Kostenniveau	3.821	0.983	11
V406	Kreativität	3.811	1.116	12
V404	Persönlicher Einsatz im Verkauf	3.733	1.201	13
V408	Markenimage	3.727	1.220	14
V414	Zahlungsbedingungen	3.662	1.073	15
V391	Preispolitik	3.647	1.075	16
V396	Moderne Produktionstechniken	3.566	1.146	17
V412	Marktanteil	3.529	1.112	18
V399	Produktgestaltung/Design	3.517	1.341	19
V407	Techn. Problemlösungsfähigkeit (Know how)	3.459	1.329	20
V398	Kundendienst nach dem Verkauf	3.434	1.437	21
V402	Vertriebswege	3.431	1.183	22
V393	Vielfalt innerhalb der Produktgruppen (Tiefe)	3.317	1.096	23
V403	Werbung/Verkaufsförderung	3.162	1.184	24
V397	Technische Beratung vor dem Verkauf	2.825	1.401	25
V405	Größe des Verkäuferstabs	2.726	1.186	26

Abbildung 3/6: Einschätzung der Bedeutung einzelner Wettbewerbsfaktoren (s.a. Gabele 1987, S. 12)

Ein Blick auf Abbildung 3/6 macht deutlich, daß diese Annahme durch das verfügbare Datenmaterial eindeutig gestützt wird. Von den zur Auswahl vorgelegten 26 Faktoren, die auf einer fünfgeteilten Likert-Skala (Ausprägungen 1 bis 5) zu beurteilen waren, erreichten 24 einen Mittelwert von mehr als drei und lagen damit oberhalb des Skalenmittelpunkts. Sieben Faktoren erreichten sogar einen Mittelwert von mehr als vier.

Auch die beiden Faktoren mit einem Mittelwert unter drei (V397 - Technische Beratung vor dem Verkauf; V405 - Größe des Verkäuferstabs) sind keineswegs für die Position im Wettbewerb vernachlässigbar. Immerhin 57.9% bzw. 56.9% aller Respondenten hielten sie für bedeutend, stark bedeutend oder gar sehr stark bedeutend. Außerdem relativieren die folgenden Überlegungen die niedrigen Mittelwerte:

- Eine technische Beratung vor dem Verkauf kann nur dann zu einem Wettbewerbsvorteil führen, wenn die angebotenen Produkte selbst erklärungsbedürftig sind. Beschränkt man sich deshalb auf diejenigen Unternehmen, die nicht ausschließlich einfache Technologie einsetzen (V68), dann ergibt sich ein Mittelwert von 3.02 statt von 2.83.

- Kleinere Unternehmen, bei denen aufgrund der geringen Mitarbeiterzahl die funktionale Arbeitsteilung wenig ausgeprägt ist, dürften sich bei der Beantwortung der Frage V405 schwer tun. Tatsächlich ergibt sich für die Teilstichprobe aller Unternehmen mit mehr als 20 Mitarbeitern (n=546, also etwa die Hälfte des Gesamtsamples) ein deutlich höherer Mittelwert von 2.96 statt von 2.73.

Damit verbleibt kein einzelner Parameter, der für die Erringung von Wettbewerbsvorteilen ohne Bedeutung wäre. Die Unterschiede im Ausmaß dieser Bedeutung sind freilich ganz erheblich. Um herauszufinden, ob hierfür bestimmte Gesetzmäßigkeiten eine Rolle spielen, ist es notwendig, eine Struktur in die 26 Einzelfaktoren zu bringen.

3.3.2 Die Dimensionierung der Wettbewerbsfaktoren

Um im Wettbewerb erfolgreich zu bestehen, wird es in vielen Fällen nicht ausreichen, einen Vorteil nur in einem isolierten Bereich zu erarbeiten. Auf die Möglichkeit, mehrere Parameter gewissermaßen als Bündel gezielt zu kombinieren, wird in der Literatur mehrfach verwiesen (z.B. Pümpin 1982, S. 42 sowie Simon 1988, S. 468). Offen bleibt dabei jedoch regelmäßig, welche Kombinationen hierfür geeignet sind. Dieses Problem soll mit Hilfe der folgenden Arbeitshypothese ansatzweise angegangen werden:

Hypothese 2:
Wettbewerbsvorteile treten nicht isoliert auf, sondern lassen zugrundeliegende Muster erkennen, die sich formal mit Hilfe der Faktoranalyse beschreiben lassen.

Mit dem Instrument der konfirmatorischen Faktoranalyse (in LISREL) wurden von Gabele (1987, S. 13 ff.) sechs Faktorgruppen nachgewiesen, zu denen sich die 26 Einzelfaktoren verdichten lassen. Die Dimensionierung ist in Abbildung 3/7 dargestellt, wobei die Faktorladungen an das aktualisierte Datenmaterial angepaßt wurden. Da die Anpassungsmaße für dieses Modell gute Werte zeigen*), kann Hypothese 2 als bestätigt gelten. Im folgenden sollen die sechs Aggregate, die gemäß LISREL-Konvention auch als ETA 1 bis 6 bezeichnet werden, kurz beschrieben und zur Erleichterung der weiteren Verwendung etikettiert werden.

Faktorgruppe ETA 1 beschreibt vorwiegend Merkmale aus dem Humankapitalbereich; lediglich die Variablen V400 und V410 weisen nicht unbedingt in diese Richtung. Deshalb wird die Bezeichnung Humankapital und Image verwendet.

Faktorgruppe ETA 2 enthält ausschließlich Variablen mit technologischem Hintergrund. Der Name Technologische Fähigkeiten ist insofern angebracht.

---

*) GFI = 95.1%   AGFI = 93.8%   RMR = 6.4%

Faktoren	Faktor-Gruppen					
Var.-Nr.	ETA 1	ETA 2	ETA 3	ETA 4	ETA 5	ETA 6
V400	.465					
V401	.559					
V409	.577					
V410	.589					
V411	.640					
V416	.534					
V395		.486				
V396		.472				
V407		.384				
V394			.416			
V397			.458			
V398			.443			
V393			.498			
V399				.458		
V402				.624		
V403				.554		
V404				.368		
V405				.515		
V406				.549		
V408				.564		
V391					.606	
V392					.814	
V412						.607
V413						.587
V414						.576
V415						.675

<u>Abbildung 3/7:</u> Dimensionierung der Wettbewerbsfaktoren (s.a. Gabele 1987, S. 14 f.)

<u>Anmerkung:</u> Die sechs Faktorgruppen sind im Text verbal beschrieben.

Faktorgruppe ETA 3 besteht aus produkt- und dienstleistungsbezogenen Parametern, die sich insgesamt als Leistungsprogramm zusammenfassen lassen.

Faktorgruppe ETA 4 ist gekennzeichnet durch Produktmerkmale und verkäuferische Fähigkeiten. Sie heißt deshalb Vertrieb und Produkt.

Faktorgruppe ETA 5 wird nur von den beiden Variablen "Preispolitik" und "Niedriges Kostenniveau" geladen. Als Etikett wurde Kostenführerschaft und Preispolitik gewählt, oder auch kürzer: Kosten und Preise.

Faktorgruppe ETA 6 ist relativ heterogen aufgebaut. Da als gemeinsammer Nenner die Position auf den verschiedenen Märkten (Absatz, Beschaffung, Kapital) angesehen werden kann, ergibt sich die Bezeichnung Marktpräsenz und Finanzkraft.

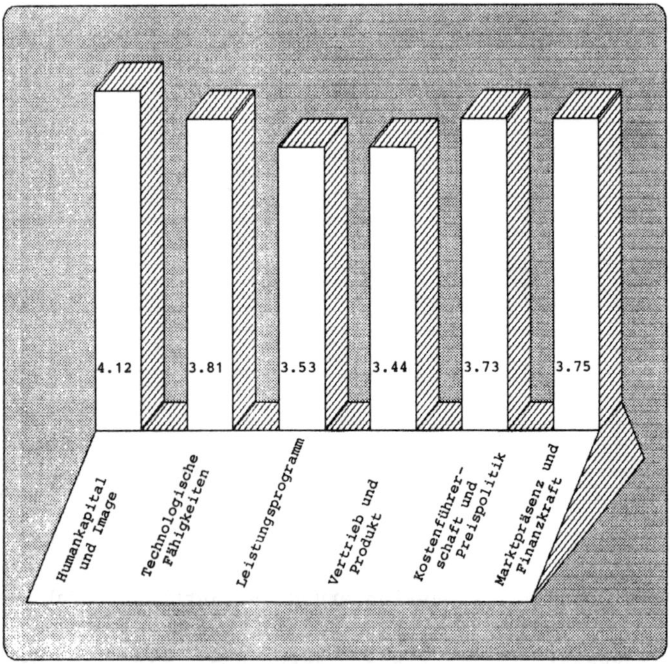

Abbildung 3/8: Bedeutung der aggregierten Wettbewerbsfaktoren

Mit Hilfe dieses Ergebnisses lassen sich auch Aussagen über die Bedeutung der verschiedenen Bereiche möglicher Wettbewerbsvorteile machen. Bildet man für die sechs Faktorbündel die arithmetischen Mittel der in Abbildung 3/6 zusammengestellten Mittelwerte, dann ergibt sich folgendes Bild (s.a. Abbildung 3/8):

1. Mit deutlichem Abstand der wichtigste Bereich ist der Humankapitalbereich (einschließlich Image). Die folgenden drei Größen liegen hingegen recht eng zusammen.
2. Die Bedeutung der eher kaufmännischen Bereiche Leistungsprogramm sowie Vertrieb und Produkt ist etwas geringer als die der anderen Aggregate.
3. Insgesamt gleichen sich aber die Häufigkeitsspitzen durch die Aggregierung weitgehend aus: Die Bandbreite der Mittelwerte reicht nunmehr nur noch von 3.44 bis 4.12.
4. Die überragende Stellung des Marktanteils, die von der PIMS-Studie für ihren Teilnehmerkreis ermittelt wurde, bestätigt sich hier ebensowenig wie bei der univariaten Betrachtung (s. Abbildung 3/6).

3.3.3 Zusammenhänge der aggregierten Wettbewerbsfaktoren untereinander

Nach der Zusammenfassung der Wettbewerbsfaktoren zu sechs Faktorbündeln ist als nächste Fragestellung zu untersuchen, inwieweit sich diese Aggregate gegenseitig beeinflussen. Daß derartige Beeinflussungen existieren, soll als Hypothese 3 angenommen werden, die sich in den folgenden Teilhypothesen 3a bis 3g konkretisiert.

Hypothese 3a
Ein Wettbewerbsvorteil im Humankapitalbereich beeinflußt den Wettbewerbsfaktor Technologische Fähigkeiten.

"Technology investments are primarily investments in people (...) At a result, return on technology investment is directly related to the quality of a company's staff and its motivation." (Harris/Shaw/Sommers 1984, S. 543) Diese geradezu einseitig anmutende Sichtweise findet auch die Unterstützung anderer Autoren. So empfiehlt beispielsweise Bühner (1988, S. 402) im gegebenen Zusammenhang eine intensive Aus- und Weiterbildungspolitik zur "Nutzung spezifischer Mitarbeiterqualifikationen (human asset specificity)".

Besonders die technische Qualifikation der Unternehmensführung gilt als notwendige Bedingung für den sinnvollen Einsatz technologischer Kompetenz (Wheelwright/Hayes 1985, S. 105). Wo sie nicht vorhanden ist, wird ihr Fehlen in der Regel als arge Behinderung empfunden (Harris/Shaw/Sommers 1984, S. 533). Wo hingegen das Management die "richtigen" Eigenschaften aufweist, kann eine technologieorientierte Unternehmensstrategie erfolgreich betrieben werden (Frohman 1982, S. 98).

Hypothese 3b
Ein Wettbewerbsvorteil im Humankapitalbereich beeinflußt den Wettbewerbsfaktor Leistungsprogramm.

Aus den Studien von Cooper/Kleinschmidt (1987, insb. S. 217-221) und Link (1987, insb. S. 111-113) läßt sich übereinstimmend erkennen, daß die Deckungsgleichheit der Produkteigenschaften mit den Kundenbedürfnissen nachhaltigen Einfluß auf den Produkterfolg hat. Ähnliches läßt sich auch für die Gestaltung der produktbegleitenden Dienstleistungen vermuten. Insofern spielt der Faktor "Mensch" bei der Erringung eines Wettbewerbsvorteils mit Hilfe des Leistungsprogramms eine wichtige Rolle.

Hypothese 3c
Ein Wettbewerbsvorteil im Humankapitalbereich beeinflußt den Wettbewerbsfaktor Vertrieb und Produkt.

Vertrieb ist ein Vorgang der Kommunikation. Deshalb spielen Qualifikation und Motivation des Personals hier eine besondere Rolle. Smith/Prescott (1987, S. 59 und 57) beschreiben mißinformiertes, schlecht verfügbares, unpünktliches und nicht auf die Kundschaft eingehendes Verkaufspersonal als einen Kardinalfehler. Auch die Produktgestaltung und -markierung ist als kreative Tätigkeit nicht ohne entsprechend motivierte Mitarbeiter denkbar.

Hypothese 3d
Ein Wettbewerbsvorteil im Humankapitalbereich beeinflußt den Wettbewerbsfaktor Marktpräsenz und Finanzkraft.

Obwohl namentlich die Rolle des Marktanteils in der Literatur besonders intensiv diskutiert wird, fehlen systematische Ansätze, die eine Verbindung dieses Faktors mit anderen Faktorbereichen in die Diskussion bringen, völlig. Der einzige ernsthafte Versuch, zur Erklärung des Marktanteils beizutragen, liegt von Buzzell/Gale/Sultan (1975, S. 98 ff.) vor. Auch hier wird jedoch vorrangig auf der Ebene einzelner Größen, speziell der Kostenstruktur und des vertikalen Integrationsgrads, argumentiert. Am überzeugendsten erscheint dabei noch die Zurückführung des Marktanteils auf die Qualität des Managements (Buzzell/Gale/Sultan 1975, S. 98).

Wenn man sich vergegenwärtigt, daß die finanzielle Position und eventuell auch die Beschaffungsmöglichkeiten höchstwahrscheinlich von Faktoren wie "gutes Erscheinungsbild vor Ort und gute Kontakte" oder "Ruf der Firma" abhängen, dann erscheint es gerechtfertigt, das Faktorbündel "Humankapital und Image" als Einflußgröße für die "Marktpräsenz und Finanzkraft" anzunehmen.

Hypothese 3e
Ein Wettbewerbsvorteil im Leistungsprogramm beeinflußt den Wettbewerbsfaktor Vertrieb und Produkt.

Es gibt Anzeichen dafür, daß verkäuferischer Erfolg immer weniger ein Resultat "klassischer" Verkaufsanstrengungen, sondern in verstärktem Maße abhängig von Parametern wie Qualität oder Service ist. So beschreibt beispielsweise Pümpin (1982, S. 47) Unternehmungen, die die Kundenberatung als strategische Erfolgsposition aufbauen, anstatt das "'eigennützige' Verkaufen" zu pflegen, als "wesentlich marketingorientierter".

Hypothese 3f
Ein Wettbewerbsvorteil im Vertriebsbereich beeinflußt den Wettbewerbsfaktor Marktpräsenz und Finanzkraft.

Wie bereits oben ausgeführt, sind die bisher vorliegenden Erklärungsversuche des Marktanteils und verwandter Größen sehr dürftig. Es erscheint jedoch sachlich nicht unangebracht, Merkmale wie Kreativität (V406), Werbung/Verkaufsförderung (V403) oder Größe des Verkäuferstabs (V405), und damit die Faktorgruppe Vertrieb und Produkt, in diesem Zusammenhang zu nennen.

Hypothese 3g
Ein Wettbewerbsvorteil in Marktpräsenz und Finanzkraft beeinflußt den Wettbewerbsfaktor Kostenführerschaft und Preispolitik.

Ansätze zur Kostenersparnis gibt es fast überall in einem Unternehmen: Technisches, organisatorisches und anderes Wissen, die Ausnutzung vorhandener Ressourcen, und sogar die Unternehmensumwelt können Quellen möglicher Kostenersparnisse sein (s.a. Porter 1986, S. 140 ff.). In vielen Fällen sind derartige Einsparungsvorgänge aber eher als taktische oder operative Maßnahme zu verstehen, denn als (langfristig zu verstehende) Schaffung einer Erfolgsposition. Skinner (1984, S. 523 f.) weist beispielsweise darauf hin, daß reines Produktivitätsdenken in der Fertigung auf Dauer wenig erfolgsträchtig ist: Die wesentliche Ursache niedriger Produktionskosten liege weniger bei kostensparenden Einzelmaßnahmen, sondern z.B. bei der Einführung einer neuen Verfahrenstechnologie.

Ein vielfach unterstellter, wenngleich auch für den Allgemeinfall bestrittener (Porter 1984, S. 196 f.) Zusammenhang ist der zwischen Marktstellung und Kostenposition. Ein hoher Marktanteil soll aufgrund von economies of scale, economies of scope, sowie durch die bessere Nutzbarkeit von Erfahrungskurveneffekten zu wettbewerbsentscheidend niedrigeren Kosten führen (Buzzell/Gale/Sultan 1975, S. 98; Hill 1988,

S. 408). Hypothese 3g lehnt sich an die letztgenannte Auffassung an.

Die Struktur der sechs (aggregierten) Wettbewerbsfaktoren, die sich aus den Hypothesen 3a bis 3g ergibt, hat also folgende Gestalt:

```
+------+   +------+    +------+   +------+   +------+   +------+
| ETA1 |-->| ETA2 |    | ETA3 |-->| ETA4 |-->| ETA6 |-->| ETA5 |
+------+   +------+    +------+   +------+   +------+   +------+
   |                       ^          ^          ^
   |_______________________|__________|__________|
```

Überprüft wurde diese hypothetisch angenommene Struktur, indem das LISREL-Modell, mit dem die konfirmatorische Faktoranalyse zur Dimensionierung der Wettbewerbsfaktoren vorgenommen wurde, entsprechend erweitert wurde. Die Modellanpassung erwies sich wiederum als sehr zufriedenstellend: Es wurden die Werte GFI=94.8%, AGFI=93.6% und RMR=6.6% berechnet. Die Vermutung nachweisbarer Zusammenhänge unter den aggregierten Faktoren ist damit grundsätzlich bestätigt. Dies gilt jedoch nicht in gleichem Maße für alle Teilhypothesen. Der Koeffizient für den Einfluß von ETA 3 auf ETA 4 (s. Hypothese 3e) ist nämlich mit 0.001 verschwindend gering, so daß an dieser Stelle kein Nachweis unterstellt werden kann. Die übrigen Koeffizienten zeigen allerdings deutlich von Null verschiedene Werte:

Einfluß von...	...auf	Koeffizient	vgl. Hypothese
ETA 1	ETA 2	0.983	3a
ETA 1	ETA 3	0.857	3b
ETA 1	ETA 4	0.687	3c
ETA 1	ETA 6	0.561	3d
ETA 4	ETA 6	0.230	3f
ETA 6	ETA 5	0.519	3g

Für die Hypothesen 3a bis 3d, sowie 3f und 3g ist damit der Nachweis erbracht.

3.4 Unternehmerisches Handeln als Determinante von Wettbewerbsfaktoren

3.4.1 Bestimmung geeigneter Erklärungsgrößen

Die verschiedenen Formen unternehmerischer Betätigung lassen sich anhand vielfältiger Gesichtspunkte systematisieren. Derartige Einteilungen finden sich in der Literatur vor allem in Zusammenhang mit dem Strategiebegriff; so unterscheidet Kreikebaum (1989, S. 50) die "Arten von Strategien":

1. nach dem organisatorischen Geltungsbereich: Geschäftsbereichs-, Funktionsbereichs- und Unternehmensgesamtstrategien;
2. nach der Funktion: Absatz-, Produktions-, F&E-, Investitions-, Finanzierungs- und Personalstrategien;
3. nach der Entwicklungsrichtung: Wachstums-, Stabilisierungs- und Schrumpfungsstrategien;
4. nach dem Verhältnis zu Produkten und Märkten: Marktdurchdringungs-, Marktentwicklungs-, Produktentwicklungs-, und Diversifikationsstrategie;
5. nach dem Marktverhalten: Angriffs- und Verteidigungsstrategien;
6. nach den angestrebten Wettbewerbsvorteilen.

Eine weitere, nach Pümpin (1988, Sp. 1921 f.) "äußerst wichtige Strategiekomponente" ist die Unterscheidung:

7. nach dem Koalitionsverhalten: Unabhängigkeits-, Kooperationsstrategie usw.

Die vorliegende Untersuchung hat freilich nicht das Ziel, strategisches Verhalten zu beurteilen, sondern das Zustandekommen von Wettbewerbsvorteilen zu erklären. Im Sinne der Problemstellung können die sieben Einteilungskriterien wie folgt beurteilt werden:

zu 1.: Diese Einteilung ist mit der Charakterisierung des mittelständischen Unternehmens in Teil 1 praktisch nicht vereinbar.
zu 2.: Funktionale Strategien sind in Kapitel 4.4 des STRATOS-Fragebogens beschrieben.
zu 3. und 4.: Ausweitung und Aufgabe von Märkten und Produkten sind in Kapitel 4.2 des STRATOS-Fragebogens beschrieben.
zu 5.: Wegen der definitorisch geforderten "Einzigartigkeit" der Faktoren, mit denen Wettbewerbsvorteile zu erzielen sind, ist eine Unterscheidung von Angriffs- und Verteidigungsstrategien problematisch: Die einzelne Unternehmung ist insofern immer ein Angreifer, als es seine *individuelle* Kombination von Wettbewerbsfaktoren gegenüber der Konkurrenz durchsetzen muß.
zu 6.: Wettbewerbsvorteile sind beim gewählten Ansatz die zu erklärende Größe.
zu 7.: Das Kooperationsverhalten der erfaßten Firmen ist in Kapitel 4.1.4 des STRATOS-Fragebogens beschrieben.

Für alle drei sinnvoll anwendbaren Dimensionen unternehmerischen Handelns (Funktion, Entwicklungsrichtung bei Produkten und Märkten, Zusammenarbeit) werden in den folgenden drei Kapiteln 3.4.1.1 bis 3.4.1.3 formal einsetzbare Indikatoren entwickelt.

3.4.1.1 Funktionale Strategien

Aus den Funktionsbereichen, die im Rahmen des STRATOS-Frageprogramms Berücksichtigung fanden, wurden diejenigen ausgewählt, deren Wirkungen vorrangig den kundenseitigen Wettbewerb betreffen: Marketing, Produktion sowie Forschung und Entwicklung (F&E). Damit soll der diesbezüglichen Einschränkung in der Definition von Wettbewerbsvorteilen in Kapitel 1.2.1 Rechnung getragen werden.

Leider mußten einige Variablen wegen unverhältnismäßig zahlreichen Antwortverweigerungen (V451, V457 und V458), unzureichendem Skalenniveau (V444) oder fehlender sachlicher

Relevanz (V450) aus der multivariaten Analyse ausgeschlossen werden. Statt dessen kam jedoch das Merkmal "Produktstandardisierung" (V292) hinzu. Die Liste der einbezogenen Variablen hat damit die folgende Gestalt:

a) Marketing

V443: Preisniveau
V445: Vertriebswege
V446: Werbung
V447: Sortimentsbreite
V448: Sortimentstiefe
V449: Produktqualität

b) Produktion

V452: Integrationsgrad
V453: Arbeitsintensität
V454: Seriengröße
V455: Lager- vs. Kundenfertigung
V292: Standardisierung

c) Forschung und Entwicklung

V456: Art der Forschung und Entwicklung

Da die Angabe des Funktionsbereichs eine Aussage lediglich über das Objekt, nicht aber über die Art der Betätigung macht, erfordert die Zusammenfassung zu einer überschaubaren Zahl von Erklärungsgrößen eine Umstrukturierung der zwölf Ausgangsgrößen. Durch explorative Faktoranalyse wurden aus ihnen drei Faktoren mit relativ hohen Faktorladungen und guter Trennschärfe extrahiert. Dabei zeigte sich, daß V452 als einzige Variable keinem dieser drei Faktoren zuzuordnen ist. Bei einer Wiederholung ohne V452 konnten 40.8% der Varianz erklärt werden; die Zusammensetzung der drei Faktoren wird aus Abbildung 3/9 ersichtlich.

Die meisten Faktorladungen sind befriedigend bis außerordentlich hoch. Lediglich V446 (Werbung) lädt zwei verschiedene Faktoren, dafür aber in entsprechend geringerem Ausmaß. Die Höhe der Werbeausgaben läßt sich also als unreiner Indikator für die beiden ersten Faktoren verstehen. Eine im Anschluß durchgeführte konfirmatorische Faktoranalyse, die hier nicht im einzelnen beschrieben werden soll, ergab, daß auch V456 (Art der F&E) ein solcher unreiner Indikator ist. Bei den bivariaten Auswertungen, wie sie in den späteren Kapiteln dargestellt werden, werden deshalb beide Größen in beiden Zusammenhängen berücksichtigt.

Variable Nr.	Faktor 1	Faktor 2	Faktor 3
V447	.790		
V448	.742		
V446	.285	.320	
V443		.741	
V449		.671	
V456		.361	
V455			.707
V292			.689
V454			.683
V453			.449
V445			.340

Abbildung 3/9: Zusammensetzung von drei Erklärungsfaktoren
Anmerkung: Faktorladungen unter 0.2 werden nicht aufgeführt.

Es bleibt zu zeigen, daß die drei Faktoren, die hinsichtlich einer späteren Verwendung in einem komplexeren LISREL-Modell als KSI 1 bis KSI 3 bezeichnet werden sollen, auch nach der Umstrukturierung theoretisch sinnvoll interpretierbar sind.

Am leichtesten fällt dies wohl für KSI 3, das im wesentlichen die Fertigungsorganisation, oder allgemeiner: die Fertigungsausrichtung widerspiegelt. Es ist auch nicht unplausibel, daß gewissermaßen handwerklich ausgerichtete Produzenten mit der Tendenz zu Kleinserien, Kundenfertigung, Arbeitsintensität und Produktspezialisierung zum Direktverkauf neigen, während eher industriell ausgerichtete Firmen mit größeren Serien, vorherrschender Lagerfertigung und Kapitalintensität sowie stärker standardisierten Produkten häufiger Absatzmittler einschalten.

KSI 2 läßt sich mit der Entscheidung für Differenzierung oder Kostenführerschaft im Porter'schen Sinne assoziieren, wobei vor allem die Produktqualität, aber auch die Werbung und die originäre Produktentwicklung hier mögliche Differenzierungsmerkmale darstellen. Die Komplementarität beider Strategiealternativen kommt darin zum Ausdruck, daß ein unterdurchschnittliches Preisniveau mit geringer Produktqualität usw., ein überdurchschnittliches Preisniveau hingegen mit hoher Produktqualität usw. in Zusammenhang gebracht wird.

Es wäre jedoch voreilig, KSI 1 (<u>Sortimentsumfang</u>) deswegen als Entscheidung für oder gegen Fokussierung deuten zu wollen. Während nämlich bei dieser Entscheidung die Frage Gesamtmarkt oder Teilmarkt im Vordergrund steht, beschreibt KSI 1 das Problem, mit welchem Sortiment auf einem gegebenen Markt operiert wird. Eher ist das Verhältnis zwischen KSI 1 und KSI 2 zu vergleichen mit dem zwischen Quantität und Qualität. Insofern läßt sich das Porter'sche Schema zweier möglicher Strategiemuster erweitern zu einer Vierfeldertafel, die durch Kombination der quantitativen mit der qualitativen Komponente entsteht:

SORTIMENT	umfangreich	ausgewählt
differenziert		
	A N G E B O T	
kostengünstig		

Ein Beispiel aus der Modebranche mag die vier möglichen Strategien kurz erläutern. Ein renommiertes Modehaus wird ein ebenso differenziertes wie umfangreiches Sortiment zur Befriedigung seiner Kunden vorhalten. Eine exklusive Boutique hält dagegen ein weitaus begrenzteres Sortiment, ohne daß dieses deswegen weniger differenziert wäre. Ein Anbieter von Massenbekleidung arbeitet mit einem umfangreichen, kostengünstigen Sortiment, ein Second-Hand-Laden dagegen mit ausgewählter Billigkleidung.

Die Faktoren KSI 1 bis KSI 3 repräsentieren damit drei mögliche Wege, mit den Mitteln des Marketing-, des Produktions- sowie des F&E-Bereichs in den Wettbewerb um den Kunden einzugreifen: durch Anpassung des Sortimentsumfangs (KSI 1), der (Sortiments-) Differenzierung (KSI 2) oder des Sortimentsursprungs (KSI 3).

3.4.1.2 Strategien der Entwicklung von Produkten und Märkten

Die von Kreikebaum (1989, S. 50) unterschiedenen drei Strategien hinsichtlich der Entwicklungsrichtung lassen sich etwa wie folgt charakterisieren:

- Bei der Wachstumsstrategie werden vorwiegend neue Tätigkeitsfelder erschlossen, die für das Unternehmen lukrativ erscheinen.
- Bei der Schrumpfungsstrategie wird das Prinzip verfolgt, unrentable Tätigkeitsfelder aufzugeben, um sich auf die verbleibenden zu konzentrieren.
- Bei der Stabilisierungsstrategie halten sich entweder die Erschließung neuer und die Aufgabe alter Tätigkeiten die Waage, oder aber es wird auf die Änderung des Tätigkeitsbereichs ganz verzichtet.

Sie unterscheiden sich also sowohl im Ausmaß der Maßnahmen, mit denen das Geschäft ausgeweitet wird, als auch im Ausmaß der Maßnahmen, die sich als Rückzug aus angestammten Betätigungen verstehen lassen. Nach Maßnahmen dieser beiden Arten wurde im STRATOS-Fragebogen gefragt, und zwar sowohl im Zusammenhang mit der Produkt-, als auch mit der Marktselektionspolitik ("Markt" ist hierbei zu verstehen im geographischen Sinne), außerdem hinsichtlich der Kundengruppen.

Die Prüfung der Übereinstimmung zwischen Datenmaterial und Theorie erfolgte mit dem Instrument der konfirmatorischen Faktoranalyse. Mit dieser Methode sollte insbesondere ermittelt werden, ob sich die folgenden Indikatoren zu zwei latenten Variablen zusammenfassen lassen, welche den theoretisch postulierten Komponenten "Expansion" [a)-c)] und "Rückzug" [d)-f)] entsprechen:

a) Die Summe aus den Variablen V323-V325, V327, V330-V332 und V335*) (Expansion-Produkte);
b) Die Summe aus den Variablen V351-V354 und V355*) (Expansion-Märkte);
c) Die Summe aus den Variablen V363 und V365*) (Expanison-Kundengruppen);
d) Die Summe aus den Variablen V326, V328 und V329 (Rückzug-Produkte);
e) Die Summe aus den Variablen V349 und V350 (Rückzug-Märkte);
f) Die Variable V364 (Rückzug-Kundengruppen).

Das definierte Modell zeigte gute Anpassungswerte (GFI=97.7%, AGFI=91.9%, RMR=6.3%). Da keine allzugroßen Modifikationsindizes errechnet wurden (Maximum=4.03), kann die Zuordnung der sechs Indikatorvariablen zu den beiden latenten Variablen als sinnvoll gelten. Die Faktoren "Expansion" und "Rückzug" können damit als KSI 4 und KSI 5 in das Modell zur Erklärung von Wettbewerbsfaktoren aufgenommen werden.

3.4.1.3 Zusammenarbeit mit anderen Firmen

Sofern sich die betriebswirtschaftliche Literatur mit der überbetrieblichen Kooperation beschäftigt, tut sie dies fast ausschließlich unter dem Gesichtspunkt der formalen Gestaltung (z.B. Wöhe 1986, S. 325-345). Ein Zusammenhang mit der Erringung von Wettbewerbsvorteilen wird hingegen nur ausnahmsweise gesehen (Müller/Goldberger 1986, Müller 1987).

Ein Grund hierfür könnte sein, daß die Neigung der Unternehmen selbst, einen Teil ihrer Unabhängigkeit aufzugeben, recht schwach ausgeprägt ist, wie sich auch anhand der STRATOS-Daten zeigen läßt; lediglich 234 bis 394 Unternehmer - je nach Betätigungsfeld - meldeten überhaupt eine wenigstens schwache Zusammenarbeit (V310-V320; s.a. Abbildung 3/10).

---

*) Mit Vertauschung der Ausprägungen "0" und "1".

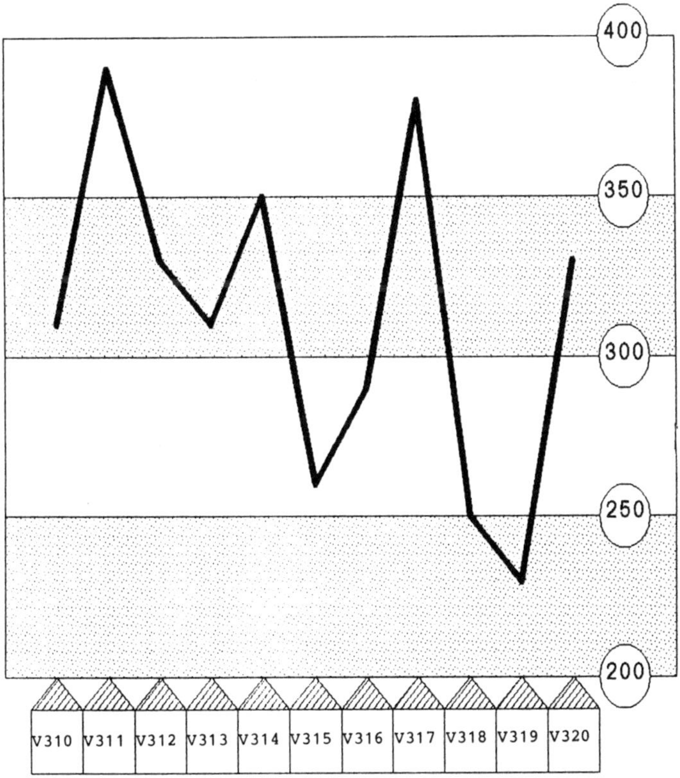

Abbildung 3/10: Zahl der Unternehmen mit überbetrieblicher Zusammenarbeit in verschiedenen Bereichen

Legende: Die STRATOS-Variablen V310-V320 stehen für die Zusammenarbeit in den Bereichen Einkauf, Produktion, Werbung/Verkaufsförderung, Vertrieb, Verkauf, Export, Marktforschung, F&E, Informationsbeschaffung/ -verarbeitung, Kundendienst und Ausbildung.

Am relativ häufigsten findet diese dabei in der Produktion (V311) sowie in Forschung und Entwicklung (V317) statt. Ansonsten weist nicht einmal ein Drittel aller gültigen Antworten auf firmenübergreifende Aktivitäten irgendeiner Art hin.

Dort, wo sie stattfindet, kann die Zusammenarbeit mit anderen Firmen jedoch als charakteristisches Element unternehmerischer Betätigung angesehen werden, und zwar weitgehend unabhängig von dem Bereich, in dem sie angewendet wird: Mit Hilfe einer explorativen Faktoranalyse konnte nämlich gezeigt werden, daß ein einziger Faktor bereits 43.1% der Varianz aller elf Variablen zur Kennzeichnung der Kooperationsneigung (V310 bis V320) erklärt. Auch auf dem Wege der konfirmatorischen Faktoranalyse in LISREL konnte diese Beobachtung bestätigt werden.

Es kann somit unterstellt werden, daß die überbetriebliche Zusammenarbeit in verschiedenen Gebieten weniger von der Art und der Zusammenstellung dieser Gebiete abhängt, sondern eher von der Bereitschaft der Unternehmensleitung, Zusammenarbeit überhaupt zu betreiben. Dazu paßt auch die Beobachtung von Fröhlich/Pichler (1988, S. 114), daß die Kooperationswilligkeit mit wachsender Unternehmensgröße zunimmt: Überbetriebliche Zusammenarbeit ist also kein Phänomen größenbedingter Notwendigkeit, sondern prinzipieller Offenheit gegenüber der gemeinsamen Ressourcennutzung.

Für die latente Variable KSI 6 ("Kooperation") können aufgrund dieses Ergebnisses die Variablen V310-V320 als Indikatoren verwendet werden. Insgesamt stehen damit für die Erklärung von Wettbewerbsfaktoren zur Verfügung:

KSI 1 = Sortimentsumfang
KSI 2 = Differenzierung
KSI 3 = Fertigungsausrichtung
KSI 4 = Expansion
KSI 5 = Rückzug
KSI 6 = Kooperation

3.4.2 Isolierte Einflüsse der Erklärungsgrößen

Bevor die Einwirkung der gefundenen Erklärungsgrößen auf die Wettbewerbsfaktoren im Gesamtzusammenhang eines LISREL-Modells beschrieben wird, soll zunächst dargestellt werden, welche Zusammenhänge auf bivariater Ebene nachzuweisen sind.

Da jedoch weder die Erklärungsfaktoren KSI 1 bis 6, noch die zu erklärenden Größen ETA 1 bis 6 unmittelbar vorliegen, sondern nur mittelbar durch die jeweils zugehörigen Indikatoren erschlossen werden können, ist es notwendig, sie mit einer geeigneten Konstruktion anzunähern. Für die folgenden Betrachtungen wurden jeweils die ungewichteten arithmetischen Mittel der Indikatorausprägungen berechnet; diese wurden zur Verwendung im Chi-Quadrat-Unabhängigkeitstest in vier bzw. drei möglichst gleich große Klassen eingeteilt. Für die ETA-Faktoren und KSI 6 lautet die Einteilung:

Ausprägung des arithmetischen Mittels	Klasse
1.0 bis einschließlich 2.0	"1"
mehr als 2.0 bis einschließlich 3.0	"2"
mehr als 3.0 bis einschließlich 4.0	"3"
mehr als 4.0 bis einschließlich 5.0	"4"

Gelegentlich mußten allerdings die Klassen "1" und "2" für ETA 1 oder 2 wegen zu geringer Fallzahl zusammengefaßt werden; das gleiche geschah für KSI 6 mit den Klassen "3" und "4". Als Wertetiketten wurden in Anlehung an die Antwortmöglichkeiten des Fragebogens die Bezeichnungen unbedeutend ("1"), kaum bedeutend ("2"), bedeutend ("3") und sehr bedeutend ("4") gewählt.

Für die Klasseneinteilung bei den Faktoren KSI 1 bis 5 gab es kein derartig naheliegendes "natürliches" Einteilungsmuster, da hier die Indikatorvariablen teilweise recht heterogene Ausprägungen aufweisen. Die Gliederung orientierte sich deshalb an dem Prinzip, jeweils möglichst drei gleichstarke Klassen zu erzeugen.

3.4.2.1 Sortimentsumfang und Differenzierung

Zwei der zur möglichen Erklärung von Wettbewerbsvorteilen konstruierten Faktoren, KSI 1 und KSI 2, entstammen vorwiegend dem Bereich "Marketing-Strategien". KSI 1 beschreibt dabei die Alternative, ein umfangreiches Sortiment anzubieten, wobei intensiver Werbung und originärer Produktentwicklung unterstützende Wirkung zukommt, oder aber das Sortiment auf wenige Produktgruppen mit wenigen tendenziell nicht selbst entwickelten und nur gering beworbenen Produkten zu beschränken.

Es liegt nahe, diese Strategiealternative zu den beiden Wettbewerbsfaktoren Leistungsprogramm sowie Vertrieb und Produkt in Verbindung zu setzen. Dabei kann prinzipiell von drei verschiedenen Denkansätzen ausgegangen werden:

1. "Die gezielte Erkenntnis von Kundenbedürfnissen führt zu einer spezifischen Auswahl des Sortiments und auf diesem Wege zu einem Wettbewerbsvorteil im Leistungsprogramm und im Vertriebsbereich."

2. "Mit einem umfangreichen Sortiment kann im Einzelfall viel exakter auf die individuellen Bedürfnisse der Kunden eingegangen werden, womit sich sowohl das Leistungsprogramm, als auch der Vertrieb als der Konkurrenz überlegen erweist."

3. "Wie groß das Sortiment zu sein hat, ergibt sich gerade aus den Bedürfnissen des firmenindividuellen Kundenkreises; insofern ist ein Einfluß auf die Wettbewerbsfaktoren Leistungsprogramm oder Vertrieb und Produkt nicht ohne weiteres nachweisbar."

Die zur Überprüfung dienende Arbeitshypothese soll in Anlehnung an den Standpunkt 2. formuliert werden:

Hypothese 4:
Ein umfangreiches Sortiment führt zu Wettbewerbsvorteilen hinsichtlich der beiden Faktoren "Leistungsprogramm" sowie

"Vertrieb und Produkt".

Die folgenden Kreuztabellierungen machen die Berechtigung dieser Hypothese und damit des zweiten Denkansatzes deutlich: Ein statistisch meßbarer Zusammenhang besteht jeweils auf dem 0.01%-Niveau; Die Irrtumswahrscheinlichkeit ist also verschwindend gering.

Sortiments-umfang	Leistungsprogramm				Vertrieb und Produkt			
	"1"	"2"	"3"	"4"	"1"	"2"	"3"	"4"
ausgewählt	5	84	88	68	24	64	107	46
durchschn.	4	108	224	195	12	91	290	133
umfangreich	3	27	97	104	2	22	104	100

Der Einfluß des Sortimentsumfangs muß aber nicht auf den rein kaufmännischen Bereich beschränkt bleiben. Wenn technologische Wettbewerbsfähigkeit von der Einbindung der Technologie in die allgemeine Geschäftsstrategie lebt (Harris/Shaw/Sommers 1984, S. 535), dann bedeutet dies, daß Hypothese 4 ergänzt werden kann:

Hypothese 5:

Ein umfangreiches Sortiment führt zu Wettbewerbsvorteilen hinsichtlich des Faktors "Technologische Fähigkeiten".

Hier ist das Ergebnis der statistischen Überprüfung nicht weniger deutlich, als bei den beiden anderen Wettbewerbsfaktoren: Das Signifikanzniveau liegt wieder unter 0.01%. Allerdings ist für den Fall der Richtigkeit der Beobachtung von Harris/Shaw/Sommers damit zu rechnen, daß dieser Zusammenhang nur indirekter Natur ist und deshalb bei einer multivariaten Auswertung nicht mehr auftritt.

Sortiments-umfang	Technologische Fähigkeiten "1"	"2"	"3"	"4"
ausgewählt	4	34	103	103
durchschn.	5	53	196	279
umfangreich	1	10	68	156

KSI 2 ist bereits mit der Porter'schen Strategieentscheidung Differenzierung oder Kostenführerschaft in Verbindung gebracht worden. Konsequenterweise muß bei dieser Sichtweise angenommen werden, daß die eine Alternative - Differenzierung - zu Wettbewerbsvorteilen in den mit den betrachteten Differenzierungsmerkmalen verbundenen Bereichen führt, während die andere Alternative - Kostenführerschaft - den Wettbewerbsfaktor Kosten und Preise günstig beeinflußt:

Hypothese 6:
Eine hohe Ausprägung der Strategievariablen "Differenzierung" ist mit Wettbewerbsvorteilen in den Bereichen "Technologische Fähigkeiten", "Leistungsprogramm" und "Vertrieb und Produkt" verbunden, eine geringe Ausprägung mit einem Wettbewerbsvorteil im Bereich "Kosten und Preise".

Im bivariaten Zusammenhang erweist sich auch diese Annahme als korrekt, wobei die vier ermittelten Signifikanzniveaus nicht über 0.5% liegen, also ebenfalls die Irrtumswahrscheinlichkeit sehr gering ist (Kreuztabellierungen auf der folgenden Seite). Interessant ist aber, daß das von Porter prognostizierte Phänomen des "stuck in the middle" (Porter 1984, S. 73) nicht auftritt. Vielmehr zeigt ein Blick auf die Kreuztabellen, daß die Mehrheit der Unternehmungen, die einen Mittelweg zwischen Differenzierung und Kostenführerschaft wählen ("Kombination"), Wettbewerbsvorteile ebenso realisieren kann, wie die einseitig ausgerichtete Konkurrenz. Porter's Ansatz ist also dahingehend zu modifizieren, daß Kostenführerschaft und Differenzierung nur Extrempunkte eines Kontinuums von denkbaren Verhaltensweisen sind.

K S I 2	Technologische Fähigk.				Leistungsprogramm			
	"1"	"2"	"3"	"4"	"1"	"2"	"3"	"4"
Kostenführ.	3	17	47	37	4	32	44	23
Kombination	6	69	254	365	7	159	288	244
Differenz'g	2	14	89	159	2	39	103	115

K S I 2	Vertrieb und Produkt				Kosten und Preise			
	"1"	"2"	"3"	"4"	"1"	"2"	"3"	"4"
Kostenführ.	9	29	50	12	-	5	37	65
Kombination	26	136	348	173	15	79	197	412
Differenz'g	4	23	129	103	10	32	103	118

3.4.2.2 Fertigungsausrichtung

In Kapitel 3.3.3 ist gezeigt worden, daß der Wettbewerbsfaktor "Kosten und Preise" nachweisbar von der "Marktpräsenz und Finanzkraft" beeinflußt wird. Die theoretische Literatur, die zugunsten eines derartigen Zusammenhangs argumentiert, verwendet im allgemeinen Phänomene wie economies of scale, economies of scope, Nutzung von Erfahrungskurveneffekten u.ä. zur Erklärung (z.B. Hill 1988, S. 406 ff.). Auf das verwendete Datenmaterial übertragen, bedeutet dies, daß eine stärker industriell ausgerichtete Fertigung (niedrige Werte für KSI 3) die Wettbewerbsfaktoren ETA 5 und ETA 6 fördert:

Hypothese 7:

Eine Ausrichtung der Fertigung auf Standardisierung und Rationalisierung führt zu Wettbewerbsvorteilen in den Bereichen "Kosten und Preise" sowie "Marktpräsenz und Finanzkraft".

Beide Zusammenhänge sind statistisch nachweisbar. Die Irrtumswahrscheinlichkeit beträgt für ETA 6 0.05%, für ETA 5 sogar maximal 0.01%.

K S I 3	Kosten und Preise				Marktpräsenz und F.Kr.			
	"1"	"2"	"3"	"4"	"1"	"2"	"3"	"4"
Standard	5	11	71	118	4	14	94	87
gemischt	7	62	182	339	2	60	240	282
Spezialität	12	30	56	79	4	33	72	68

Dieses Ergebnis wirft unmittelbar die nächste Frage auf: Kann auch mit der gegenteiligen, die Individualität des Produkts und des mit ihm befriedigten Bedürfnisses stärker einbeziehenden Fertigungsausrichtung ein Wettbewerbsvorteil erarbeitet werden? Ein solcher Wettbewerbsvorteil müßte, wenn es ihn gäbe, den Umstand ausnutzen, daß die durchrationalisierte, vor allem auf Menge ausgelegte Produktion mit Schwächen verbunden ist, die durch eine anders ausgerichtete Fertigungsorganisation vermeidbar sind. Schwächen dieser Art könnten in den Bereichen auftreten, die mit "Technologische Fähigkeiten" und "Leistungsprogramm" etikettiert sind (z.B. Lieferzuverlässigkeit oder Service).

Hypothese 8:

Eine Ausrichtung der Fertigung auf Spezialisierung und unterschiedliche Kundenbedürfnisse führt zu Wettbewerbsvorteilen in den Bereichen "Technologische Fähigkeiten" und "Leistungsprogramm".

Hier ist die Antwort nicht ganz so eindeutig wie bei

Hypothese 7. Zwar ist der Zusammenhang zwischen KSI 3 und ETA 2 bzw. KSI 3 und ETA 3 jeweils positiv, die Irrtumswahrscheinlichkeit liegt jedoch für den ersten Fall bei etwa 5%, für den zweiten bei knapp 0.5%. Angesichts einer Fallzahl von n=963 kann bei einem Signifikanzniveau von 5% nicht mehr von einem nachgewiesenem Zusammenhang die Rede sein; Hypothese 8 kann also lediglich für das Leistungsprogramm als bestätigt gelten, und auch hier mit einem gewissen Irrtumsvorbehalt. Endgültige Klarheit kann erst die Einbeziehung in den Kontext eines multivariaten Verfahrens bringen.

K S I 3	Technologische Fähigk.				Leistungsprogramm			
	"1"	"2"	"3"	"4"	"1"	"2"	"3"	"4"
Standard	2	18	74	110	4	60	80	58
gemischt	2	52	232	299	5	130	239	211
Spezialität	3	19	47	105	1	25	71	78

An dieser Stelle soll noch kurz auf den Integrationsgrad eingegangen werden, da diese Variable (V452) bei der faktoranalytischen Aufbereitung der funktionalen Strategien gewissermaßen "verloren gegangen" ist. Unter Verwendung verschiedener Arbeitshypothesen wurde getestet, ob signifikante Zusammenhänge zwischen V452 und irgendeinem der Faktoren ETA 2 bis ETA 6 bestehen. Das Ergebnis war in jedem Falle negativ. Die make-or-buy-Entscheidung spielt also in der Praxis offenbar längst nicht die entscheidende Rolle, die ihr in der Literatur zugewiesen wird (z.B. Bühner 1988, S. 400 f.; Ihde 1988, passim; Wheelwright/Hayes 1985, S. 105).

Für die Dimensionierung der Betätigungsmuster bedeutet das eine nachträgliche Rechtfertigung der Vernachlässigung des Integrationsgrads: Da das Ziel der Ausarbeitung von Betätigungsmustern die Erklärung von Wettbewerbsfaktoren ist, würde die Einbeziehung dieses Parameters keinen Erkenntnisvorteil mit sich bringen.

3.4.2.3 Expansion und Rückzug

Der Vorgang der Behauptung im Wettbewerb ist ohne stetige Anpassung und Veränderung nicht denkbar, denn: "Der etablierte Anbieter, der seine Position verteidigen muß, sollte sich bewußt sein, daß Wettbewerbsvorteile vergänglich und permanent gerfährdet sind." (Simon 1988, S. 477) Eine Unternehmung, der die Fähigkeit, Neues zu erproben, abgeht, wird auf Dauer nicht gegenüber ihrer lernfähigeren Konkurrenz bestehen können.

Besonders entscheidend ist diese Fähigkeit naturgemäß auf dem Technologiesektor, aber sich wandelnde Kundenbedürfnisse erfordern auch die regelmäßige Überprüfung des Leistungsprogramms und der Ausgestaltung von Vertrieb und Produkt. Die Neigung zur Bearbeitung neuer Tätigkeitsfelder, die hier auch als Expansion bezeichnet wird, dürfte also die Wettbewerbssituation in diesen drei Bereichen nachhaltig beeinflussen.

Hypothese 9:
Die Neigung zur Expansion führt zu Wettbewerbsvorteilen bei den Technologischen Fähigkeiten, im Leistungsprogramm und im Bereich Vertrieb und Produkt.

Außerdem ist anzunehmen, daß expandierende Unternehmen bereit und in der Lage sind, sich eine relativ günstige Marktposition zu verschaffen:

Hypothese 10:
Die Neigung zur Expansion führt zu Wettbewerbsvorteilen im Bereich Marktposition und Finanzkraft.

Beide Annahmen werden durch die bivariate Auswertung des Datenmaterials gestützt. Für die Aussagen der Hypothese 9 wurden Signifikanzniveaus unter 0.01% berechnet, für Hypothese 10 beträgt die Irrtumswahrscheinlichkeit etwa 0.2%. (Es sei angesichts dieses Unterschieds noch einmal darauf hingewiesen, daß das Signifikanzniveau nichts über die Stärke der nachgewiesenen Beziehung aussagt, sondern lediglich über die Wahrscheinlichkeit, daß sie besteht.)

Expansion (KSI 4)	Technologische Fähigk.			Leistungsprogramm			
	"1-2"	"3"	"4"	"1"	"2"	"3"	"4"
gering	87	179	184	8	139	175	127
mittel	16	117	193	2	62	141	123
intensiv	12	105	207	3	34	128	154

Expansion (KSI 4)	Vertrieb und Produkt				Marktpräsenz und F.Kr.			
	"1"	"2"	"3"	"4"	"1"	"2"	"3"	"4"
gering	30	106	222	84	10	66	182	194
mittel	8	54	162	96	-	35	139	152
intensiv	5	34	159	118	3	23	127	165

Während der positive Einfluß der Expansionsneigung auf fast allen Gebieten recht naheliegend ist, fällt es schwerer, einen Bereich zu finden, für den günstige Auswirkungen der gegenteiligen Strategie, des Rückzugs, unterstellt werden können. Einen Hinweis hierzu liefert Frohman (1982, S. 99): Er argumentiert, daß technnologiebedingte Wettbewerbsvorteile wegen der beschränkten F&E-Budgets einerseits und der notwendigen hohen Aufwendungen andererseits die Fähigkeit zu einer vernünftigen Auswahl der verfolgten Projekte voraussetzen.

Wenn sich diese Logik in den STRATOS-Daten wiederfinden ließe, dann müßte für die Gesamtstichprobe ein positiver Zusammenhang zwischen KSI 5 und ETA 2 festzustellen sein, für eine Teilstichprobe mit relativ hohen F&E-Aufwendungen müßte dieser Zusammenhang aber deutlich weniger ausgeprägt sein oder ganz verschwinden.

Hypothese 11:

Die Neigung zum Rückzug führt zu Wettbewerbsvorteilen bei den Technologischen Fähigkeiten, in bedeutend geringerem Ausmaß jedoch bei Unternehmen mit einem relativ hohen F&E-Budget.

Tatsächlich läßt sich für die Gesamtstichprobe ein deutlicher Zusammenhang nachweisen (Signifikanzniveau = 0.21%), für die Teilstichprobe mit V458 > 2 (F&E-Aufwendungen in Prozent des Umsatzes) liegt die Irrtumswahrscheinlichkeit jedoch bei 54.9%, also höher als die Wahrscheinlichkeit, korrekterweise einen Zusammenhang unterstellt zu haben.

Neigung zum Rückzug (KSI 5)	Technologische Fähigkeiten (Gesamtstichprobe)			(Teilstichprobe V458>2)		
	"1-2"	"3"	"4"	"1-2"	"3"	"4"
gering	67	188	244	6	41	87
mittel	31	128	174	3	34	56
intensiv	17	85	166	1	26	59

Man erkennt aus der Kreuztabellierung deutlich, daß für das Gesamtsample mit steigender Rückzugsneigung der Anteil der Respondenten, für die die Technologischen Fähigkeiten "sehr bedeutend" sind, zunimmt, und der Anteil derer, für die dieser Faktor "unbedeutend" oder "kaum bedeutend" ist, abnimmt. Für das Subsample bleibt hingegen das Verhältnis über alle drei Zeilen hinweg ziemlich konstant.

3.4.2.4 Kooperation

Die Zusammenarbeit zweier oder mehrerer Firmen miteinander verfolgt das Ziel, Synergieeffekte auszunutzen und größenbedingte Nachteile auszugleichen. Dabei sind zwei Unterziele zu unterscheiden: Durch die Ausnutzung von Größeneffekten kann die Zusammenarbeit zur Reduzierung der Kostenbelastung beider Kooperationspartner beitragen (Wöhe 1986, S. 316); die Addition des jeweiligen know-hows und etwaige komparative Vorteile beim Standort, bei den Beschaffungsmöglichkeiten usw. können aber auch eine Verbesserung des Outputs mit sich bringen (andeutungsweise: Wöhe 1986, S. 317 und 320). Beide Möglichkeiten sollen für die STRATOS-Erhebung überprüft werden.

Hypothese 12:
Die Neigung zur Kooperation beeinflußt den Wettbewerbsfaktor "Kosten und Preise".

Hypothese 13:
Die Neigung zur Kooperation beeinflußt die Wettbewerbsfaktoren "Technologische Fähigkeiten", "Leistungsprogramm" und "Vertrieb und Produkt".

Hypothese 12 ist nicht anhand des verwendeten Datenmaterials zu verifizieren. Weder das Aggregat KSI 6, noch irgendeine der darin enthaltenen Einzelvariablen V310 bis V320 zeigte einen statistisch signifikanten Zusammenhang mit dem Wettbewerbsfaktor ETA 5.

Hypothese 13 kann hingegen für alle drei Variablen auf dem 0.1%-Signifikanzniveau aufrechterhalten werden. Als Hauptmotiv für die überbetriebliche Zusammenarbeit steht damit die Leistungsverbesserung (und nicht die Kosteneinsparung) fest.

Kooperation (KSI 6)	Technologische Fähigk. "1-2"	"3"	"4"	Leistungsprogramm "1"	"2"	"3"	"4"
kaum ("1")	104	313	425	11	202	340	286
schwach("2")	7	67	112	1	25	76	84
stark("3-4")	1	11	39	1	3	20	26

Kooperation (KSI 6)	Vertrieb und Produkt "1"	"2"	"3"	"4"
kaum ("1")	40	161	404	220
schwach ("2")	1	23	109	50
stark ("3-4")	-	5	23	21

3.4.3 Zusammenfassung zu einem Gesamtmodell

3.4.3.1 Modellspezifikation

Um zu überprüfen, wie weit die auf bivariater Ebene gefundenen Zusammenhänge auch im Kontext mit anderen Einflüssen zu beobachten sind, wurde unter Beachtung der zuvor beschriebenen Ergebnisse ein LISREL-Modell aufgestellt, das den Einfluß der verschiedenen Betätigungsmöglichkeiten auf das Vorhandensein von Wettbewerbsvorteilen beschreiben sollte.

Die Dimensionierung der endogenen Variablen orientierte sich wiederum an Gabele (1987, S. 14 f.). Bei der Zuordnung der 26 manifesten Variablen zu den sechs Wettbewerbsfaktoren:

- Humankapital und Image (ETA 1),
- Technologische Fähigkeiten (ETA 2),
- Leistungsprogramm (ETA 3),
- Vertrieb und Produkt (ETA 4),
- Kostenführerschaft und Preispolitik (ETA 5) sowie
- Marktpräsenz und Finanzkraft

wurden gegenüber der Zusammenstellung in Kapitel 3.3.2 keine Änderungen mehr vorgenommen.

Die Dimensionierung der exogenen Variablen blieb ebenfalls die gleiche, wie bei den isolierten Betrachtungen (Kapitel 3.4.1). Die drei Faktoren KSI 1 (Sortimentsumfang), KSI 2 (Differenzierung) und KSI 3 (Fertugungsausrichtung) verwenden Variablen aus dem Bereich der funktionalen Strategien als Indikatoren, wobei V446 (Werbung) und V456 (Art der Forschung und Entwicklung) als "unreine indikatoren" zur Erklärung beider Faktoren KSI 1 und KSI 2 herangezogen werden. Die Recodierung dieser elf Variablen, die wegen der uneinheitlichen Originalcodierung notwendig wurde, geht aus Abbildung 3/11 hervor.

Als Indikatoren für die latente Variable KSI 4 (Expansion) werden die in Kapitel 3.4.1.2 beschriebenen Werte Expansion-Produkte, Expanson-Märkte und Expansion-Kundengruppen verwendet, entsprechend für KSI 5 (Rückzug). Die Kooperation (KSI 6) wird repräsentiert durch die Variablen V310 bis V320.

Var.	Bezeichnung	Ausprägungen			
====	===========	"hoch"	"mittel"	"gering"	
V292	Spezialisierungsgrad	2	3	1	
V443	Hohes Preisniveau	1	2	3	
V445	Unmittelbarkeit Verkauf	1	3	2	
V446	Hohe Werbungsausgaben	1	2	3	
V447	Breites Sortiment	1	-	2	
V448	Tiefes Sortiment	1	2	3	
V449	Hohe Produktqualität	1	2	3	
V453	Arbeitsintensität	1	-	2	
V454	Kleinere Fert.Serien	1	2	3	
V455	Weniger Lagerfertigung	2	3	1	
V456	Forschung u. Entwickl.	1	2	3	9

Vereinheitlichte Codierung	3	2	1

Abbildung 3/11: Vergleich der Codierung der Variablen V292 und V443 ff. im Originalfragebogen und in der vereinheitlichten Verwendung im Modell.

Von den Hypothesen über die Zusammenhänge der Wettbewerbsfaktoren untereinander hatten sich die meisten (3a-3d, sowie 3f und 3g) als berechtigt herausgestellt. Eine Einbeziehung aller dieser Zusammenhänge in das Gesamtmodell scheiterte jedoch leider an einem formalen Hindernis, nämlich an der Identifikationsfähigkeit des Modells. (Zur Identifikation von LISREL-Modellen s. Förster & al. 1984, S. 353 f.). Deshalb mußte die Beziehung zwischen ETA 4 und ETA 6, die sich als die schwächste gezeigt hatte, weggelassen werden, ohne daß damit Zweifel an deren Existenz verbunden wären.

Für die Einflüsse der Betätigungsparameter auf die Wettbewerbsfaktoren wurde derart verfahren, daß zunächst die theoretisch prognostizierten und auf bivariater Ebene nachgewiesenen Beziehungen in das Modell aufgenommen wurden, und dann diejenigen Beziehungen, deren Nachweis im multivariaten Kontext nicht mehr gelang, aus diesem wieder entfernt wurden. Andere als die zuvor theoretisch begründeten Zusammenhänge wurden nicht aufgenommen.

Etwaige Zusammenhänge der latenten exogenen Variablen untereinander wurden nicht unterstellt, außer zwischen KSI 3 und KSI 6, da hier (ansonsten nicht ins Modell einbezogene) äußere Gegebenheiten*) eine Rolle spielen könnten. Auch Zusammenhänge der Residuen der latenten endogenen Variablen untereinander wurden ausgeschlossen.

3.4.3.2 Modellergebnisse und Gütemaße

Die Anpassung des Modells ist - den von LISREL bereitgestellten Gütemaßen zufolge - gut. Die globalen Maße, die die Qualität des Gesamtmodells beschreiben, zeigen folgende Werte (s.a. Abbildung 3/12):

	Soll	Ist
Goodness-of-Fit-Index (GFI)	1.000	0.890
Adjusted-Goodness-of-Fit-Index (AGFI)	(GFI)	0.878
Root Mean Square Residual (RMR)	0.000	0.065

---

*) Aufgrund der der Literatur entnommenen These, daß größere Unternehmungen kooperationsbereiter seien als kleinere, und aufgrund der Annahme, daß die Fertigungsausrichtung ebenfalls abhängig von der Unternehmensgröße sei, ergibt sich eine begründbare (negative) Verbindung von KSI 3 und KSI 6.

Auch die Determinationskoeffizienten für die beiden Meßmodelle (in Abbildung 3/12 als CD-X und CD-Y bezeichnet) liegen mit 0.974 und 0.951 recht dicht an dem theoretischen Höchstwert von eins. Die zwölf latenten Variablen (KSI 1 bis KSI 6 und ETA 1 bis ETA 6) lassen sich also angemessen mit den gewählten Indikatoren beschreiben. Für das Strukturgleichungsmodell wurde ein Determinationskoeffizient von 0.985 berechnet (CD-SE in Abbildung 3/12).

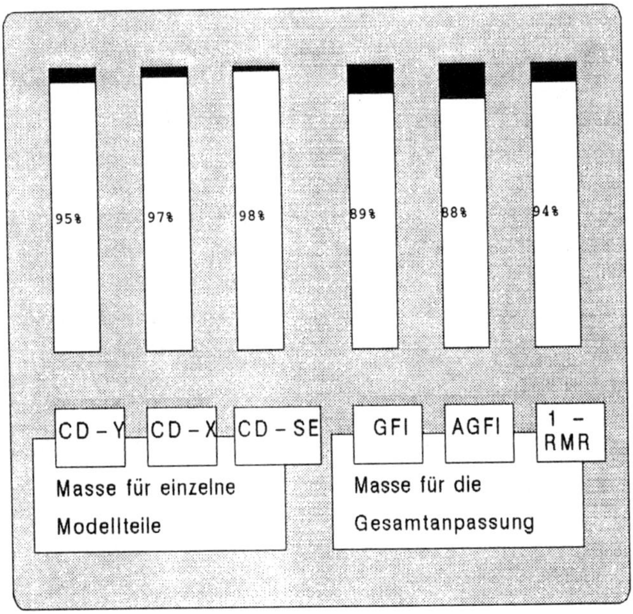

Abbildung 3/12: Gütemaße des erstellten LISREL-Modells

Die Struktur der endogenen latenten Variablen (ETA-Variablen) untereinander ist bereits im vorigen Kapitel dargestellt worden: Bis auf den rechentechnisch bedingten Fortfall einer einzigen Beziehung ist sie gegenüber der isolierten Betrachtung unverändert geblieben. Zu den Beziehungen, die den Zusammenhang zwischen exogenen und endogenen Variablen beschreiben, sind jedoch einige Anmerkungen notwendig.

1. Auf bivariater Ebene war ein Zusammenhang zwischen dem Sortimentsumfang (KSI 1) und den Technologischen Fähigkeiten (ETA 2) nachgewiesen worden (Kapitel 3.4.2.1). Gleichzeitig war jedoch vorhergesagt worden, daß bei Anwendung eines multivariaten Verfahrens dieser Zusammenhang nicht mehr zu beobachten wäre, da als theoretische Erklärung die Notwendigkeit, den Technologiebereich in die Unternehmensstrategie insgesamt einzugliedern, herangezogen wurde (S. 189). Im hier dargestellten Modell mußte die Annahme eines Zusammenhangs zwischen KSI 1 und ETA 2 tatsächlich wegen vernachlässigbar geringer Ladung fallen gelassen werden.

2. Der Einfluß von KSI 3 auf ETA 3, der wegen einer relativ hohen Irrtumswahrscheinlichkeit mit einem Fragezeichen versehen worden war, tritt im Gesamtmodell deutlich hervor, so daß Hypothese 8 in ihrer zweiten Teilaussage nunmehr als bestätigt gelten kann.

3. Nur vernachlässigbar gering ist im LISREL-Modell der Einfluß von KSI 2 auf die Wettbewerbsfaktoren Technologische Fähigkeiten (ETA 2) und Leistungsprogramm (ETA 3), so daß auch hier die zugehörigen Parameter auf null fixiert wurden. Es dürfte jedoch voreilig sein, den Vertriebsbereich (ETA 4), für den ein Einfluß nachweisbar bleibt, als einzige mögliche Differenzierungsquelle anzusehen. Vielmehr ist anzunehmen, daß sich die Zusammensetzung von KSI 2 in unerwünschter Weise bemerkbar macht: Die Variablen, die die F&E-Strategie beschreiben, sind bis auf V456 für ein Gesamtmodell nicht brauchbar, und der produktbegleitende Service, der für ETA 3 eine große Rolle spielt (zwei von vier Indikatoren), wird im STRATOS-Fragebogen überhaupt nicht erfaßt. Insofern kann Porter's These, daß Differenzierung in den unterschiedlichsten Bereichen zu Wettbewerbsvorteilen führen kann, nicht als widerlegt gelten.

Insgesamt kann jedenfalls festgestellt werden, daß die Struktur, die sich aus den bivariaten Vorauswertungen ergeben hatte, durch die Zusammenfassung zu einem Gesamtmodell nur an vereinzelten Stellen Korrekturen erforderte. Das vollständige Strukturgleichungsmodell ist in Abbildung 3/13 graphisch dargestellt.

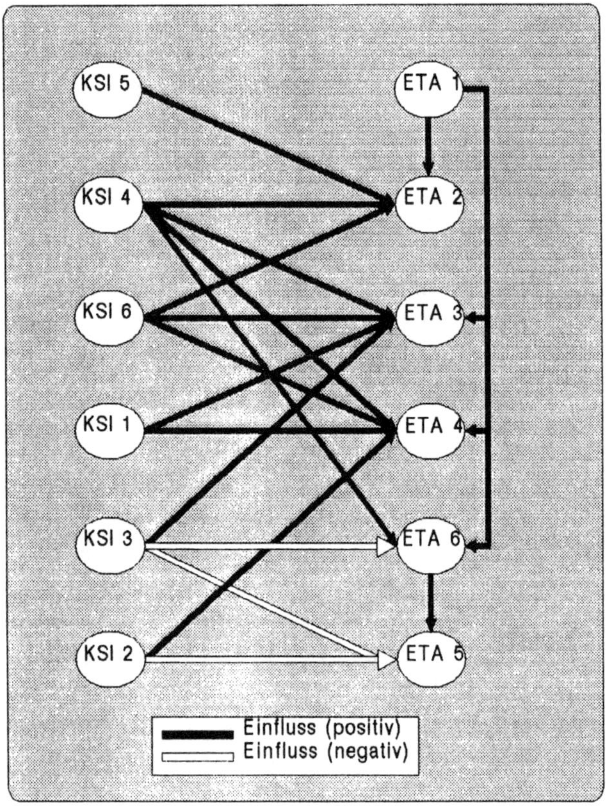

Abbildung 3/13: Stukturgleichungsteil des erstellten LISREL-Modells

Legende:

KSI -> Erklärungsvariablen: Sortimentsumfang (1), Differenzierung (2), Fertigungsausrichtung (3), Expansion (4), Rückzug (5), Kooperation (6).

ETA -> Wettbewerbsfaktoren: Humankapital/Image (1), Technologische Fähigkeiten (2), Leistungsprogramm (3), Vertrieb/Produkt (4), Kosten/Preise (5), Marktpräsenz/Finanzkraft (6).

Hinsichtlich der Wettbewerbsfaktoren ETA 2 bis ETA 6 *) ist das Modell von beachtlicher Erklärungskraft, wie Abbildung 3/14 anhand des Kriteriums der quadrierten multiplen Korrelationen deutlich macht. Lediglich der Faktor "Kostenführerschaft und Preispolitk" fällt hierbei etwas zurück, was aber auch nicht verwundern kann, da Maßnahmen zur Kosteneinsparung normalerweise keinen langfristigen Charakter haben (s.a. Skinner 1986, S. 524); insofern dürfte in den Entscheidungen, auf Differenzierung (KSI 2) und auf allzu produktindividuelle Fertigung (KSI 3) zu verzichten, sowie parallel Wettbewerbsvorteile in Marktposition und Finanzkraft (ETA 6) zu suchen, die wesentliche Grundlage für eine günstige Kostenposition zu sehen sein.

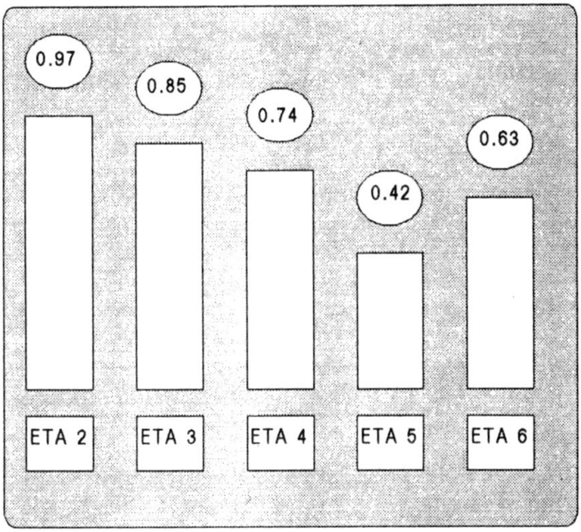

Abbildung 3/14: Erklärungskraft des LISREL-Modells für die latenten endogenen Variablen ETA 2 bis ETA 6 (Legende s. Abbildung 3/13)

---

*) Der Faktor ETA 1 (Humankapital und Image) wird im Rahmen des vorliegenden Modells nicht erklärt, trägt aber vielmehr selbst zur Erklärung der übrigen Wettbewerbsfaktoren wesentlich bei. Zur Interpretation dieses Phänomens s. S. 210.

3.4.3.3 Interpretation der Modellergebnisse: Allgemeine Handlungsmuster und besondere Fähigkeiten

Als vordergründigstes Ergebnis des spezifizierten Modells ist zu erkennen, daß sich Wettbewerbsfaktoren zu einem erheblichen Teil aus den grundsätzlichen Merkmalen unternehmerischer Betätigung ableiten lassen:

- Zunächst wirken die Sortiments- (KSI1) und die Differenzierungspolitik (KSI2) beide auf den Wettbewerbsfaktor Vertrieb und Produkt ein, die Sortimentspolitik außerdem auf das Leistungsprogramm (ETA3) und die Differenzierungspolitik mit negativem Vorzeichen auf die Kosten- und Preisposition (ETA5).

- Eine tendenziell kundennahe/spezialisierte Produktion (KSI3) trägt zu einem Wettbewerbsvorteil im Leistungsprogramm (ETA3) bei, während eine niedrige Ausprägung dieser Erklärungsvariablen, also eine eher standardisierte, mengenorientierte Fertigung zu Vorteilen in den Bereichen Kosten/Preise (ETA5) und Marktpräsenz/Finanzkraft (ETA6) führt.

- Expansionsneigungen (KSI4) können in allen Wettbewerbsbereichen, ausgenommen Humankapital/Image (ETA1) und Kostenführerschaft/Preispolitik (ETA5), fördernd wirken. Demgegenüber zeigt sich für den Fall des Rückzugs (KSI5) nur ein gewisser Zusammenhang mit dem Technologie-Faktor (ETA2), der allerdings theoretisch gut begründbar ist.

- Überbetriebliche Zusammenarbeit ist offenbar nur unter dem Aspekt der Leistungsverbesserung, nicht aber hinsichtlich der Einsparung von Kosten sinnvoll. Jedenfalls ist die Abhängigkeit der Faktoren ETA2 bis ETA4 von der Kooperationsneigung (KSI6) klar erkennbar, während für ETA5 die Erklärungsvariable KSI6 keine ersichtliche Rolle spielt.

Eine weitergehende Interpretation, die den Gesamtzusammenhang der verschiedenen Beziehungen besser berücksichtigt, kann an der unterschiedlichen Charakterisierung der erklärenden und der zu erklärenden Faktoren ansetzen.

Die sechs <u>exogenen Variablen</u> sind aus der Beschreibung des unternehmerischen Handelns gewonnen. Sie stellen jedoch keine Merkmale irgendwelcher konkreter Maßnahmen dar, sondern sind eher als permanente Vorlieben bei der Ausgestaltung verschiedenster Betätigungsfelder im Sinne von Grundmustern zu verstehen. Im Gegensatz zu den Wettbewerbsfaktoren sind ihre Kennzeichen:

a) Sie sind nicht notwendigerweise auf einen bestimmten Gegenstand gerichtet. Zum Beispiel kann sich Expansion auf die Produktentwicklung ebenso beziehen, wie auf die Akquisition neuer Kundengruppen.
b) Sie sind nicht eindeutig als Vor- und Nachteile zu sehen. Besonders deutlich wird das dort, wo sowohl hohe, als auch niedrige Ausprägungen zu unterschiedlichen Wettbewerbsvorteilen führen, wie etwa bei KSI 2 oder KSI 3.

Für die sechs Faktoren KSI 1 bis KSI 6 wird deshalb die Bezeichnung <u>allgemeine Handlungsmuster</u> gewählt.

<u>Endogene Variablen</u> sind in dem zu interpretierenden Modell die Wettbewerbsfaktoren. Die beiden folgenden Punkte sind Kennzeichen dieser Größen:

a) Wie bereits aus der Semantik des Worts hervorgeht, stellen sie grundsätzlich einen Vorteil, ihr Fehlen einen Nachteil im Wettbewerb dar: Wer in der Lage ist, technologische, verkäuferische oder andere Fähigkeiten zu entwickeln, ist dem Konkurrenten, der das nicht kann, ceteris paribus überlegen.
b) Sie besitzen immer einen konkreten Gegenstand der Vorteilhaftigkeit (Technologie, Produkt, ...).

Deshalb erscheint die Bezeichnung <u>besondere Fähigkeiten</u> zur Unterscheidung von den allgemeinen Handlungsmustern angebracht.

Anhand dieses Ansatzes können folgende allgemeine Handlungsmuster unterschieden werden:

- KSI1: Das Unternehmen ist bestrebt, sein Angebot möglichst groß zu halten.
- KSI2: Das Unternehmen ist bestrebt, sein Angebot möglichst einzigartig zu gestalten.
- KSI3: Das Unternehmen ist bestrebt, sein Angebot unterschiedlichen Anforderungen anzupassen.
- KSI4: Das Unternehmen ist bestrebt, neue Tätigkeitsfelder auszufüllen.
- KSI5: Das Unternehmen ist bestrebt, "uninteressante" Tätigkeitsfelder aufzugeben.
- KSI6: Das Unternehmen ist bestrebt, mit anderen Unternehmen zusammenzuarbeiten, wenn es sich davon einen Vorteil verspricht.

Die Bereiche für potentielle Wettbewerbsvorteile entsprechen folgenden besonderen Fähigkeiten:

- ETA1: Das Unternehmen ist in der Lage, Mitarbeiter und Öffentlichkeit für die eigenen Ziele zu gewinnen.
- ETA2: Das Unternehmen ist in der Lage, moderne Technologie nutzenstiftend einzusetzen.
- ETA3: Das Unternehmen ist in der Lage, auf Kundenbedürfnisse einzugehen.
- ETA4: Das Unternehmen ist in der Lage, Produkt und Kunden zusammenzubringen.
- ETA5: Das Unternehmen ist in der Lage, kostengünstig zu wirtschaften.
- ETA6: Das Unternehmen ist in der Lage, sich auf Faktor- und Absatzmärkten eine Position der Stärke zu verschaffen.

Während mit Hilfe der allgemeinen Handlungsmuster die Frage beantwortet wird, was eine Unternehmung grundsätzlich anders macht, als die Konkurrenz, oder auch: was sie anders machen <u>will</u>, geben die besonderen Fähigkeiten Auskunft darüber, was die Unternehmung besser <u>kann</u>, als ihre Wettbewerber.

Es muß noch einmal betont werden, daß mit den unterschiedlichen Ausprägungen des Wollens noch kein Vor- oder Nachteil an sich verbunden ist; die Struktur der Stärken und Schwächen, und damit die Zusammensetzung der Bereiche, in denen Wettbewerbsvorteile erarbeitet werden können, hängt aber dennoch aufs engste mit ihnen zusammen. So ist es wenig erfolgversprechend, mit spezialisierten, auf die individuellen Kundenbedürfnisse zurechtgeschnittenen Produkten auf hoher Qualitätsstufe Marktanteile gewinnen zu wollen. Ein Wettbewerbsvorteil im Bereich "Leistungsprogramm" wäre dagegen auf diesem Wege viel eher zu erzielen.

Damit kommt den Ergebnissen der vorliegenden Untersuchung auch eine erhebliche Bedeutung für die Praxis zu: Ein Unternehmen, das einen Vorteil im Wettbewerb realisieren will und nach geeigneten Bereichen sucht, kann aus der Kenntnis seines Profils allgemeiner Handlungsmuster Nutzen ziehen, indem es die Interdependenz dieser Größen einerseits und der im Wettbewerb potentiell vorteilhaften Parameter andererseits in seine Entscheidung einfließen läßt. Umgekehrt kann eine Diskrepanz von Wollen und Können als Ursache für erfolgloses Agieren im Wettbewerb in Frage kommen. Das Instumentarium der Selbst- und Konkurrentenanalyse, wie es von zahlreichen Autoren dargestellt wird (Porter 1984, S. 80 f.; Hinterhuber 1984, S. 53 ff.; Rothschild 1986, S. 70 ff.; Simon 1988, S. 466 ff.) bedarf insofern noch einer prinzipiellen Ergänzung.

Auf jeden Fall zeigen die Ergebnisse dieser Arbeit, daß zu den unverzichtbaren unternehmerischen Aufgaben nicht zuletzt die einer aussagefähigen Selbstcharakterisierung gehört. Das "gnothi seauton" des delphischen Apollontempels behält damit seine Gültigkeit auch für die moderne Unternehmensführung.

3.5 Sonderauswertungen

Die Ergebnisse des zuvor beschriebenen Modells sollen mit Hilfe von zwei Sonderauswertungen abgerundet werden. Sie betreffen die Bereiche Personalwesen (Faktor Arbeit) und Finanzierung (Faktor Kapital).

3.5.1 Faktor Arbeit

Der wichtigste Wettbewerbsfaktor des auf den vorigen Seiten dargestellten Modells ist die Größe Humankapital und Image. Das kommt nicht zuletzt dadurch zum Ausdruck, daß er direkt oder indirekt alle anderen Wettbewerbsfaktoren beeinflußt: Der Unternehmer und seine Mitarbeiter stehen quasi im Mittelpunkt des gesamten betrieblichen Geschehens. Dies begründet auch bis zum gewissen Grade, warum ETA 1 als einziger Faktor nicht durch die Variablen unternehmerischen Handelns erklärt wird, wohl aber selbst zur Erklärung anderer Faktoren beiträgt: Der Mensch im Unternehmen ist nicht Produkt der Strategie, sondern im Gegenteil deren Urheber. Daß dies nicht nur für die Führungskräfte gilt, sondern für alle Beschäftigten, ist in der Vergangenheit bereits mehrfach vermutet worden (Peters/Waterman 1983, S. 37; Krulis-Randa 1983, S. 144).

Ein weiterführender Ansatz kann demzufolge in der Einbeziehung der Werthaltungen in die Erklärung von Wettbewerbsvorteilen gesehen werden. Dieser Weg ist mit dem verwendeten Datenmaterial auch bereits erfolgreich beschritten worden (Gabele 1987, S. 40 ff.). An dieser Stelle soll jedoch deutlich gemacht werden, daß auch eine geeignete Personalpolitik zumindestens unterstützend wirken kann.

3.5.1.1 Personalpolitische Maßnahmen

In der Literatur werden verschiedene Möglichkeiten genannt, wie die Motivation der Belegschaft beeinflußt werden kann (z.B. Hinterhuber 1984, S. 232 ff.). Die STRATOS-Daten geben Auskunft über acht verschiedene Maßnahmen:

1. die Zahlung übertariflicher Löhne (V487);
2. die Gewährung freiwilliger Sozialleistungen, die über denen der Konkurrenten liegen (V488);
3. die Verwendung individueller Leistungsanreize (V489);
4. die Förderung der Weiterbildung (gemessen in Form der Weiterbildungsausgaben relativ zum Branchendurchschnitt) (V490);
5. die Bevorzugung interner Bewerber bei Stellenbesetzungen (V491);
6. eine wohlwollende oder wenigstens neutrale Haltung gegenüber einer gewerkschaftlichen Organisierung der Arbeitnehmer (V492);
7. die Gewährung von Rechten über das gesetzlich vorgeschriebene Maß hinaus (V493-V496);
8. die Beteiligung der Mitarbeiter am Unternehmenskapital (Eigen- oder Fremdkapital) (V477).

Abbildung 3/15 gibt einen Überblick über die Auswirkungen dieser acht Maßnahmen auf die Fähigkeit, Wettbewerbsvorteile im Humankapitalbereich zu erarbeiten. Dabei wurde als Maßgröße für diese Fähigkeit der Prozentsatz der Respondenten mit ETA1 = "4", vermindert um den Prozentsatz der Respondenten mit ETA1 = "1" oder ETA1 = "2", verwendet.*) Dieser Wert wurde auch für die Gesamtheit aller Befragten mit gültigen Angaben zu ETA1 berechnet, um einen Vergleichsmaßstab zu erhalten (in Abbildung 1/15 angedeutet durch eine dünne vertikale Linie).

---

*) Die Definition ist rechnerisch identisch mit:
Maßgröße =
2 x Prozentzahl(ETA1="4") + Prozentzahl(ETA1="3") - 100%

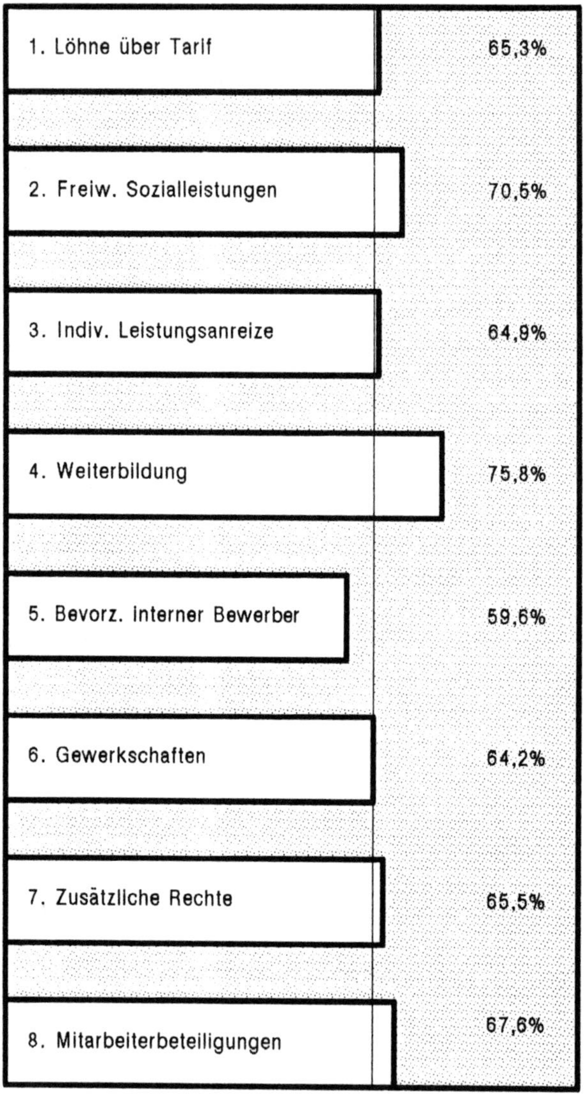

Abbildung 3/15: Auswirkungen personalpolitischer Maßnahmen auf den Wettbewerbsfaktor Humankapital und Image (s.a. Beschreibung im Text)

Es fällt zunächst auf, daß einige Anreizformen gänzlich ohne erkennbare Wirkung bleiben: das Lohnniveau, die individuellen Leistungsanreize, die Haltung zu den Gewerkschaften und die Einräumung zusätzlicher Mitarbeiterrechte. Im Fall der individuellen Leistungsanreize verzerren allerdings zahlreiche Antwortverweigerungen das Bild; immerhin liegt die Meßgröße für diejenigen Unternehmen, die *keine* solchen Anreize bieten, um mehr als zwanzig Prozentpunkte unter dem in der Abbildung eingetragenen Wert, so daß ein Verzicht darauf keinesfalls empfohlen werden kann. Für die übrigen drei Merkmale kann vielleicht unterstellt werden, daß sie dort, wo sie vorliegen, von der Belegschaft nicht wahrgenommen oder als selbstverständlich angesehen werden, und deshalb zu keinem Wettbewerbsvorteil im Humankapitalbereich führen.

Nicht nur keine positive, sondern sogar eine klar erkennbare negative Wirkung hat die Bevorzugung interner Bewerber bei Stellenausschreibungen. Dies läßt sich jedoch aus der besonderen Situation des mittelständischen Unternehmens (mit maximal 500 Beschäftigten!) heraus erklären: Vielfach dürfte ganz einfach kein geeigneter Kandidat innerhalb des Unternehmens zur Verfügung stehen, und wenn dann dennoch ein unternehmensinterner Bewerber auf die ausgeschriebene Stelle versetzt wird, dann tritt der erwünschte Motivationseffekt nicht ein.

Als geeignete Wege zur Erzielung eines Wettbewerbsvorteils im Humankapitalbereich bieten sich die Weiterbildung (Meßgröße: 75,8%), die freiwilligen Sozialleistungen (70,5%) und - mit Abstrichen - die Mitarbeiterkapitalbeteiligungen (67,6%) an (Vergleichswert: 63,7%). Hierin zeigt sich, daß in der Praxis das Selbstverwirklichungsstreben des individuellen Arbeitnehmers der beste Anknüpfungspunkt für personalpolitische Maßnahmen ist.

3.5.1.2 Personalpolitik in besonderen Situationen

Eine gründlichere Auswertung des Datenmaterials bezieht neben ETA 1 auch weitere Wettbewerbsfaktoren ein, insbesondere diejenigen, die unmittelbar durch ETA 1 beeinflußt werden. Die interessierende Fragestellung lautet: "Wie ändert sich die Zusammensetzung der empfehlenswerten personalpolitischen Maßnahmen, wenn spezifische besondere Fähigkeiten aufgebaut bzw. erhalten werden sollen?"

Des besseren Überblicks halber werden im folgenden vier Teilstichproben unterschieden:

- Technologieorientierte Unternehmungen mit ETA 2 = "4"
- Leistungsprogrammorientierte Unternehmungen mit ETA 3 = "4"
- Vertriebsorientierte Unternehmungen mit ETA 4 = "4" und
- Marktorientierte Unternehmungen mit ETA 6 = "4"

Diese vier Subsamples sind keineswegs als disjunkte Mengen zu verstehen, vielmehr sind gerade zwischen den letzten beiden aufgrund des nachgewiesenen Zusammenhangs zwischen ETA 4 und ETA 6 (s. Kapitel 3.3.3) Überschneidungen durchaus zu erwarten. Alle vier weisen jedoch mehr oder weniger spezifische Charakteristika auf. Für jedes Subsample getrennt wurde die oben beschriebene Untersuchung einzeln durchgeführt, d.h. es wurde wieder ein Vergleichswert aus der gesamten Teilstichprobe berechnet, und Maßzahlen aus denjenigen Datensätzen der Teilstichprobe, auf die die acht Merkmale zutreffen.

Der positive Einfluß von Mitarbeiterbeteiligungen ist für technologieorientierte Unternehmungen nicht mehr zu beobachten. Auch die Bedeutung der Weiterbildung schrumpft stark zusammen; hier kann allerdings die Formulierung des Fragebogens einen Einfluß haben, denn dort wurde ausdrücklich auf den Branchendurchschnitt als Vergleichsgröße hingewiesen, so daß das Skalenniveau für Technologieunternehmen automatisch höher liegen dürfte.

Ganz im Gegensatz zu diesen können leistungsprogrammorientierte Unternehmungen mit dem Instrument der Mitarbeiterkapitalbeteiligung die auffälligsten Ergebnisse erzielen. Sozialleistungen und Weiterbildung fallen dahinter zurück.

Vertriebsorientierte Unternehmungen zeichnen sich generell in hohem Maße dadurch aus, daß sie gleichzeitig Wettbewerbsvorteile im Humankapitalbereich besitzen: reichlich 90% aller Datensätze mit ETA4 = "4" wiesen diesen Höchstwert auch für ETA 1 auf! Dementsprechend schwierig ist es, sich von diesem Standard noch weiter abzuheben: Lediglich freiwillige Sozialleistungen kommen den Auswertungen zufolge hierfür in Frage.

Bei den marktorientierten Unternehmungen, also denjenigen, die eine Stärke im Bereich Marktpräsenz und Finanzkraft aufweisen, spielt als einzigen das Lohnniveau eine gewisse Rolle. Der Unterschied zur Vergleichsgröße ist aber mit 2,4 Prozentpunkten selbst für diese Teilstichprobe nicht besonders groß. Überhaupt liegen bei dieser Teilstichprobe die einzelnen Maßzahlen alle recht dicht an der Vergleichszahl.

Damit zeigt sich, daß die Weiterbildung, obwohl insgesamt das auffälligste Merkmal, je nach Ausrichtung der besonderen Fähigkeiten des Unternehmens sehr unterschiedliche Wirkungen haben kann; freiwillige Sozialleistungen sind hingegen in jedem Fall von Vorteil. Für die Gewährung individueller Leistungsanreize gilt das oben Ausgeführte einheitlich für alle vier Teilstichproben, auf sie sollte also in keinem Fall verzichtet werden. Schließlich kann gelegentlich die Beiteiligung der Mitarbeiter am Unternehmenskapital positive Wirkungen auf den Wettbewerbsfaktor Humankapital und Image zeigen.

3.5.2 Faktor Kapital

Die Beschaffung des für den Geschäftsbetrieb notwendigen Kapitals ist ein Bereich, dessen Gestaltung in kleinen und mittelgroßen Unternehmen im Vergleich mit Großunternehmen besonders spezifischen Bedingungen unterliegt.

Zu denken ist hier zunächst an die wesentlich eingeschränkteren Möglichkeiten, durch Emission von Beteiligungspapieren und Anleihen die vom Publikum bereitgestellten Mittel zur Eigen- und Fremdfinanzierung zu nutzen. Aber auch Kredite von Banken und Kapitalsammelstellen sind oft schwerer zu erhalten, da verschiedene Sicherungsinstrumente (z.B. Negativerklärungen bzw. -klauseln) nur bei hinreichend namhaften Debitoren Anwendung finden. Der Informationsstand von Firmen mit bis zu 500 Mitarbeitern ist außerdem zwangsläufig geringer als bei Konzernen, deren Finanzierungsabteilung allein diese Größe erreichen kann. Und nicht zuletzt kann die unterschiedliche Mentalität, gerade wenn es um Finanzierungsformen geht, die mit Mitspracherechten verbunden sind, eine entscheidende Rolle spielen.

Daß die Bedeutung der Finanzkraft als Wettbewerbsfaktor jedoch keineswegs größenabhängig beschränkt ist, wurde bereits gezeigt (Kapitel 3.3.1, insb. Abbildung 3/6). Deshalb soll anhand des in dieser Arbeit verwendeten Datenmaterials noch untersucht werden, wie sich europäische mittelständische Unternehmen finanzieren, und welche Auswirkungen dies auf ihre Fähigkeit, Wettbewerbsvorteile zu erzielen, hat.

3.5.2.1 Bedeutung und Wirkung einzelner Finanzierungsquellen

Aus den unterschiedlichen Möglichkeiten, auf die einzelnen Kapitalbeschaffungsformen zurückzugreifen, ergibt sich die jeweilige Bedeutung der Finanzierungsquellen. Abbildung 3/16 gliedert die Unternehmerangaben in die drei Gruppen keine/schwache Bedeutung, mittlere Bedeutung und große/sehr große Bedeutung auf.

Variable	Bedeutung kaum	mittel	stark	Wirkung
A) MITTEL- UND LANGFRISTIGE FINANZIERUNG				
V470: Einbeh. Gewinne	17.2	18.5	64.2	*
Erhöhung des Eigenkap.				
-V471: Alte Eigentümer	58.9	19.2	21.9	*
-V472: Neue Eigentümer	87.0	6.7	6.3	(*)
V473: Anleihen	58.5	16.3	25.3	***
V474: Leasing	78.0	15.4	6.5	***
V475: Subventionen usw	77.2	13.0	9.8	**
V476: Inhaberdarlehen	77.9	13.1	8.9	(*)
V477: Mitarbeiterbet.	95.8	2.9	1.3	-
B) KURZFRISTIGE FINANZIERUNG				
V478: Bankkredite	29.3	23.7	47.0	(*)
V479: Wechselkredite	72.0	13.1	15.0	***
V480: Kreditoren	46.6	25.8	27.7	***
V481: Kundenanzahl'en	79.4	9.5	11.2	**
V482: Factoring	85.8	6.7	7.4	(*)
V483: Privateinlagen	70.3	16.6	13.0	***
V484: Subventionen usw	84.3	9.1	6.6	***

Bedeutung: Prozentzahl der gültigen Antworten:
kaum = keine oder schwache / stark = (sehr) große
Wirkung: Zusammenhang mit V415 nachweisbar mit einer Irrtumswahrscheinlichkeit unter 0.01% [***], 0.1% [**], 1% [*] bzw. 2% [(*)].

Abbildung 3/16: Bedeutung und Wirkung verschiedener Finanzierungsquellen

Analog der Fragebogengliederung wird dabei zwischen mittel- und langfristiger Finanzierung einerseits und kurzfristiger Finanzierung andererseits unterschieden. (Das Abgrenzungskriterium hierfür ist gemäß Interviewer-Leitfaden (Haake 1987, S. 206) die Fristigkeitsgrenze von 12 Monaten.)

Als Instrument der langfristigen Kapitalbeschaffung kommt der Selbstfinanzierung offenbar eine herausragende Bedeutung zu: fast zwei Drittel aller Respondenten meldeten eine (sehr) große Bedeutung bezüglich der einbehaltenen Gewinne. Alle anderen vergleichbaren Werte fallen demgegenüber erheblich zurück. Im Gegensatz dazu kommen Kredite oder Beteiligungen von Mitarbeitern nur in sehr seltenen Einzelfällen zum Einsatz. Aber auch die Beteiligung neuer Gesellschafter und die Inanspruchnahme von Leasing-Leistungen werden relativ selten genannt.

Während die geringe Neigung, neue Eigentümer aufzunehmen, sich aus den oftmals fehlenden Möglichkeiten hierzu und der Furcht vor dem Einfluß Firmenfremder leicht erklären läßt, überrascht die Abstinenz hinsichtlich des Leasings. Wegen der problemlosen Art der Besicherung und der Langfristigkeit des (freilich nicht in liquider Form zur Verfügung stehenden) Kapitals ist Leasing gerade für den Mittelständler eine geeignete Ergänzung der traditionellen Fremdfinanzierung. Daß dennoch nur ein gutes Fünftel aller Befragten hier mehr als nur eine schwache Bedeutung sieht, muß zu einem erheblichen Teil auf Informationsmängel zurückgeführt werden.

Kurzfristig sind die "Bankkredite" die mit Abstand wichtigste Finanzierungsquelle. Damit sind wohl Kontokorrent-, Überziehungs- und ähnliche Kredite gemeint, da Wechselkredite separat erfaßt wurden. Factoring und Subventionen belegen die hinteren Ränge; für diese beiden Instrumente läßt sich - mit Einschränkungen - das über Leasing gesagte sinngemäß anwenden.

Es ist also zu beobachten, daß kleine und mittlere Unternehmen bei der Kapitalbeschaffung sehr wenig phantasievoll vorgehen. Wie das Beispiel Leasing zeigt, sind es durchaus nicht immer nur die ungünstigen äußeren Gegebenheiten, die hierfür verantwortlich zu machen sind. Vielmehr ist anzunehmen, daß die Unkenntnis über die Vorteile mehr oder weniger innovativer Finanzdienstleistungen weit verbreitet ist. Es stellt sich damit den Anbietern dieser Produkte, d.h. den Kreditinstituten, die Aufgabe, ihre Kunden im beiderseitigen Interesse über die gegebenen Möglichkeiten aufzuklären.

Um so mehr gilt dies, da einige der betreffenden Variablen bei der Erzielung des Wettbewerbsvorteils Finanzkraft von nachhaltigem Einfluß sind. Die äußerste rechte Spalte von Abbildung 3/16 gibt an, auf welchem Signifikanzniveau ein Zusammenhang zwischen der jeweiligen Größe und dem Wettbewerbsfaktor Finanzkraft (V415) unterstellt werden kann (Chi-Quadrat-Unabhängigkeitstest).

Es zeigt sich, daß bei Tolerierung einer Irrtumswahrscheinlichkeit von 2% nur ein einziger hypothetischer Zusammenhang *nicht* nachweisbar ist: Kredite und Beteiligungen von Mitarbeitern sind aber ohnehin eher unter dem Gesichtspunkt der Personalpolitik, als dem der Kapitalbeschaffung zu sehen (s. Kapitel 3.5.1 - vgl. a. Rehkugler 1982, S. 259).

Legt man jedoch einen besonders strengen Maßstab an die Sicherheit der Aussage (0.1%-Niveau), dann fallen im lang- und mittelfristigen Bereich gerade die gewissermaßen "naheliegenden" Finanzierungsquellen weg: Einbehaltene Gewinne (V470), Aufstockung bestehender Einlagen (V471) und Darlehen der Inhaber (V476), ferner die Erhöhung des Eigenkapitals durch neue Eigentümer (V472). Das Gegenstück im kurzfristigen Bereich ist der Bankkredit (V478). Allerdings verschwindet auch der Zusammenhang des Wettbewerbsvorteils Finanzkraft mit dem Factoring (V482), wenn das geforderte Signifikanzniveau derart eng angesetzt wird. Hier dürfte es eine Rolle spielen, daß Factoring vielfach als letzte Notlösung bei nachlassender Liquidität in Anspruch genommen wird, und dann natürlich kein Zeichen der Finanzkraft, sondern im Gegenteil der finanziellen Schwäche ist.

3.5.2.2 Finanzierungsquellen und Finanzierungsstrukturen

Um weiteren Aufschluß über die Bedeutung verschiedener Finanzierungsformen für die Wettbewerbsposition der befragten Unternehmen zu erhalten, wurde die Gesamtstichprobe anhand der Variablen V460 und V469 in vier Teilstichproben eingeteilt. Teilstichprobe A besteht aus Firmen, die "sich überwiegend selbst" finanzieren und darüber hinaus vorwiegend kurzfristiges Fremdkapital haben. Bei Teilstichprobe B ist das Verhältnis zwischen Eigen- und Fremdkapital wenigstens ausgeglichen; dieses ist ebenfalls überwiegend kurzfristiger Natur. Die Teilstichproben C und D entsprechen A und B, jedoch ist hier das meiste Fremdkapital nicht kurz-, sondern mittel- bis langfristig.

Für diese Subsamples ergeben sich also folgende Reihenfolgen der Wichtigkeit der verschiedenen Finanzierungsformen:

<u>A:</u> 1. Eigenkapital
   2. kurzfristiges Fremdkapital
   3. längerfristiges Fremdkapital

<u>B:</u> 1. kurzfristiges Fremdkapital
   2. längerfristiges Kapital

<u>C:</u> 1. Eigenkapital
   2. längerfristiges Fremdkapital
   3. kurzfristiges Fremdkapital

<u>D:</u> 1. längerfristiges Fremdkapital
   2. Eigen- und kurzfristiges Fremdkapital

Trotz dieser unterschiedlichen Präferenzen ist die Struktur der <u>langfristigen Finanzierung</u> relativ homogen. Lediglich die Begebung von Anleihen erfreut sich verständlicherweise dort einer erheblich größeren Bedeutung, wo das langfristige Fremdkapital an erster Stelle steht (D), umgekehrt ist sie dort wesentlich kleiner, wo diese Kapitalart die kleinste Rolle spielt (A) (s. Abbildung 3/17). (Für C erkennt man außerdem eine gewisse Verschiebung der Prozentanteile zugunsten der mittleren Kategorie - hier steht langfristiges Fremdkapital an zweiter Stelle!)

Variable / Stichprobe	B e d e u t u n g		
	kaum	mittel	stark
V473: ANLEIHEN			
==============			
Gesamtstichprobe	58.5	16.3	25.3
Teilstichprobe A	79.0	12.0	9.0
Teilstichprobe B	53.1	18.5	28.5
Teilstichprobe C	51.5	20.2	28.2
Teilstichprobe D	40.3	18.9	40.7
V478: BANKKREDITE			
=================			
Gesamtstichprobe	29.3	23.7	47.0
Teilstichprobe A	45.8	28.4	25.9
Teilstichprobe B	11.9	17.4	70.6
Teilstichprobe C	35.8	27.8	36.4
Teilstichprobe D	15.6	24.3	60.2

Bedeutung: Prozentzahl der gültigen Antworten:
kaum = keine oder schwache / stark = (sehr) große
(Die vier Teilstichproben sind im Text beschrieben.)

Abbildung 3/17: Bedeutung ausgewählter Finanzierungsquellen bei unterschiedlichen Finanzierungsstrukturen

Da keine andere der Variablen V470 bis V477 auch nur annähernd derart auffällige Abweichungen zeigt, bleibt die Begebung von Anleihen das zunächst einzige wirksame Mittel zur Beeinflussung der langfristigen Kapitalstruktur.

Anders ist die Situation jedoch im kurzfristigen Bereich: Hier lassen sich für alle einigermaßen bedeutenden Finanzierungsquellen (außer gegebenenfalls den Privateinlagen des Unternehmers) deutliche Unterschiede der vier Subsamples beobachten. Abbildung 3/17 zeigt dies am Beispiel der

Bankkredite, wo die Unterschiede klarer ausgeprägt sind, als bei den beiden Variablen "Wechselkredite" und "Kreditoren". In allen drei Fällen ergibt sich jedenfalls die außergewöhnlichste Bedeutung dort, wo kurzfristiges Fremdkapital an erster Stelle steht (B), während die geringste Bedeutung bei den Teilstichproben A und C auftritt, wo das Eigenkapital die wichtigste Finanzierungsform ist.

Es fällt auf, daß sich sowohl im längerfristigen, als auch im kurzfristigen Fremdkapital die Präferenz für bestimmte Finanzierungsinstrumente bemerkbar macht, während diejenigen Unternehmen, die ein Übergewicht an eigenen Mitteln gemeldet haben, sich von den übrigen keineswegs etwa in den Ausprägungen der Variablen V470 bis V472 absetzen.

Dieser Umstand führt zu der Hypothese, daß Wettbewerbsvorteile im Finanzierungsbereich weniger durch die Gestaltung der Eigenfinanzierung, als durch die Gestaltung der Fremdfinanzierung zu erzielen sind, und zwar unabhängig davon, ob letztere lang- oder kurzfristigen Kreditformen den Vorzug gibt.

Zur überprüfung dieser Annahme wurden:

1. das arithmetische Mittel der Variablen V470 bis V477 (mittel- und langfristige Finanzierung),
2. das arithmetische Mittel der Variablen V478 bis V484 (kurzfristige Finanzierung),
3. das arithmetische Mittel der Variablen V470 bis V472, V476*) und V483 (Eigenfinanzierung),
4. das arithmetische Mittel der Variablen V473, V474 und V478 bis V481 (Fremdfinanzierung)

mit der Variablen V415 (Wettbewerbsfaktor Finanzkraft) zur Durchführung des Chi-Quadrat-Unabhängigkeitstests kreuztabelliert (hier wurde wieder die Gesamtstichprobe verwendet.).

---

*) Diese Variable (Darlehen der Inhaber) wurde der Eigenfinanzierung zugerechnet, da Inhaberdarlehen oft die wirtschaftliche Funktion von Eigenkapital haben (z.B. im sog. Schütt-aus-hol-zurück-Verfahren).

Das Ergebnis ist eindeutig: Ein Zusammenhang der Eigenfinanzierung mit V415 ist nur mit einer unakzeptabel hohen Irrtumswahrscheinlichkeit nachweisbar, während die übrigen drei Aggregate mit an Sicherheit grenzender Wahrscheinlichkeit (Signifikanzniveau unter 0.01%) einen solchen Zusammenhang zeigen. Bemerkenswerterweise ist es also <u>nicht</u> die Ausstattung mit Eigenkapital, die zum erfolgreichen Bestehen im Wettbewerb beiträgt, sondern im Gegenteil die konsequente Ausnutzung der Möglichkeiten der Fremdkapitalbeschaffung.

Die mangelnde Relevanz der Eigenfinanzierung hat fraglos einen Grund in den kaum vorhandenen Differenzierungsmöglichkeiten des mittelständischen Unternehmens in dieser Hinsicht: Es ist anzunehmen, daß das, was an eigenen Mitteln verfügbar ist, auch tatsächlich eingesetzt wird, insbesondere in der Innenfinanzierung (vgl. V470). So bleibt es Aufgabe der betroffenen Unternehmung, sich die zur Erringung eines Wettbewerbsvorteils benötigten Mittel auf dem Kreditwege zu beschaffen, und hier entscheidet dann das Verhalten der Firmenleitung über Vorsprung oder Hintertreffen (s. a. Seipp 1984, S. 87 f.).

Diese Aussage ist aber keineswegs als normativ mißzuverstehen. Das unzureichende Instrumentarium der Eigenfinanzierung braucht auch von kleineren Firmen nicht als Datum hingenommen zu werden: Die aktive Suche nach Risikokapitalgebern oder Beteiligungspartnern, bei etwas größeren Mittelständlern vielleicht auch der Gang an die Börse (etwa im Geregelten Markt - s. Kapitel 1.3.2), können helfen, eine individuell als zu knapp empfundene Eigenkapitalausstattung aufzubessern. Zwar bleibt das Angebot insgesamt unbefriedigend, doch wird derjenige, dem es gelingt, dennoch - gegebenenfalls unter Vermittlung seiner Hausbank - geeignete Investoren zu finden, einen beträchtlichen Vorsprung im Wettbewerb erzielen können.

3.5.2.3 Finanzierung und Technologische Fähigkeiten

Die Erarbeitung von Wettbewerbsvorteilen im Technologiebereich ist regelmäßig mit einem erheblichen finanziellen Aufwand verbunden, da umfangreiches Sachwissen entweder durch eigene Forschungs- und Entwicklungsanstrengungen oder aber durch käufliche Erwerbung angesammelt werden muß. Es ist daher anzunehmen, daß die Erschließung geeigneter Finanzierungsquellen für den Wettbewerbsvorteil ETA 2 (Technologische Fähigkeiten) eine gewisse Rolle spielt.

Tatsächlich zeigen sowohl die mittel- bis langfristige, als auch die kurzfristige Finanzierung einen Zusammenhang mit ETA 2, und zwar auf einem sehr aussagefähigen Signifikanzniveau (unter 0.01%). Nicht alle Finanzierungsquellen sind jedoch besonders geeignet, die Erarbeitung technologischer Fähigkeiten zu unterstützen.

Anleihen und öffentliche Mittel (Kredite und Beteiligungen öffentlicher Institutionen sowie Subventionen) sind die langfristigen Finanzierungsquellen, die mit statistisch signifikanten Wirkungen verbunden sind. Speziell die letzteren hängen auffällig mit technologischen Wettbewerbsvorteilen zusammen: Fast alle Unternehmen, bei denen diese Art der Finanzierung große oder sehr große Bedeutung hat, weisen auch für ETA 2 hohe Werte auf, davon knapp zwei Drittel in der Kategorie "sehr bedeutend":

Technolog.	Anleihen			öffentl. Mittel		
Fähigkeiten	1	2-3	4-5	1	2-3	4-5
un-/kaum bed.	70	24	16	83	23	4
bedeutend	183	117	95	255	106	35
sehr bedeutend	248	167	157	330	179	64
Signif.niveau:	unter 1%			unter 1%		

Zwar stehen öffentliche Mittel längst nicht allen technologieorientierten Unternehmen zur Verfügung; dort aber, wo sie Verwendung finden, ist ein Wettbewerbsvorteil im Technologiebereich sehr wahrscheinlich. Ähnliches gilt auch für die kurzfristige Subventionierung; hier ist die Zahl der Anspruchерhebenden noch kleiner, der Zusammenhang mit ETA 2 jedoch noch eindeutiger:

Technologische Fähigkeiten	Subventionen usw. 1	2-3	4-5
un-/kaum bed.	97	10	3
bedeutend	295	81	21
sehr bedeutend	393	137	47
Signifikanzniveau: unter 0.1%			

Freilich spielen auch für Firmen mit hohen Werten für ETA 2 kurzfristige Privateinlagen des Unternehmers eine wichtige Rolle, wie die rechte der beiden folgenden Kreuztabellierungen zeigt:

Technolog.	Factoring			kurzfr. Privateinl.		
Fähigkeiten	1	2-3	4-5	1	2-3	4-5
un-/kaum bed.	104	4	3	73	24	10
bedeutend	312	60	24	237	117	38
sehr bedeutend	434	92	49	288	182	90
Signif.niveau:	unter 0.1%			unter 0.15%		

Eine sehr auffällige Erscheinung ist die Wirksamkeit des Factorings. Dieses Finanzierungssurrogat gehört nämlich, wie in Kapitel 3.5.2.1 gezeigt, zu den wenigen Maßnahmen, für die auf dem in dieser Arbeit als Maßstab verwendeten 1%-Niveau *kein* Zusammenhang mit der Finanzkraft nachweisbar ist. Der Zusammenhang mit den Technologischen Fähigkeiten ist hingegen praktisch zweifelsfrei.

Eine denkbare Erklärung könnte lauten, daß die Finanzierungsintensität der Technik die betroffenen Unternehnmungen gewissermaßen zum letzten Strohhalm greifen läßt, und daß diejenigen, die diesen "Strohhalm" tatsächlich ergreifen, letztlich im Vorteil sind. Hier soll jedoch darauf hingewiesen werden, daß Factoring nicht nur als bloße Bevorschussung der Forderungseingänge zu verstehen ist, sondern daß mit der (entgeltlichen) Abwälzung des Delcredere-Risikos, der externen Durchführung des Forderungseinzugs und in einigen Fällen sogar der Führung der Kundenbuchhaltung durch den Factor Dienstleistungen erbracht werden (Rehkugler 1982, S. 257), die gerade ein primär technologieorientiertes Unternehmen sicher zu schätzen weiß. Die Nutzung dieses Angebots kann also sehr wohl eine bewußte Entscheidung sein, sich auf die eigenen Stärken zu konzentrieren.

Die Finanzierung der technologischen Wettbewerbsposition bedient sich also eines Instrumentariums, das in seinen Schwerpunkten von den allgemeinen Bestrebungen, Finanzkraft aufzubauen, teilweise abweicht.

3.6 Ausblick

Bei jeder Entscheidung, die als Grundlage zukünftigen Handelns getroffen wird, stellt sich das Problem der Unsicherheit. Selbst in dem außergewöhnlich günstigen Fall, daß die in die Entscheidung einfließenden Daten mit hinreichender Gewißheit zu ermitteln und zu interpretieren sind, entzieht sich doch wenigstens der Zusammenenhang zwischen den verschiedenen Maßnahmen und ihren möglichen Wirkungen der eindeutigen Vorhersage. Dies gilt im Wirtschaftsleben um so mehr, als hier der Zeithorizont verhältnismäßig weit gesteckt ist: Mit dem Strategiebegriff im betriebswirtschaftlichen Sinne verbinden sich beispielsweise Vorstellungen von bis zu 15 Jahren, während sich etwa im militärischen Bereich Strategien selten auf mehr als einige Wochen oder Monate beziehen, und in der Spieltheorie der gleiche Begriff sogar völlig abstrahiert von irgendeinem Zeitbezug verwendet wird.

Wie wenig trivial das Problem der Behandlung zukünftigen Geschehens ist, wird auch aus den STRATOS-Ergebnissen deutlich. So mußte Haake (1987, S. 151) überrascht feststellen, daß der erwartete Zusammenhang zwischen strategischer Planung (V497 ff.) und unternehmerischem Erfolg nicht nachzuweisen war. Offenbar ist die Einführung von Planungsinstrumenten nicht notwendigerweise mit der Fähigkeit verbunden, sie auch nutzenstiftend einzusetzen.

(An dieser Stelle ergibt sich für Berater, Universitäten, Kreditinstitute usw. die lohnende Aufgabe, den Unternehmensleitungen das "Wie" der Anwendung näherzubringen!)

Ein Ansatz zur Überwindung der Lücke zwischen gegenwärtigem (bzw. unmittelbar bevorstehendem) Handeln und zukünftiger beabsichtigter Wirkung ist mit den Ergebnissen der vorliegenden Untersuchung verbunden. Indem gezeigt wurde, wie die Grundmuster unternehmerischer Betätigung als Basis für die Erarbeitung von Wettbewerbsvorteilen dienen können, steht ein Kriterium zur Verfügung, anhand dessen unternehmerische Maßnahmen beurteilt werden können.

Dabei ist jedoch zu beachten, daß die allgemeinen Handlungsmuster ebensowenig mit einzelnen wirtschaftlichen Tätigkeiten zu verwechseln sind, wie die besonderen Fähigkeiten mit einem garantierten unternehmerischen Erfolg: Sämtliche Maßnahmen und auch ihre Wirkungen sind *stets* im Gesamtzusammenhang zu sehen. Mit "Expansion" allein können selbstverständlich keine "Technologischen Fähigkeiten" aufgebaut werden, um nur ein typisches Beispiel herauszugreifen. Darin liegt freilich keine Besonderheit der eigenen Konzeption: Patentrezepte der Art "Erhöhung der Löhne um X ergibt Erhöhung der Qualität um Y" haben sich wohl kaum jemals bewährt.

Die Abkehr vom monokausalen Denken ist gleichermaßen eine Stärke des gewählten Ansatzes wie eine Herausforderung. Wer Fragen hat, wie etwa: "Welche Produkte muß ich entwickeln, um die Kundenbedürfnisse des Jahres 2000 zu befriedigen?" oder: "Welche Technologien muß ich in zwanzig Jahren beherrschen?", der wird sich angesichts der beschriebenen Modellergebnisse und ihrer Interpretation recht alleingelassen fühlen. Fragen dieser Art sind aber auch wenig erfolgsträchtig. Denn wer so fragt, der wird im günstigsten Fall einen halben Schritt hinter seinem Konkurrenten herlaufen - der eben *andere* Fragen stellt.

"Wie beeinflusse ich meine Fähigkeit, Kundenbedürfnisse zu erkennen und jederzeit angemessen zu reagieren?" oder "Wie schaffe ich ein Klima, in dem Innovation und technischer Fortschritt gedeihen?" sind solche Fragen, und bei *ihrer* Bantwortung können die Ergebnisse der vorliegenden Untersuchung eine wertvolle Hilfe sein.

Gerade dem mittelständischen Unternehmer, der aufgrund seines oftmals eingeschränkten Wirkungskreises viele äußere Gegebenheiten als unbeeinflußbar hinnehmen muß, ist hiermit ein Weg aufgezeigt, wie er die Entwicklung seines Unternehmens durch die Ausbildung bestimmter allgemeiner Handlungsmuster und damit die Beeinflussung besonderer Fähigkeiten im Sinne seiner individuellen Vorgaben steuern kann.

DANKSAGUNG

Die Qualität und die Aussagekraft einer empirischen Studie hängt naheliegenderweise in erheblichem Umfang von dem zugrundeliegenden Datenmaterial ab. Auch die vorliegende Arbeit wäre nicht möglich gewesen ohne die mehrjährige Tätigkeit der STRATOS-Gruppe, mit der eine Datenbasis geschaffen wurde, die auch für meine Fragen geeignete Antworten bereithielt. Mein Dank gilt deshalb den Herren:

Ingolf Bamberger, Rennes, Frankreich
Cliff Bowman, Hull, Großbritannien
Rik Donckels, Brüssel, Belgien
Erwin Fröhlich, Wien, Österreich
Eduard Gabele, Bamberg, Deutschland
Antti Haahti, Helsinki, Finnland
Klaus Haake, St. Gallen, Schweiz
Cees Koning, Den Haag, Niederlande
Allan Lehtimaki, Tampere, Finnland
Hanns Pichler, Wien, Österreich
Hans Pleitner, St. Gallen, Schweiz
Jan van der Wilde, Amsterdam, Niederlande
Alastair Weir, Hull, Großbritannien

Besonderen Grund habe ich, mich bei Prof. Dr. Eduard Gabele zu bedanken, der meine Dissertation betreut hat: Ohne die konstruktive Atmosphäre, in der diese Betreuung stattfand, wäre die vorliegende Arbeit sicher nicht so zügig vorangekommen. Durch die wissenschaftliche Anleitung, die ich von Prof. Gabele erhalten habe, blieben mir folgenschwere Fehler und Umwege erspart.

Herrn Prof. Dr. Heinz Rehkugler bin ich für die freundliche Übernahme des Korreferats dankbar.

Und meinem Kollegen Dipl.-Kfm. Norbert Endres danke ich für die jederzeit gute Zusammenarbeit, überall wo unsere Untersuchungsgebiete Berührungspunkte aufwiesen.

Verzeichnisse

ABKÜRZUNGSVERZEICHNIS

AG	Aktiengesellschaft
Art.	Artikel
AoMR	Academy of Management Review
Bearb.	Bearbeiter
BMWi	Bundesministerium für Wirtschaft
CDU	Christlich-Demokratische Union
CSU	Chrsitlich-Soziale Union
DBW	Die Betriebswirtschaft
DU	Die Unternehmung
ECU	European Currency Unit
ed.	editor; edition
EEA	Einheitliche Europäische Akte
EFTA	European Free Trade Association
EG	Europäische Gemeinschaft(en)
EGKS	Europäische Gemeinschaft für Kohle und Stahl
EWG	Europäische Wirtschaftsgemeinschaft
EWS	Europäisches Währungssystem
FAZ	Frankfurter Allgemeine Zeitung
FDP	Freie Demokratische Partei
FusV	Fusionsvertrag [vom 8. April 1965]
F&E	Forschung und Entwicklung
GfK	Gesellschaft für Konsumforschung
GmbH	Gesellschaft mit beschränkter Haftung
GuV	Gewinn- und Verlustrechnung
HBR	Harvard Business Review
Hrsg.	Herausgeber
Inc.	Incorporated
IMM	Industrial Marketing Management
IW	Institut der deutschen Wirtschaft
Jg.	Jahrgang
LISREL	[Analysis of] Linear Structural Relationships
mm	manager magazin
o. Verf.	ohne Verfasser
PS	Parti Socialiste
ROI	Return on Investment
RPR	Rassemblement pour la République
SAS	Statistical Analysis System
SPD	Sozialdemokratische Partei Deutschlands
SPSS	Statistical Package for the Social Sciences
SPSS^x	[vgl. SPSS; für den Buchstaben "x" ist keine inhaltliche Interpretation bekannt.]
STRATOS	strategic orientations of small and medium-sized enterprises
t&m	technologie & management
WiSt	Wirtschaftswissenschaftliches Studium
WiWo	Wirtschaftswoche
ZfB	Zeitschrift für Betriebswirtschaft
ZfbF	Zeitschrift für betriebswirtschaftliche Forschung
ZfS	Zeitschrift für Soziologie

VERZEICHNIS DER ABBILDUNGEN IM TEXT

VERZEICHNIS DER ZITIERTEN LITERATUR

Agthe/Simon 1989
Klaus Agthe/Volker Simon: "Wettbewerbsstärke, Einflußfaktor der stategischen Planung", in: Szyperski 1989, Sp. 2228-2234

Albach 1987
Horst Albach: "Investitionspolitik erfolgreicher Unternehmen", ZfB 7/1987 (57. Jg.), S. 636-661

Albach/Held 1984
Horst Albach/Thomas Held (Hrsg.): "Betriebswirtschaftslehre mittelständischer Unternehmen", Poeschel, Stuttgart 1984

Bamberger 1987
Ingolf Bamberger: "STRATOS - Strategic Orientations of Small and Medium-sized Enterprises: a summary of first descriptive results", Brüssel 1987

Bender 1985
Peter Bender: "Westeuropa oder Gesamturopa?", in: Werner Weidenfeld (Hrsg.): "Die Identität Europas", Carl Hanser Verlag, Bonn 1985, S.235-254

Berekoven 1977
L. Berekoven: "Internationale Verbrauchsangleichungen", Veröffentlichung des Instituts für Exportforschung, Nürnberg 1977

Biedenkopf 1986
Kurt H. Biedenkopf: Beitrag in: "Kontinuität und Wandel in vier Jahrzehnten deutscher Wirtschaftspolitik - Symposion der Ludwig-Erhard-Stiftung Bonn am 16. Januar 1986", S. 5-19

BMWi 1986
Bundesministerium für Wirtschaft (Hrsg.): "Unternehmensgrößenstatistik - Daten und Fakten", 1986

Broom/Longenecker/Moore 1983
H. N. Broom/Justin G. Longenecker/Carlos W. Moore: "Small

Business Management" (6th ed.), South-Western Publishing Co., Cincinnati usw. 1983

Brüne 1987
Klaus Brüne: "Implementierungsprobleme bei der Beratung kleiner und mittlerer Betriebe am Beispiel des Einzelhandels", Verlag Peter Lang, Frankfurt am Main/Bern/New York/Paris 1987

Bromley 1985
Ray Bromley: "Small may be beautiful, but it takes more than beauty to ensure success", in: Ray Bromley (ed.): "Planning for small enterprises in Third World cities", Pergamon Press, Oxford usw. 1985, S. 321-341

Bühner 1988
Rolf Bühner: "Technologieorientierung als Wettbewerbsstrategie", ZfbF 5/1988 (40. Jg.), S. 387-406

Buzzell/Gale/Sultan 1975
Robert D. Buzzell/Bradley T. Gale/Ralph G. M. Sultan: "Market share - a key to profitability", HBR 1/1975, S. 97-106

Cecchini 1988
Paolo Cecchini: "Europa '92: Der Vorteil des Binnenmarkts", Baden-Baden 1988

Chaloupek/Teufelsbauer 1987
Günther Chaloupek/Werner Teufelsbauer: "Gesamtwirtschaftliche Planung in Westeuropa: Theoretische Entwicklungen und praktische Erfahrungen seit 1970", Frankfurt/New York 1987

Chrubasik/Zimmermann 1987
Bodo Chrubasik/Hans-Jürgen Zimmermann: "Evaluierung der Modelle zur Bestimmung strategischer Schlüsselfaktoren", DBW 4/1987 (47. Jg.), S. 426-450

Cloes/Schogs 1989
Roger Cloes/Friedrich Schogs: "Frankreichs Wirtschaft zwischen Staat und Markt", Die Bank 2/1989, S. 100-104

Cooper/Kleinschmidt 1987
R. G. Cooper/E. J. Kleinschmidt: "Success Factors in Product Innovation", IMM 1987 (16. Jg.), S. 215-223

Czenskowsky/Rehkugler 1982
Torsten Czenskowsky/Heinz Rehkugler: "Mittelstand und Mittelstandspolitik in Bremen", in: Hans-Joachim Pohl (Hrsg.): "Mittelständische Unternehmen in Bremen", Bremen 1982, S. 26-61

Dahremöller 1986
Axel Dahremöller: "Die regionale Unternehmensgrößenstruktur in der Bundesrepublik Deutschland nach Wirtschaftsbereichen - Ergebnisse der Umsatzsteuerstatistik 1982", in: BMWi 1986, S. 54-85

Day/Ryans 1988
George S. Day/Adrian B. Ryans: "Using Price Discounts for a Competitive Advantage", IMM 1988 (17. Jg.), S. 1-14

Deutsche Bundesbank 1989
Deutsche Bundesbank (Hrsg.): "Entwicklung des Außenwerts fremder Währungen", Monatsberichte der Deutschen Bundesbank 6/1989, S. 82*

Dresdner Bank 1989
Dresdner Bank AG (Hrsg.): "Deutsche Wirtschaft in Zahlen" (Faltblatt - Ausgabe 1989), ohne Ort 1989

Drucker 1988
Peter F. Drucker: "Strategie für 1993 gesucht", WiWo 35/88, S. 70-72

Dunst 1989
Klaus-H. Dunst: "Strategische Einflußfaktoren", in: Szyperski 1989, Sp. 1893-1903

Ebers 1989
Mark Ebers; "Die Europäischen Gemeinschaften. Institutionelle Struktur, Verwaltungsorganisation, Verwaltungsverfahren und Finanzen", WiSt 7/1989 (18. Jg.), S. 357-370

EG 1987
Amt für amtliche Veröffentlichungen der Europäischen Gemeinschaft (Hrsg.): "Der ECU", Luxemburg 1987

EG 1988
Amt für amtliche Veröffentlichungen der Europäischen Gemeinschaft (Hrsg.): "Eurostat: Statistische Grundzahlen der Gemeinschaft" (25. Ausgabe), Brüssel/Luxemburg 1988

Elfgen 1988
Ralph Elfgen: "Organisationsberatung in mittelständischen Unternehmungen", Müller Botermann Verlag, Köln 1988

Emminger 1986
Otmar Emminger: Beitrag in: "Kontinuität und Wandel in vier Jahrzehnten deutscher Wirtschaftspolitik - Symposion der Ludwig-Erhard-Stiftung Bonn am 16. Januar 1986", S. 33-48

Endres 1989
Norbert Endres: Bisher unveröffentlichtes Material zur Dissertation: "Spezifische Umweltbedingungen als Einflußgrößen auf die Erringung von Wettbewerbsvorteilen von kleinen und mittleren Unternehmen in Europa", Bamberg 1989

Enzelsberger 1986
Ernest F. Enzelsberger: "Österreich: Über den Staat, der alles lenkt, dirigiert und dominiert", Orientierungen zur Wirtschafts- und Gesellschaftspolitik 4/1986, S. 49-52

Eybl 1984
Dirk Eybl: "Instrumente und Orientierungsgrundlagen zur Planung wettbewerbsorientierter Unternehmensstrategien", Verlag Peter Lang, Frankfurt am Main/Bern/New York/Nancy 1984

Faulbaum 1986
F[rank] Faulbaum: "Programme zur Anpassung von Strukturgleichungsmodellen mit latenten Variablen: Eine vergleichende Darstellung von EQS und LISREL", in: Lehmacher/Hörmann 1986

Feldman/Stephenson 1988
Lynn Feldman/Jack Stephenson: "Stay Small or Get Huge - Lessons from Securities Trading", HBR 3/1988, S. 116-123

Fombrun/Tichy 1984
Charles Fombrun/Noel Tichy: "Strategic planning and human ressources management: At rainbow's end", in: Lamb 1984

Förster & al. 1984
Friedrich Förster/Wolfgang Fritz/Günter Silberer/Hans Raffée: "Der LISREL-Ansatz der Kausalanalyse und seine Bedeutung für die Marketing-Forschung", ZfB 4/1984 (54. Jg.), S. 346-367

Franz 1989
Klaus-Peter Franz: "Rechnungslegung in der Europäischen Gemeinschaft", t&m 1/1989 (38. Jg.), S. 20-27 u. 37

Frenzel/Hermann 1989
Gottfried Frenzel/Dieter Hermann: "Statistik mit SPSS^x - Eine Einführung nach M. J. Norusis", Gustav Fischer Verlag, Stuttgart/New York 1989

Fröhlich/Pichler 1988
Erwin Fröhlich/J. Hanns Pichler: "Werte und Typen mittelständischer Unternehmer", Duncker & Humblot, Berlin 1988

Frohman 1982
Alan L. Frohman: "Technology as a competitive weapon", HBR 1/1982, S. 97-104

Fruhan 1972
William E. Fruhan, Jr.: "Pyrrhic victories in fights for market share", HBR 5/1972, S. 100-107

Gabele 1981
Eduard Gabele: "Die Einführung von Geschäftsbereichsorganisationen", Mohr, Tübingen 1981

Gabele 1987
Eduard Gabele: "Die Rolle der Werthaltungen von Führungskräften bei der Erringung Strategischer Wettbewerbsvorteile mittelständischer Unternehmen in Europa", in: E. Gabele/ P. Kupsch/W. A. Oechsler: "Führung mittelständischer Unternehmen", Bamberg 1987

Garvin 1987
David A. Garvin: "Competing on the eight dimensions of quality", HBR 6/1987, S. 101-109

Gerke 1985
Wolfgang Gerke: "Risikokapital über die Börse", Mannheim 1985

GfK 1981
GfK (Hrsg.): "Europa-Basis-Marktdaten", Nürnberg 1981

Greipl & al. 1982
Erich Greipl/Josef Lachner/Walter Meyerhöfer/Karl Chr. Röthlingshöfer/Uwe Träger: "Analyse der Stellung und Entwicklung des gewerblichen Mittelstandes in Bayern", Ifo-Studien Nr. 22, München 1982

Grimm 1987
Doris Grimm: "Das Europäische Währungssystem - ein erfolgreicher Währungsverbund?", Die Weltwirtschaft 2/1987. S. 60-72

Grüner 1986
Martin Grüner: Beitrag in: "Kontinuität und Wandel in vier Jahrzehnten deutscher Wirtschaftspolitik - Symposion der Ludwig-Erhard-Stiftung Bonn am 16. Januar 1986", S. 49-64

Haahti 1988
Antti J. Haahti: "Entrepreneurs' Strategic Orientation: Modeling Strategic Behavior in Small Industrial Owner-managed Firms", Ph. D. Dissertation, Helsinki 1988

Haake 1987
Klaus Haake: "Strategisches Verhalten in europäischen Klein- und Mittelbetrieben", Duncker & Humblot, Berlin 1987

Haller 1988
Heinz Haller: "Währungs- und Wirtschaftsreform: Basis der Sozialen Marktwirtschaft", Orientierungen zur Wirtschafts- und Gesellschaftspolitik 2/1988, S. 2-9

Hamer 1984
Eberhard Hamer: "Mittelstand, Träger der Marktwirtschaft", Albrecht Philler Verlag, Minden 1984

Hamer 1987
Eberhard Hamer: "Mittelstand, Garant der Marktwirtschaft", Albrecht Philler Verlag, Minden 1987

Harris/Shaw/Sommers 1984
John M. Harris/Robert W. Shaw, Jr./William P. Sommers: "The strategic management of technology", in: Lamb 1984

Hartung/Elpelt 1984
Joachim Hartung/Bärbel Elpelt: "Multivariate Statistik", Oldenbourg, München/Wien 1984

Hasse 1989
Rolf Hasse: "Die Europäische Integration. Bilanz und Perspektiven", WiSt 7/1989 (18. Jg.), S. 325-331

Hilgemann/Kettermann/Hergt 1978
Werner Hilgemann/Günter Kettermann/Manfred Hergt: "dtv-Pethes-Weltatlas - Großräume in Vergangenheit und Gegenwart", Band 12: Europa, dtv und Perthes, München und Darmstadt 1978

Hill 1988
Charles W. L. Hill: "Differentiation Versus Low Cost or Differentiation and Low Cost: A Contingency Framework", AoMR 3/1988 (13. Jg.), S. 401-412

Hinterhuber 1984
Hans H. Hinterhuber: "Strategische Unternehmensführung" (3. Auflage), Verlag Walter de Gruyter, Berlin/New York 1984

Hinterhuber 1989
Hans H. Hinterhuber: "Konkurrentenanalyse", in: Szyperski 1989, Sp. 864-874

Hirsch 1986
Ingo Hirsch: "Betriebswirtschaftliche Beratung kleiner Unternehmen", Dissertation Bamberg 1986

Höfer 1989
Claudia Höfer: "Die Rahmenbedingungen für die Tätigkeit mittelständischer Unternehmen in Europa", Diplomarbeit Bamberg 1989

Hoffman 1985
George W. Hoffman: "The European Energy Challenge: East and West", Duke University Press, Durham (N.C.) 1985

Hoffmann 1986
Friedrich Hoffmann: "Kritische Erfolgsfaktoren - Erfahrungen in großen und mittelständischen Unternehmen -", ZfbF 10/1986 (38. Jg.), S. 831-843

Hort 1989
[Peter] Ho[rt]: "EG und Efta verhandeln im Frühjahr", FAZ vom 20. Dezember 1989, S. 17

Ihde 1988
Gösta B. Ihde: "Die relative Betriebstiefe als strategischer Erfolgsfaktor", ZfB 1/1988 (58. Jg.), S. 13-23

IW 1989a
Institut der deutschen Wirtschaft (Hrsg.): "Arbeitskosten international: Japan holt wieter auf", in: iwd - Informationsdienst des Instituts der deutschen Wirtschaft 18/1989, S. 3

IW 1989b
Institut der deutschen Wirtschaft (Hrsg.): "Arbeitszeitpolitik: Flexi auch im Ausland", in: iwd - Informationsdienst des Instituts der deutschen Wirtschaft 19/1989, S. 6-7

IW 1989c
Institut der deutschen Wirtschaft (Hrsg.): "Internationale Wirtschaftszahlen", Köln 1989

Jones/Butler 1988
Gareth R. Jones/John E. Butler: "Costs, Revenue, and Business-Level Strategy", AoMR 2/1988 (13. Jg.), S. 202-213

Jöreskog/Sörbom 1986
Karl G. Jöreskog/Dag Sörbom:"LISREL VI - Analysis of Linear Structural Relationships by Maximum Likelihood, Instrumental Variables, and Least Squares Methods" (4th Edition), ohne Verlag, Mooresville(Indiana) 1986

Kähler 1988
Wolf-Michael Kähler: "SPSSx für Anfänger" (2. Auflage), Vieweg, Braunschweig/Wiesbaden 1988

Kayser 1986
Gunter Kayser: "Definitorische Ansätze zur Klärung des Begriffs 'kleine und mittlere Unternehmen'", in: BMWi 1986, S. 4-20

Kinnas 1979
John N. Kinnas: "The politics of association in Europe", Campus, Frankfurt am Main/New York 1979

Kiyonari 1984
Tadao Kiyonari: "New Formation of Enterprises in Japan", in:

Albach/Held 1984, S. 148-159

König 1988
Franz Kardinal König: "Die geistigen Grundlagen Europas" in: Krzysztof Michalski (Hrsg.): "Europa und die Folgen", Klett-Cotta, Stuttgart 1988, S. 10-20

Kreikebaum 1989
Hartmut Kreikebaum: "Strategische Unternehmensplanung" (3. Aufl.), Kohlhammer, Stuttgart/Berlin/Köln 1989

Krüger 1988
Wilfried Krüger: "Die Erklärung von Unternehmungserfolg: Theoretischer Ansatz und empirische Ergebnisse", DBW 1/1988 (48. Jg.), S. 27-43

Krulis-Randa 1983
Jan S. Krulis-Randa: "Die menschliche Arbeit als Bestandteil der Unternehmungsstrategie", DU 1983 (37. Jg.), S. 140-146

Kugele/Gerhard/Kley 1979
Dieter Kugele/Günter Gerhard/Karl-Ludwig Kley: "Die europäische Einigung", Bayerische Landeszentrale für politische Bildung, München 1979

Kuntze 1988
Oscar-Erich Kuntze: "Auslandskonjunktur: Österreich", ifo-schnelldienst 12/1988, S. 28-34

Kuntze 1989
Oscar-Erich Kuntze: "Auslandskonjunktur: Belgien", ifo-schnelldienst 8/1989, S. 30-38

Kyi 1987
Myroslaw J. Kyi: "Customer Service as a Competitive Tool", IMM 1987 (16. Jg.), S. 225-230

Lamb 1984
Robert Boyden Lamb (Hrsg.): "Competitive Strategic Management",

Prentice-Hall, Englewood Cliffs/NJ 1984

Lambsdorff 1984
Otto Graf Lambsdorff: "Aufgaben für die Betriebswirtschaftslehre kleiner und mittlerer Betriebe", in: Albach/Held 1984, S. 5-16

Lange 1981
Bernd Lange: "Portfolio-Methoden in der strategischen Unternehmensplanung", Dissertation Hannover 1981

Lange 1982
Bernd Lange: "Bestimmung strategischer Erfolgsfaktoren und Grenzen ihrer empirischer Fundierung", DU 2/1982 (36. Jg.), S. 27-41

Läufer 1988
Thomas Läufer: "30 Jahre Europäische Gemeinschaft", Einführungstext zu: Thomas Läufer (Bearb.): "EWG-Vertrag", Europa Union Verlag, Bonn 1988, S. 6-10

Lehmacher/Hörmann 1986
Walter Lehmacher/Allmut Hörmann (Hrsg.): "Statistik-Software", Gustav Fischer Verlag, Stuttgart/New York 1986

Link 1987
Peter L. Link: "Keys to New Product Success and Failure", IMM 1987 (16. Jg.), S. 109-118

Lohmöller 1986
J.B. Lohmöller: "Das Programmsystem LVPLS für Pfadmodelle mit latenten Variablen und Partialkleinstquadratschätzung", in: Lehmacher/Hörmann 1986

Lukas 1985
Andreas Lukas: "Regionale Wirtschaftsgemeinschaften im internationalen System", Peter Lang, Frankfurt am Main/Bern/New York 1985

Marinell 1986
Gerhard Marinell: "Multivariate Verfahren" (2. Auflage), Oldenbourg, München/Wien 1989

Meier 1987
Walter Meier: "Durchsetzen von Strategien" (2. Auflage), Verlag Industrielle Organisation, Zürich 1987

Müller 1987
Klaus Müller: "Zwischenbetriebliche Kooperation steigert die Leistungsfähigkeit", io 5/1987 (56. Jg.), S. 217-219

Müller 1989
Stefan Müller: "Die Zwölf im Spiegel der Statistik", WiSt 7/1989 (18. Jg.), S. 371-374

Müller/Goldberger 1986
Klaus Müller/Ernst Goldberger: "Unternehmens-Kooperation bringt Wettbewerbsvorteile", Verlag Industrielle Organisation, Zürich 1986

Murray 1988
Alan I. Murray: "A Contingency View of Porter's 'Generic Strategies'", AoMR 3/1988 (13. Jg.), S. 390-400

Naujoks 1975
Wilfried Naujoks:"Unternehmensgrößenbezogene Strukturpolitik und gewerblicher Mittelstand", Verlag Otto Schwartz & Co., Göttingen 1975

Neubauer 1989
Franz-Friedrich Neubauer: "PIMS (Profit Impact of Market Strategies)", in: Szyperski 1989, Sp. 1363-1370

Peters/Waterman 1983
Thomas J. Peters/Robert H. Waterman, Jr.: "Auf der Suche nach Spitzenleistungen", Verlag Moderne Industrie, Landsberg am Lech 1983

Porter 1980
Michael E. Porter: "Wie der Wettbewerb die Strategie bestimmt", mm 4/1980, S. 126-137

Porter 1984
Michael E. Porter: "Wettbewerbsstrategie" (2. Auflage), Campus Verlag, Frankfurt am Main 1984

Porter 1986
Michael E. Porter: "Wettbewerbsvorteile", Campus Verlag, Frankfurt am Main/New York 1986

Porter 1987
Michael E. Porter: "From competitive advantage to corporate strategy", HBR 3/1987, S. 43-59

Porter/Millar 1985
Michael E. Porter/Victor E. Millar: "How information gives you competitive advantage", HBR 4/1985, S. 149-160

Powers 1988
Thomas L. Powers: "Identify and Fulfill Customer Service Expectations", IMM 1988 (17. Jg.), S. 273-276

Prader 1981
Gaudenz Prader: "50 Jahre schweizerische Stabilisierungspolitik", Zürich 1981

Pümpin 1982
Cuno Pümpin: "Management strategischer Erfolgspositionen", Verlag Paul Haupt, Bern/Stuttgart 1982

Pümpin 1989
Cuno Pümpin: "Strategische Verhaltensweisen", in: Szyperski 1989, Sp. 1916-1923

Ray 1974
George F. Ray: "Vereinigtes Königreich", Die Weltwirtschaft 2/1974, S. 117-132

Ray 1979
George F. Ray: "Wirtschaftliche Stagnation im Vereinigten Königreich", Die Weltwirtschaft 2/1979, S. 77-88

Rehkugler 1982
Heinz Rehkugler: "Finanzwirtschaftliche Probleme und Lösungsansätze für mittelständische Unternehmen", in: Hans-Joachim Pohl (Hrsg.): "Mittelständische Unternehmen in Bremen", Bremen 1982, S. 245-264

Reutner 1987
Friedrich Reutner: "Determinanten des Unternehmenserfolges", ZfB 8/1987 (57. Jg.), S. 747-762

Rothschild 1986
William E. Rothschild: "Vorsprung im Wettbewerb - Ziele und Wege", McGraw-Hill Book Company, Hamburg 1986

Scherf 1986
Harald Scherf: "Enttäuschte Hoffnungen - Vergebene Chancen: Die Wirtschaftspolitik der sozial-liberalen Koalition 1969-1982", Göttingen 1986

Schoeffler/Buzzell/Heany 1974
Sidney Schoeffler/Robert D. Buzzell/Donald F. Heany: "Impact of strategic planning on profit performance", HBR 3+4/1974, S. 137-145

Schmidt 1983
Peter Schmidt: "LISREL V - Ein Programm zur Analyse komplexer Kausalstrukturen bei experimentellen und nicht-experimentellen Forschungsdesigns", in: Helmut Wilke (Hrsg.): "Statistik-Software in der Sozialforschung", Quorum, Berlin 1983

Schmidt 1987
Hartmut Schmidt: "Freiverkehrsmärkte an Europas Börsen", Die Bank 6/1987, S. 288-298

Schreuer 1989
Klaus Schreuer: "Wettbewerbsbedingungen mittelständischer Unternehmen in Europa unter besonderer Berücksichtigung der staatlichen Einflußnahme", Diplomarbeit Bamberg 1989

Schwalbach 1988
Joachim Schwalbach: "Marktanteil und Unternehmensgewinn", ZfB 4/1988 (58. Jg.), S. 535-549

Seipp 1984
Walter Seipp: "Risikopolitik im Firmenkundengeschäft", in: Mittelstandsvereinigung der CDU/CSU (Hrsg.): "Mittelstandspolitik - jetzt!", Mittelstands-Verlagsgesellschaft, Bonn 1984, S. 85-88

Simon 1988
Hermann Simon: "Management strategischer Wettbewerbsvorteile", ZfB 4/1988 (58. Jg.), S. 461-480

Skinner 1984
Wickham Skinner: "Reinventing the Factory: A Manufacturing Strategy Reponse to Industrial Malaise", in: Lamb 1984

Smith/Prescott 1987
Daniel C. Smith/John E. Prescott: "Couple Competitive Analysis to Sales Force Decision", IMM 1987 (16. Jg.), S. 55-61

Specht/Perillieux 1988
Günter Specht/René Perillieux: "Erfolgsfaktoren technischer Führer- und Folgerpositionen auf Investitionsgütermärkten", ZfbF 3/1988 (40. Jg.), S. 204-226

Speier 1988
Peter Speier: "EG-Steuer-Harmonisierung - BMW im Preisvergleich", WiWo 16/1988, S. 27 und 29

SPSS 1983
SPSS Inc. (Hrsg.): "SPSS^x User's Guide", McGraw-Hill Book Company, New York usw. 1983

SPSS 1984
SPSS Inc. (Hrsg.): "SPSS^x Basics", McGraw-Hill Book Company, New York usw. 1984

Staerkle/Perich 1987
Robert Staerkle/Robert Perich: "Exzellenzfaktoren schweizerischer mittelgroßer Industrieunternehmungen", DU 5/1987 (41. Jg.), S. 315-326

Stalk 1988
George Stalk, Jr.: "Time - The Next Source of Competitive Advantage", HBR 4/1988, S. 41-51

Statistisches Bundesamt 1989
Statistisches Bundesamt (Hrsg.): "Statistik des Auslands", Ausgabe Juni 1989 der "Vierteljahreshefte zur Auslandsstatistik", Metzler-Poeschel, Stuttgart 1989

Steiner 1971
George A. Steiner: "Top Management Planung", Verlag Moderne Industrie, München 1971

Szyperski 1989
Norbert Szyperski (Hrsg.): "Handwörterbuch der Planung" (Enzyklopädie der Betriebswirtschaftslehre, Band 9), Poeschel, Stuttgart 1989

Thögersen 1989
Niels Jörgen Thögersen: "Zehn Jahre Stabilität durch EWS", EG-Magazin 4/1989, S. I-II

Tichy 1988
Gunther Tichy: "Soziale Marktwirtschaft in Österreich: Ergebnis einer Evolution - nicht eines theoretischen Konzepts", WiSt 6/1988, S. 289-294

Uehlinger 1986
H.-M. Uehlinger: "Which one ist the Winner - SPSS-X or SAS?

Data Handling und Data Management mit SPSS-X und SAS", in: Lehmacher/Hörmann 1986

Wartenberg 1988
Ludolf von Wartenberg: "Information und Kooperation sind für die kleinen und mittleren Unternehmen Schlüssel zum Binnenmarkt", Handelsblatt vom 15. 8. 1988, S. 3

Weede/Jagodzinski 1977
Erich Weede/Wolfgang Jagodzinski: "Einführung in die konfirmatorische Faktorenanalyse", ZfS 3/1977 (6. Jg.), S. 315-333

Wegner 1986
Manfred Wegner: "Das 'britische Experiment' nach sechs Jahren: Überblick über die Wirtschaftspolitik der Regierung Thatcher", ifo-schnelldienst 8/1986, S. 3-14

Weidenfeld 1980
Werner Weidenfeld: "Europa 2000 - Zukunftsfragen der europäischen Einigung", Günter Olzog Verlag, München/Wien 1980

Weidenfeld 1985
Werner Weidenfeld: "Europa - aber wo liegt es?", in: Werner Weidenfeld (Hrsg.): "Die Identität Europas", Carl Hanser Verlag, Bonn 1985, S. 13-41

Weinert 1983
Günter Grosser/Günter Weinert: "Wirtschaftspolitische Strategien in den wichtigsten Industrieländern", Hamburger Jahrbuch für Wirtschafts- und Gesellschaftspolitik 1983 (28. Jg.), S. 159-173

Wheelwright/Hayes 1985
Steven C. Wheelwright/Robert H. Hayes: "Competing through manufactoring", HBR 1/1985, S. 99-109

Wieczorek 1989
Norbert Wieczorek: "Wirtschaftsplanung in Großbritannien 1945 -1970", Bonn 1980

Withey 1988
John H. Withey: "Improving Postpurchase Satisfaction in Industrial Distribution Channels", IMM 1988 (17. Jg.), S. 229-235

Wöhe 1986
Günter Wöhe: "Einführung in die allgemeine Betriebswirtschaftslehre" (16. Auflage), Vahlen, München 1986

o. Verf. 1979
"Die Europäische Freihandelsassozition: Geschichte, Funktionsweise, Handelsentwicklung", in: "EFTA - Übereinkommen zur Errichtung der Europäischen Freihandelsassoziation - Textausgabe mit Einführung" (2. Auflage), Nomos, Baden-Baden 1979, S. 11-20

o. Verf. 1989a
"Die Schlüsselrolle: Mit Service gewinnen", absatzwirtschaft 1/1989 (32. Jg.), S. 40-49

o. Verf. 1989b
"Veredelung durch Service", absatzwirtschaft 1/1989 (32. Jg.), S. 50-53

Anhang

- Fragebogen der STRATOS-Erhebung -

Auszug aus dem STRATOS-Frageprogramm

Im folgenden sind die Kapitel 1 und 4 des für die STRATOS-Erhebung verwendeten Fragebogens abgedruckt. Sie enthalten die in die vorliegende Untersuchung einbezogenen Variablen. Der vollständige Fragebogen findet sich u.a. in Haake 1987 sowie in Fröhlich/Pichler 1988.

UNIVERSITÄT BAMBERG
LEHRSTUHL FÜR BETRIEBSWIRTSCHAFTSLEHRE
INSBES. UNTERNEHMENSPLANUNG
PROF. DR. EDUARD GABELE

STRATEGISCHE PROBLEME VON
KLEIN- UND MITTELBETRIEBEN

Karte [0|1]

LAND: BUNDESREPUBLIK DEUTSCHLAND	[0|2]	1	1 - 2 3 - 4
FALL-NR.:	[| |]		5 - 7
NAME DES INTERVIEWERS:			
DATUM DES INTERVIEWS: 19[|]		2	8 - 9
GESCHLECHT DES INTERVIEWTEN: HERR ① FRAU ②		3	10
FUNKTION:		4	11
- INHABER ①			
- ANGESTELLTER ②			

1. Angaben zum Unternehmen, zur Person und zur Unternehmensumwelt

1.1. Angaben zum Unternehmen

1a) Zu welcher Branche gehört Ihre Firma? 5 12

Bekleidung ①
Nahrungsmittel ②
Elektronik ③

b) Wann wurde Ihre Unternehmung gegründet? ☐☐☐☐ 6 13-16

c) Von wem wurde sie gegründet? 7 17

von Ihnen selbst ①
von Ihrem Vater ②
von einem anderen Familienmitglied ③
von einem Dritten ④
weiss nicht ⑤

d) Vor wievielen Jahren traten Sie selber in die Unternehmung ein?

Vor ☐☐ Jahren 8 18-19

2) Welche Rechtsform hat Ihre Unternehmung heute? 9 20-21

Einzelunternehmen ①
OHG ②
KG ③
GmbH & Co KG ④
GmbH ⑤
AktG ⑥
Genossenschaft ⑦
andere Rechtsform ⑧

3) Wieviele Vollzeit-Mitarbeiter hatte Ihre Firma (einschliesslich Filialen, Teilzeitbeschäftigte bitte in Vollzeit-Mitarbeiter umrechnen, Lehrlinge sind mit 5o % zu berücksichtigen)

1983: ☐☐☐☐ 1980: ☐☐☐☐ 10 22-25
11 26-29

4) Wie hoch war Ihr Firmenumsatz in Tsd.?

1983: ☐☐☐☐☐☐☐ 1980: ☐☐☐☐☐☐☐ 12 30-36
14 44-50

1.2. Angaben zur Person

1) Welche Ausbildung (Schulen, Lehre, spezifische Kurse) haben Sie?*)

ohne Berufsausbildung (1) — 16 | 58
angelernt (2) — 17 | 59
technische Lehre (3) — 18 | 60
kaufmännische Lehre (4) — 19 | 61
Meisterprüfung (5) — 20 | 62
Fachschulabschluß (6) — 21 | 63
Fachhochschulabschluß (7) — 22 | 64
Universitätsabschluß (8) — 23 | 65
Promotion (9) — 24 | 66
andere: .... (10)

2) In welchem Alter haben Sie Ihre Vollzeitberufsausbildung abgeschlossen? [|] — 31 | 73-74

3) Welchen Beruf hat/hatte Ihr Vater? — 32 | 75-76

Beamter (1)
Unternehmer (2)
Führungskraft (3)
Freiberufler (z.B. Arzt, Rechtsanwalt) (4)
Lehrer (5)
Kaufmann (6)
Handwerker (7)
Arbeiter (8)
Landwirt (9)
andere (10)

4) In wievielen anderen Firmen oder Organisationen haben Sie gearbeitet, bevor Sie hier anfingen (Lehre etc. eingeschlossen)? — 33 | 77-78

In [|] Firmen/Organisationen

Karte [0 | 2] — 1-2
Fall [| |] — 3-5

5a) Welchen Anteil am Kapital Ihrer Unternehmung besitzen Sie selbst? [| |] % — 34 | 6-8

b) und Ihre Familie und Verwandten (Ihr Anteil eingeschlossen)? [| |] % — 35 | 9-11

c) Ist irgendeine andere Firma oder sonstige Institution am Eigenkapital Ihrer Unternehmung beteiligt? — 36 | 12-14

Nein (1) (= 999)
Ja (0) mit [| |] %

6) Seit wann leiten Sie die Unternehmung? Seit [|] Jahren — 37 | 15-16

7) Wer wird nach Ihrem altersbedingten Rücktritt Ihr Nachfolger? — 38 | 17

ein Familienmitglied (1)
jemand anderer (2)
weiss nicht (3)

*) Mehrfachnennungen möglich

8) Wer übernähme Ihren Posten, wenn Ihnen morgen etwas zustiesse? 39 18

ein Familienmitglied (1)
jemand anderer (2)
weiss nicht (3)

9) Welches durchschnittliche Brutto-Einkommen entnehmen/beziehen Sie ungefähr monatlich aus Ihrer Geschäftstätigkeit? 40 19

weniger als 1.000 DM (1)
zwischen 1.000 und 1.999 DM (2)
zwischen 2.000 und 3.999 DM (3)
zwischen 4.000 und 7.999 DM (4)
zwischen 8.000 und 11.999 DM (5)
mehr als 12.000 DM (6)
keine Aussage (9)

10a) Welcher Religionsgemeinschaft gehören Sie an? 41 20

katholisch (1)
evangelisch (2)
andere (3)
keiner (4)

b) Falls Sie einer Religionsgemeinschaft angehören, praktizierend? 42 21

Ja (1) Nein (0)

11a) In welchem Familienstand leben Sie? 43 22

ledig (1)
verheiratet (2)
geschieden (3)
verwitwet (4)

b) Wieviele Kinder haben Sie? [|] 44 23-24

12) Wie alt sind Sie? 45 25

zwischen 16 und 25 (1)
zwischen 26 und 35 (2)
zwischen 36 und 45 (3)
zwischen 46 und 55 (4)
zwischen 56 und 65 (5)
66 und darüber (6)

1.3. Angaben zur Umwelt

Zunächst einige Fragen über Ihren wichtigsten Markt:

1.) Skizzieren Sie Ihren wichtigsten Markt (z.B.Textilproduktion für inländische Weiterverarbeiter in Bayern)

....

....

2.) Anhand welcher Kriterien würden Sie Ihren wichtigsten Markt definieren? Nach

Produkten/Produktgruppen
Kunden/Kundengruppen
Regionen
Kaufgewohnheiten
Produkteigenschaften
Kundenbedürfnissen
Marktattraktivität (Preisgefüge, Marktwachstum, Gewinnchancen)
Konkurrenzverhältnissen (Markteintrittsbarrieren, Bedeutung der Qualität, Spezialisierung etc.)
Möglichkeiten der Marktbearbeitung (Werbung, Preisnachlässe etc.)

3.) Würden Sie diesen Markt bezogen auf den gesamten Umsatz des Marktes bezeichnen als | 47 | 27

sehr gross ①
gross ②
mittelgross ③
klein ④
sehr klein ⑤
weiss nicht ⑨

4.) In welcher Entwicklungsphase befindet sich Ihr wichtigster Markt? | 48 | 28

Einführung ①
Wachstum ②
Übergang von Wachstum zur Reife ③
Reife ④
Schrumpfung ⑤
weiss nicht ⑨

5.) Ist die Nachfrage nach Ihren Produkten auf diesem Markt | 49 | 29

ziemlich gleichmässig? ①
saisonal bedingt? ②
unregelmässig? ③
weiss nicht ⑨

6.) Ist die Nachfrage nach Ihren Produkten auf diesem Markt | 50 | 30

ziemlich preisempfindlich? ①
nicht sehr preisempfindlich? ②
weiss nicht ⑨

7.) Wie viele Ihrer Kunden würden Sie (bezogen auf den eigenen Umsatz auf diesem Markt) als "Schlüsselkunden" bezeichnen? einen (1) einige (zwischen 2 und lo) (2) viele (mehr als lo) (3) keinen (4) weiss nicht (9)	51	31
8.) Was glauben Sie, wieviele Konkurrenten haben Sie auf Ihrem wichtigsten Markt? keinen (1) fünf oder weniger (2) zwischen fünf und zehn (3) mehr als zehn (4) weiss nicht (9)	52	32
9.) Sind diese Konkurrenten überwiegend? sehr kleine Firmen (1) kleine bis mittlere Firmen (2) Grossunternehmen (3) eine Mischung davon (4) weiss nicht (9)	53	33
lo.) Welchen Marktanteil halten die drei grössten Firmen auf Ihrem wichtigsten Markt zusammen genommen? (Bitte als %-Satz angeben) [ ][ ][ ] % weiss nicht ( ) (=999)	54	34-36
11.) Können Sie mir sagen, wie hoch Ihr eigener Marktanteil in Ihrem wichtigsten Markt ungefähr ist? (Bitte als %-Satz angeben) [ ][ ][ ] % weiss nicht ( ) (=999)	55	37-39
12.) Wie intensiv ist der Wettbewerb auf Ihrem wichtigsten Markt bezüglich		

	sehr schwach	schwach	weder schwach noch intensiv	intensiv	sehr intensiv		
Preisen	(1)	(2)	(3)	(4)	(5)	56	40
Produktentwicklung	(1)	(2)	(3)	(4)	(5)	57	41
Werbung	(1)	(2)	(3)	(4)	(5)	58	42
Produktqualität	(1)	(2)	(3)	(4)	(5)	59	43
Absatzwegen	(1)	(2)	(3)	(4)	(5)	60	44

Nun einige Fragen über Ihr Unternehmen als ganzes:

13.) Auf welchem Markt erzielen Sie mit Ihrem wichtigsten Produkt/Produktgruppe den höchsten Umsatz? 61 45

auf einem lokalen (1)
auf einem regionalen (2)
auf einem nationalen (3)
in West-Europa (4)
in Ost-Europa (5)
auf dem Weltmarkt (6)
weiss nicht (9)

14.) Wieviele Kunden haben Sie? [| | |] 62 46-49

15.) Welchen Anteil am Gesamtumsatz erzielen Sie mit Ihren drei grössten Kunden? (Bitte als %-Satz angeben) [| |] % 63 50-52

16.) Sind Ihre wichtigsten Kunden 64 53

Konsumenten/Endverbraucher (1)
Händler (2)
Weiterverarbeiter/Industrie (3)
öffentliche Institutionen (Staat) (4)
private Dienstleistungsunternehmen (5)

17.) An wieviele verschiedene Kundengruppen verkauft Ihre Firma? [| |] 65 54-56

18.) Welcher Anteil am Gesamtumsatz entfällt auf Ihre Hauptkundengruppe? [| |] % 66 57-59

19.) Sind die Kundenbedürfnisse in Ihrer Branche 67 60

sehr differenziert (1)
sehr gleichförmig (2)
beide Arten kommen vor (3)
weiss nicht (9)

2o.) Würden Sie sagen, dass Ihre Unternehmung 68 61

komplizierte Technologie (1)
mittlere Technologie (2)
einfache Technologie verwendet? (3)
gemischt (sowohl als auch) (4)
weiss nicht (9)

21a) Wird die Technologie in Ihrer Branche komplizierter oder einfacher? 69 62

komplizierter (1)
einfacher (2)
gleichbleibend (3)
weiss nicht (9)

b) Wenn die Technologie komplizierter oder einfacher wird, wie schnell? | 70 | 63

sehr schnell (1)
allmählich (2)
weiss nicht (9)

22a) Greift der Staat in irgendeiner Weise (auch fördernd) in Ihre Branche ein (z.B. Erteilung oder Zurückhaltung von Aufträgen, Vergabe von Subventionen etc.)? | 71 | 64

ja (1)
nein (2)
weiss nicht (9)

22b) Wenn "ja": Wie? *)

	ja	nein		
Die Regierung oder staatliche Betriebe sind selber wichtige Kunden	(1)	(0)	72	65
Durch Vergabe von Subventionen (einschliesslich Steuererleichterungen, Forschungszuschüsse)	(1)	(0)	73	66
Durch staatliche Preisregulierung	(1)	(0)	74	67
Durch Festsetzen von Standards (z.B. bezüglich Sicherheit am Arbeitsplatz, Umweltverschmutzung, Hygiene etc.)	(1)	(0)	75	68
Durch seine Import-/Exportpolitik	(1)	(0)	76	69
Durch Steuergesetze	(1)	(0)	77	70
Durch Vergabe von Konzessionen oder Verlangen obligatorischer Fähigkeitsausweise	(1)	(0)	78	71
Durch seine Wirtschaftspolitik (z.B. sektoral)	(1)	(0)	79	72
Durch öffentliche Empfehlungen zum Kauf von heimischen Produkten	(1)	(0)	80	73
Durch sonstige Massnahmen	(1)	(0)	31	74

Karte [0 | 3] | 1-2
Fall [| |] | 3-5

23.) Auf welchen Gebieten haben in den letzten drei Jahren für Sie relevante Veränderungen stattgefunden?

	keine Veränderungen	mässige Veränderungen	einige Veränderungen	grosse Veränderungen	extreme Veränderungen		
In der Distribution	(1)	(2)	(3)	(4)	(5)	82	6
Auf den Finanz-/Kreditmärkten	(1)	(2)	(3)	(4)	(5)	83	7
In der Technologie	(1)	(2)	(3)	(4)	(5)	84	8
Bei Rohmaterial/Energie	(1)	(2)	(3)	(4)	(5)	85	9
Beim Faktor Arbeit	(1)	(2)	(3)	(4)	(5)	86	10
Im Verhalten der Konkurrenz	(1)	(2)	(3)	(4)	(5)	87	11
In der Gesetzgebung	(1)	(2)	(3)	(4)	(5)	88	12

*) Mehrfachnennungen möglich

24.) Wie schätzen Sie die für Sie relevanten Veränderungen auf folgenden Gebieten in den nächsten drei Jahren ein?

	keine Veränderungen	mässige Veränderungen	einige Veränderungen	grosse Veränderungen	extreme Veränderungen		
In der Distribution	1	2	3	4	5	89	13
Auf den Finanz-/Kreditmärkten	1	2	3	4	5	90	14
In der Technologie	1	2	3	4	5	91	15
Bei Rohmaterial/Energie	1	2	3	4	5	92	16
Beim Faktor Arbeit	1	2	3	4	5	93	17
Im Verhalten der Konkurrenz	1	2	3	4	5	94	18
In der Gesetzgebung	1	2	3	4	5	95	19

(...)

Karte [0|6] 1-2

Fall [| |] 3-5

4. Strategisches Verhalten

4.1. Gegenwärtiger Zustand

4.1.1. Ausmass der Spezialisierung oder Diversifizierung im Hinblick auf Produkte und Märkte

1. Wieviele Produktgruppen bietet Ihre Firma an? [| |] 281 6-8

2. Welchen Umsatzanteil erwirtschaften Sie mit Ihrer wichtigsten Produktgruppe? [| |] % 282 9-11

3. Sind ALLE Ihre Produktgruppen verbunden über

- ihre wesentlichen Rohmaterialien ja ① nein ⓪ 283 12
- die grundlegende Produktionstechnologie ja ① nein ⓪ 284 13
- handwerkliche Fähigkeiten ja ① nein ⓪ 285 14
- Produktionsanlagen ja ① nein ⓪ 286 15
- Vetriebswege ja ① nein ⓪ 287 16
- Kundengruppen ja ① nein ⓪ 288 17
- Übereinstimmende Kundenbedürfnisse ja ① nein ⓪ 289 18
- Übereinstimmende Kaufgewohnheiten ja ① nein ⓪ 290 19
- weiss nicht ① 291 20

4. Bieten Sie in erster Linie 292 21

- standardisierte Produkte ①
- nicht standardisierte Produkte an? ②
- gemischt ③

5. Welchen Umsatzanteil erreichen "zugekaufte" Produkte? [| |] % 293 22-24

weiss nicht ○ (= 999)

4.1.2. Bedeutung der Zulieferertätigkeit

1. Arbeitet Ihre Firma als Zulieferant für andere Firmen? 294 25

Ja ① Nein ⓪

(wenn "Nein", bitte bei Abschnitt 4.1.3. fortfahren)

2. Welchen Umsatzanteil erwirtschaften Sie mit Zulieferertätigkeiten? 295 26-28

[| |] %

○ Weiss nicht (=999)

3. Für wieviele Firmen arbeiten Sie als Zulieferant? ☐☐☐ — 296 | 29-31

○ weiss nicht (=999)

4. Welchen Umsatzanteil erwirtschaften Sie mit dem grössten Unternehmen, für das Sie als Zulieferant arbeiten? ☐☐☐ % — 297 | 32-34

○ weiss nicht (=999)

5. Welche der folgenden Antworten kommt der Wirklichkeit am nächsten? — 298 | 35

a) Wir arbeiten immer für dieselben Unternehmen als Zulieferant. ①

b) Die Liste der Unternehmen, für die wir Zulieferer sind, ändert sich ständig. ②

c) Wir haben eine Reihe von Stammkunden, für die wir Zulieferer sind und andere Kunden, die ständig wechseln. ③

4.1.3. Internationalisierung

1a) Exportieren Sie Ihre Produkte ins Ausland? ja ① nein ⓪ — 299 | 36

wenn "Ja", weiter bei Frage 2
wenn "Nein", weiter bei Frage 1b)

1b) War das früher einmal der Fall? ja ① nein ⓪ — 300 | 37

Wenn "Nein", weiter bei Abschnitt 4.1.4.

2.) In wieviele Länder exportieren Sie? ☐☐☐ — 301 | 38-40

3.) Seit wievielen Jahren exportieren Sie? ☐☐☐ — 302 | 41-43

4.) Welchen Anteil Ihres Umsatzes haben Sie im Ausland erwirtschaftet? 1983 ☐☐☐ 1980 ☐☐☐ % — 303 | 44-46; 304 | 47-49

5.) Hat Ihre Firma im Ausland Niederlassungen

- für den Vertrieb ? ja ① nein ⓪ — 305 | 50

- für die Produktion ? ja ① nein ⓪ — 306 | 51

6a) Vergeben Sie Lizenzen, Patente oder Franchise-Verträge an ausländische Firmen? ja ① nein ⓪ — 307 | 52

b) Ähnliche Produkte dieser Art (Produktion, Management)? ja ① nein ⓪ — 308 | 53

7.) Welche Antwort kennzeichnet Ihr Exportverhalten am besten? — 309 | 54

- Sie erledigen ausländische Aufträge, ohne aktiv nach ihnen zu suchen. ①

- Sie bemühen sich aktiv um ausländische Aufträge (z.B. durch Werbung, Verkaufsaktivitäten, Einschaltung staatlicher Stellen usw.). ②

4.1.4. Zusammenarbeit mit anderen Firmen

Arbeiten Sie mit anderen Unternehmungen auf den folgenden Gebieten zusammen und wie intensiv ist diese Zusammenarbeit?

	keine Zusammenarbeit	schwache Zusammenarbeit	stärkere Zusammenarbeit	enge Zusammenarbeit	sehr enge Zusammenarbeit		
1. Einkauf	1	2	3	4	5	310	55
2. Produktion	1	2	3	4	5	311	56
3. Werbung/Verkaufsförderung	1	2	3	4	5	312	57
4. Vertrieb	1	2	3	4	5	313	58
5. Verkauf	1	2	3	4	5	314	59
6. Export	1	2	3	4	5	315	60
7. Marktforschung	1	2	3	4	5	316	61
8. Forschung und Entwicklung	1	2	3	4	5	317	62
9. Informationsbeschaffung und -verarbeitung (EDV, Bilanzierung usw.)	1	2	3	4	5	318	63
1o. Kundendienst	1	2	3	4	5	319	64
11. Ausbildung	1	2	3	4	5	320	65

4.1.5. Expansion

Haben Sie oder Ihr Unternehmen in den letzten 3 Jahren irgendeine andere Firma

- erworben	ja ①	nein ⓪	321	66
- oder gegründet?	ja ①	nein ⓪	322	67

4.2. Veränderung im strategischen Verhalten

Wir möchten gerne wissen, auf welchen Gebieten in den letzten Jahren WESENTLICHE Änderungen stattgefunden haben oder wo Sie in der Zukunft bereits heute mit gewisser Sicherheit wesentliche Änderungen planen. In jedem Abschnitt sind mehrere Antworten möglich.*)

*) Im folgenden wenn ja, ankreuzen

4.2.1. Änderungen in der Produktpolitik

		In den letzten 3 Jahren ja	nein		In den nächsten 3 Jahren ja	nein		
				Karte 0 7				1-2
				Fall				3-5
323	68	①	⓪	1. Förderung bereits bestehender Produkte, die einen hohen Deckungsbeitrag liefern	①	⓪	336	6
324	69	①	⓪	2. Erschliessung neuer Anwendungsbereiche für bereits bestehende Produkte	①	⓪	337	7
325	70	①	⓪	3. Gleiche Produkte mit einigen Änderungen	①	⓪	338	8
326	71	①	⓪	4. Mehr standardisierte Produkte	①	⓪	339	9
327	72	①	⓪	5. Mehr Produkte nach Mass (Spezialanfertig.)	①	⓪	340	10
328	73	①	⓪	6. Verringerung der Anzahl der Produkte innerhalb der Produktgruppen	①	⓪	341	11
329	74	①	⓪	7. Verringerung der Anzahl der Produktgruppen	①	⓪	342	12
330	75	①	⓪	8. Neue Produkte innerhalb derselben Produktgruppen	①	⓪	343	13
331	76	①	⓪	9. Neue Produktgruppen in derselben Branche	①	⓪	344	14
332	77	①	⓪	1o. Neue Produktgruppen für neue Branchen	①	⓪	345	15
333	78	①	⓪	11. Mehr Nachdruck auf zugekaufte Produkte (Einführung, Vermehrung oder Stärkung)	①	⓪	346	16
334	79	①	⓪	12. Weniger Nachdruck auf zugekaufte Produkte	①	⓪	347	17
335	80	①		13. Keine Veränderung der Produktpolitik	①		348	18

4.2.2. Veränderung der Politik hinsichtlich der geographischen Märkte

		In den letzten 3 Jahren ja	nein		In den nächsten 3 Jahren ja	nein		
349	19	①	⓪	1. Aufgabe oder Verkleinerung der Inlandsmärkte	①	⓪	356	26
350	20	①	⓪	2. Aufgabe oder Verkleinerung ausländischer Märkte	①	⓪	357	27
351	21	①	⓪	3. Expansion auf dem Inlandmarkt	①	⓪	358	28
352	22	①	⓪	4. Aufnahme von Exporttätigkeit	①	⓪	359	29
353	23	①	⓪	5. Eintritt in neue ausländische Märkte	①	⓪	360	30
354	24	①	⓪	6. Ausweitung ausländischer Märkte	①	⓪	361	31
355	25	①		7. Kein Wandel der geographischen Märkte	①		362	32

4.2.3. Veränderung im Kundenkreis

		In den letzten 3 Jahren ja	nein		In den nächsten 3 Jahren ja	nein		
363	33	①	⓪	1. Aufnahme neuer Kundengruppen	①	⓪	366	36
364	34	①	⓪	2. Aufgabe bestehender Kundengruppen	①	⓪	367	37
365	35	①		3. Kein Wandel bei Kundengruppen	①		368	38

4.2.4. Veränderungen der Aufgaben als Zulieferer

		In den letzten 3 Jahren ja	nein		In den nächsten 3 Jahren ja	nein		
369	39	①	⓪	1. Aufnahme von Zuliefertätigkeit	①	⓪	378	48
370	40	①	⓪	2. Verringerung der Anzahl der Unternehmen, für die Sie Zulieferer sind	①	⓪	379	49
371	41	①	⓪	3. Steigerung der Anzahl der Unternehmen, für die Sie Zulieferer sind	①	⓪	380	50
372	42	①	⓪	4. Verringerung der Anzahl der Produkte, die Sie zuliefern	①	⓪	381	51
373	43	①	⓪	5. Steigerung der Anzahl der Produkte, die Sie zuliefern	①	⓪	382	52
374	44	①	⓪	6. Aufnahme der Zuliefertätigkeit an ausländische Firmen	①	⓪	383	53
375	45	①	⓪	7. Verkauf von Zulieferprodukten mit höherer Technologie	①	⓪	384	54
376	46	①	⓪	8. Aufgabe der Zuliefertätigkeit	①	⓪	385	55
377	47	①		9. Kein Wandel im Bereich Zulieferung	①		386	56

4.3. Bedeutung spezifischer Erfolgsfaktoren

Auf welche Faktoren legen Sie besonderen Nachdruck, um auf Ihrem wichtigsten Markt wettbewerbsfähig zu werden oder zu bleiben?

....

....

....

Welche Bedeutung messen Sie gegenwärtig folgenden Faktoren bei, um einen Wettbewerbsvorteil auf Ihrem wichtigsten Markt zu erlangen, und hat sich die Bedeutung in den letzten drei Jahren erheblich verändert?

	1-2	0 8 Karte									
	3-5	Fall	überhaupt nicht bedeutend	schwach bedeutend	bedeutend	stark bedeutend	sehr stark bedeutend	erhebliche Aenderung in der Bedeutung: ja	nein		
391	6	1. Preispolitik	1	2	3	4	5	1	0	417	32
392	7	2. Niedriges Kostenniveau	1	2	3	4	5	1	0	418	33
393	8	3. Vielfalt innerhalb der Produktgruppen (Tiefe)	1	2	3	4	5	1	0	419	34
394	9	4. Produktqualität	1	2	3	4	5	1	0	420	35
395	10	5. Lieferzuverlässigkeit	1	2	3	4	5	1	0	421	36
396	11	6. Moderne Produktionstechniken	1	2	3	4	5	1	0	422	37
397	12	7. Technische Beratung vor dem Verkauf	1	2	3	4	5	1	0	423	38
398	13	8. Kundendienst nach dem Verkauf	1	2	3	4	5	1	0	424	39
399	14	9. Produktgestaltung/Design	1	2	3	4	5	1	0	425	40
400	15	10. Gutes Erscheinungsbild vor Ort und gute Kontakte	1	2	3	4	5	1	0	426	41
401	16	11. Qualifikation der Arbeitskräfte	1	2	3	4	5	1	0	427	42
402	17	12. Vertriebswege	1	2	3	4	5	1	0	428	43
403	18	13. Werbung/Verkaufsförderung	1	2	3	4	5	1	0	429	44
404	19	14. Persönlicher Einsatz im Verkauf	1	2	3	4	5	1	0	430	45
405	20	15. Grösse des Verkäuferstabes	1	2	3	4	5	1	0	431	46
406	21	16. Kreativität	1	2	3	4	5	1	0	432	47

			überhaupt nicht bedeutend	schwach bedeutend	bedeutend	stark bedeutend	sehr stark bedeutend	erhebliche Aenderung in der Bedeutung: ja	nein		
407	22	17. Technische Problemlösungsfähigkeit (know-how)	1	2	3	4	5	1	0	433	48
408	23	18. Markenimage	1	2	3	4	5	1	0	434	49
409	24	19. Flexibilität der Firma	1	2	3	4	5	1	0	435	50
410	25	2o. Ruf der Firma	1	2	3	4	5	1	0	436	51
411	26	21. Qualität des Managements	1	2	3	4	5	1	0	437	52
412	27	22. Marktanteil	1	2	3	4	5	1	0	438	53
413	28	23. Einkauf	1	2	3	4	5	1	0	439	54
414	29	24. Zahlungsbedingungen	1	2	3	4	5	1	0	440	55
415	30	25. Finanzkraft	1	2	3	4	5	1	0	441	56
416	31	26. Betriebsklima	1	2	3	4	5	1	0	442	57

4.4. Funktionale Strategien

Bitte kreuzen Sie jene Antworten an, die Ihr Verhalten in den einzelnen Bereichen am besten beschreiben.

4.4.1. Marketing

1. Preisniveau*)	①	Überdurchschnittliches Preisniveau	443	58
	②	Durchschnittliches Preisniveau		
	③	Unterdurchschnittliches Preisniveau		
2. Preisgestaltung	①	Die Preise richten sich nach den Kosten	444	59
	②	Die Preise werden in Anlehnung an die Preise der Konkurrenz gebildet		
	③	Die Preise werden der Marktnachfrage angepasst		
3. Distribution	①	Direktverkauf	445	60
	②	Verkauf über Mittler		
	③	Beides		
4. Werbung*)	①	Überdurchschnittliche Werbeausgaben	446	61
	②	Durchschnittliche Werbeausgaben		
	③	Unterdurchschnittliche Werbeausgaben		
5. Sortimentsbreite	①	Die Firma bietet ein komplettes Sortiment an	447	62
	②	Die Firma bietet ein ausgewähltes Sortiment an		
6. Sortimentstiefe*) innerhalb der Produktgruppen	①	Die Sortimentstiefe ist überdurchschnittlich gross	448	63
	②	Die Sortimentstiefe ist durchschnittlich gross		
	③	Die Sortimentstiefe ist unterdurchschnittlich gross		
7. Produktqualität*)	①	Die Qualität ist überdurchschnittlich	449	64
	②	Die Qualität ist durchschnittlich		
	③	Die Qualität ist unterdurchschnittlich		

*) Jeweils im Vergleich zur Branche/zu Ihrer Konkurrenz

4.4.2. Produktion

1. Anzahl und Spezialisierung der Betriebsstätten			Die Firma hat nur eine Produktionsstätte ja (1) nein (0)	450	65
			wenn nein:	451	66
		(1)	- Jede Produktionsstätte ist spezialisiert auf ein oder mehrere Produkte		
		(0)	- Die Produktionsstätten sind nicht spezialisiert		
2. Integrationsgrad		(1)	Volle Integration: alle wesentlichen Produktbestandteile werden von der Firma selbst produziert	452	67
		(2)	Teilweise Integration: einige Bestandteile werden zugekauft oder von Unterlieferanten bezogen		
		(3)	Unsere Firma ist überwiegend mit der Endmontage gekaufter Bestandteile beschäftigt		
3. Arbeits-, Kapitalintensität		(1)	Eher arbeitsintensiv	453	68
		(2)	Eher kapitalintensiv		
4. Hauptproduktionsgruppen	a)	(1)	Einzelfertigung	454	69
		(2)	Serienfertigung		
		(3)	Massenproduktion		
	b)	(1)	Fertigung auf Lager	455	70
		(2)	Fertigung auf Bestellung		
		(3)	Fertigung von Bestandteilen auf Lager und Endmontage auf Bestellung		

4.4.3. Produktentwicklung und Forschungsaktivitäten

1. Art der F + E	(1)	Die Firma betreibt sowohl Grundlagen- wie angewandte Forschung als auch Produktentwicklung	456	71
	(2)	Die Firma betreibt lediglich angewandte Forschung und Produktentwicklung		
	(3)	Die Firma betreibt nur Produktentwicklung		
	(9)	Die Firma betreibt keinerlei Forschung und Entwicklung (in dem Fall bitte Eintragung von "0%" bei Frage 4.4.3/3 und weiter zu 4.4.4)		

2. Ausrichtung F + E

- ① Die F+E Aktivitäten sind überwiegend produktorientiert — 457 | 72
- ② Die F+E Aktivitäten sind überwiegend verfahrensorientiert
- ③ Die F+E Aktivitäten sind sowohl verfahrens- als auch produktorientiert

3. Wieviel % Ihres Umsatzes (exkl. MwSt.) geben Sie durchschnittlich für Forschung und Entwicklung aus? [| |] % — 458 | 73-75

- ○ weiss nicht (= 999)

4.4.4. Einkauf

- ① Die Firma konzentriert die "kritischen" Einkäufe auf einen oder wenige ausgewählte Lieferanten — 459 | 76
- ② Die Firma verteilt ihre "kritischen" Einkäufe auf verschiedene Lieferanten, bevorzugt werden die günstigsten Anbieter

4.4.5. Finanzen

1. Finanzierungsquellen

- ① Die Firma finanziert sich überwiegend selbst — 460 | 77
- ② Zwischen Eigen- und Fremdfinanzierung besteht ein ausgeglichenes Verhältnis
- ③ Die Fremdfinanzierung überwiegt

Karte [0 | 9] — 1-2

Fall [| |] — 3-5

2a Wie gross war Ihr Gesamtkapital gemäss Bilanz? (in Tsd.)

1983 [| | | | | |]   1980 [| | | | | |] — 461 | 6-12; 463 | 20-26

2b Wie hoch war Ihr Eigenkapital? (in Tsd.)

1983 [| | | | | |]   1980 [| | | | | |] — 465 | 34-40; 467 | 48-54

3. Art des Fremdkapitals — 469

- ① Überwiegend kurzfristig
- ② Überwiegend mittelfristig/langfristig — 62

4. Welche Bedeutung haben die folgenden Finanzquellen in Ihrer Finanzstrategie?

	keine Bedeutung	schwache Bedeutung	mittlere Bedeutung	grosse Bedeutung	sehr grosse Bedeutung		
4a Mittel/langfristige Finanzierung							
1 Einbehaltene Gewinne	1	2	3	4	5	470	63
2 Erhöhung des Eigenkapitals a) durch bisherige Eigentümer	1	2	3	4	5	471	64
b) durch neue Eigentümer	1	2	3	4	5	472	65
3 Anleihen	1	2	3	4	5	473	66
4 Leasing	1	2	3	4	5	474	67
5 Kredite oder Beteiligungen von öffentlichen Institutionen (inkl. Subventionen)	1	2	3	4	5	475	68
6 Darlehen der Inhaber	1	2	3	4	5	476	69
7 Kredite oder Beteiligungen der Mitarbeiter	1	2	3	4	5	477	70
4b Kurzfristige Finanzierung							
1 Bankkredite	1	2	3	4	5	478	71
2 Wechselkredite	1	2	3	4	5	479	72
3 Kreditoren	1	2	3	4	5	480	73
4 Kundenanzahlungen	1	2	3	4	5	481	74
5 Factoring	1	2	3	4	5	482	75
6 Kurzfristige Privateinlagen des Unternehmers	1	2	3	4	5	483	76
7 Subventionen usw.	1	2	3	4	5	484	77

5. Gewinnverteilung/Entnahmen (Gewinn NACH Zinsen und Steuern)	① Fast der gesamte Gewinn verbleibt in der Firma ② Ein Teil des Gewinns wird ausgeschüttet/entnommen ③ Fast der gesamte Gewinn wird ausgeschüttet/entnommen	485	78
6. Liquiditätsreserven	① Die Firma versucht, hohe Liquiditätsreserven zu halten ② Die Firma versucht, die Liquiditätsreserven so gering als möglich zu halten	486	79

4.4.6. Faktor Arbeit	Karte 1 0		1-2
	Fall		3-5
1. Lohnniveau	① Die Firma zahlt Löhne, die den Vereinbarungen in Gesamtarbeitsverträgen entsprechen ② Die Firma zahlt höhere Löhne, als dies den Vereinbarungen in Gesamtarbeitsverträgen entspräche	487	6
2. Freiwillige Sozialleistungen	① Die Firma bietet freiwillige Sozialleistungen, die über denen ihrer Konkurrenten liegen ② Die Firma bietet freiwillige Sozialleistungen, die in etwa denen ihrer Konkurrenten entsprechen ③ Die Firma bietet freiwillige Sozialleistungen, die unter denen ihrer Konkurrenten liegen	488	7
3. Individuelle Leistungsanreize	Die Firma bietet individuelle Leistungsanreize zusätzlich zu den normalen Löhnen und Gehältern ① ja ⓪ nein	489	8
4. Ausgaben für Weiterbildung	① Die Ausgaben liegen über dem Branchendurchschnitt ② Die Ausgaben entsprechen in etwa dem Branchendurchschnitt ③ Die Ausgaben liegen unterhalb des Branchendurchschnitts	490	9

5. Rekrutierung und Beförderung	①	Interne Bewerber werden in der Regel bevorzugt	491	10
	②	Gleiche Chancen für interne oder externe Bewerber		
	③	Im allgemeinen werden externe Bewerber bevorzugt		
6. Mitgliedschaften in Gewerkschaften	①	Die Firma fördert die Mitgliedschaft ihrer Mitarbeiter in einer gewerkschaftlichen Organisation	492	11
	②	Es ist der Firma gleichgültig, ob ihre Mitarbeiter gewerkschaftlich organisiert sind oder nicht		
	③	Die Firma sieht die gewerkschaftliche Organisierung ihrer Mitarbeiter nicht gerne		
7. Die Rechte des Mitarbeiters (Information, Mitsprache, Beteiligung an Entscheidungen)	①	Wir gewähren unseren Mitarbeitern so viele Rechte, wie gesetzlich vorgeschrieben; wenn ja, bitte weiter bei 4.4.7	493	12
	②	Wir gewähren unseren Mitarbeitern wesentlich mehr Rechte, als dies gesetzlich verlangt ist; wenn ja, bitte weiter bei Frage 8		

8. Für den Fall, dass Sie Ihren Mitarbeitern wesentlich mehr Rechte gewähren, als es die verschiedenen Gesetze verlangen, so beziehen sich diese auf (verschiede Antworten möglich)

ja ①	⓪	Information der Mitarbeiter	494	13
ja ①	⓪	Konsultation der Mitarbeiter oder ihrer Vertreter	495	14
ja ①	⓪	Beteiligung der Mitarbeiter oder ihrer Vertreter an der Entscheidungsfindung	496	15